日本商工会議所主催 簿記検定試験

検定
簿記講義

1級

渡部裕亘
片山　覚 ［編著］
北村敬子

2024年度版

商業簿記・会計学　下巻

中央経済社

■検定簿記講義　編著者・執筆者一覧

巻編成		編者（太字は主編者）	執　筆　者	
1級	商業簿記・会計学上巻	渡部　裕亘（中央大学名誉教授） 片山　　覚（早稲田大学名誉教授） **北村　敬子**（中央大学名誉教授）	北村　敬子	石川　鉄郎（中央大学名誉教授） 藤木　潤司（龍谷大学教授） 菅野　浩勢（早稲田大学准教授） 中村　英敏（中央大学准教授）
	商業簿記・会計学下巻	渡部　裕亘（中央大学名誉教授） 片山　　覚（早稲田大学名誉教授） **北村　敬子**（中央大学名誉教授）	北村　敬子	石川　鉄郎（中央大学名誉教授） 小宮山　賢（早稲田大学教授） 持永　勇一（早稲田大学教授） 藤木　潤司（龍谷大学教授） 中村　英敏（中央大学准教授） 小阪　敬志（日本大学准教授）
	工業簿記・原価計算上巻	**岡本　　清**（一橋大学名誉教授 東京国際大学名誉教授） 廣本　敏郎（一橋大学名誉教授）	廣本　敏郎	鳥居　宏史（明治学院大学名誉教授） 片岡　洋人（明治大学教授） 藤野　雅史（日本大学教授）
	工業簿記・原価計算下巻	**岡本　　清**（一橋大学名誉教授 東京国際大学名誉教授） 廣本　敏郎（一橋大学名誉教授）	廣本　敏郎	尾畑　　裕（明治学院大学教授） 伊藤　克容（成蹊大学教授） 荒井　　耕（一橋大学大学院教授） 渡邊　章好（東京経済大学教授）
2級	商業簿記	**渡部　裕亘**（中央大学名誉教授） 片山　　覚（早稲田大学名誉教授） 北村　敬子（中央大学名誉教授）	渡部　裕亘	三浦　　敬（横浜市立大学教授） 増子　敦仁（東洋大学准教授） 石山　　宏（山梨県立大学教授） 渡辺　竜介（関東学院大学教授） 可児島達夫（滋賀大学准教授）
	工業簿記	岡本　　清（一橋大学名誉教授 東京国際大学名誉教授） **廣本　敏郎**（一橋大学名誉教授）	廣本　敏郎	中村　博之（横浜国立大学教授） 簗本　智之（小樽商科大学教授） 挽　　文子（元一橋大学大学院教授） 諸藤　裕美（立教大学教授） 近藤　大輔（法政大学教授）
3級	商業簿記	渡部　裕亘（中央大学名誉教授） **片山　　覚**（早稲田大学名誉教授） 北村　敬子（中央大学名誉教授）	片山　　覚	森田　佳宏（駒澤大学教授） 川村　義則（早稲田大学教授） 山内　　暁（早稲田大学教授） 福島　　隆（明星大学教授） 清水　秀輝（羽生実業高等学校教諭）

まえがき

　本書は，主として日本商工会議所と各地商工会議所が主催する簿記検定試験（通称，日商簿記検定試験）向けの商業簿記・会計学・工業簿記および原価計算シリーズの１つとして企画され，出版されたものである。

　このシリーズは，すでに1956年以来，60年を超える歴史をもっており，とくに日商簿記検定試験などの優れた受験用参考書として定評のある簿記・会計学の学習参考書であるが，平成26年度版で，大幅に，その内容を書き改めた。

　従来，簿記と会計学はそれぞれ１冊ずつ刊行されていたが，平成26年度版からはその２科目を一緒にして内容を組み替えた上で，上巻・下巻の２分冊にした。これによって，これまで簿記と会計学を別々に学習せざるを得なかった読者が，同じ会計領域において，簿記と会計学を区別することなく同時に習得できるように編集した。

　もともと，簿記は，現金・預金の収支，商品の売買，売掛金や買掛金などの債権債務の発生とその決済，備品・建物などの取得・処分などの営業活動について記帳し，企業の財産および損益の状況（財政状態と経営成績）を明らかにすることを目的としている。そして，企業は，この簿記技術にもとづいて，毎年，貸借対照表や損益計算書などの財務諸表を作り，株主や債権者などに報告し，また納税申告を行っている。

　このような状況下において，簿記と会計は区別できるものではなくて，簿記の技術的処理の背景にある理論を取り扱う会計を，簿記とあわせて学ぶことこそが読者の理解をすすめる上において必要であると認識した。

　そのために上巻において，財務諸表作成までの一般的な会計分野を，下巻において金融商品，退職給付，企業結合等の特別な会計領域を取り上げた。

　また各巻では，日商簿記検定試験の受験者のために，最新の「商工会議所簿

1

記検定試験出題区分表」と「許容勘定科目表」にもとづいて章節を編成し，さらに読者の方々がそれぞれの級別に効率的な学習ができるように，「学習のポイント」，「例題」，「解答へのアプローチ」，「例題解答」，「基本問題」，「応用問題」などの構成でわかりやすく記述している。さらに，専門用語を理解するのに役立つように，「基本word」と「応用word」を選択し，それについて解説している。巻末には，過去の日商簿記検定試験の問題を取り上げて，その解説を加え，模範解答なども掲載している。

　読者の方々が，本書によって，各段階の商業簿記や会計学を学び，そして実力テストや資格取得のために日商簿記検定試験に合格され，さらには税理士試験や公認会計士試験などに挑戦して，会計の立派な専門家になられることを，私たち執筆者は心から願っている。

　　　2024年2月

　　　　　　　　　　　　　　　　　　　　　　　　　　　編　著　者

1

第 **4** 章　リース会計

第 **5** 章　減損会計

第 **6** 章　会計上の変更および誤謬の訂正

第 **7** 章　本支店会計

第 **8** 章 企業結合・事業分離会計

第 **9** 章 連結会計

当社ホームページに本書に関する情報も掲載しておりますので，
ご参照ください。

「簿記講義」で検索！

簿記講義　　　　　　　　　　　　検索

第 1 章
金融商品会計

学習のポイント

1. 金融商品は，現金預金，金銭債権債務，有価証券といった従来タイプの金融商品のほか，デリバティブ取引およびデリバティブを組み込んだ複合商品をも含む広範囲な内容を含むものである。本章では，次のような金融商品の会計処理を定める企業会計基準第10号「金融商品に関する会計基準」の概要を中心に理解する。

① 金融商品の範囲

② 契約等によって企業が金融商品を保有することになった時点で金融商品を財務諸表に計上するための「発生の認識」や企業が金融商品を保有しなくなった時点で金融商品を財務諸表から引き落とす「消滅の認識」に関する基準

③ 金融商品の貸借対照表上に計上すべき金額をいくらの金額とするかに関する基準

④ ヘッジ会計の要件とその会計処理

⑤ 複合金融商品に関する会計処理

⑥ 債権に対する貸倒見積高の算定方法

1 金融商品の範囲

❶ 金融資産および金融負債の範囲

① 金融資産

金融資産とは，現金預金，受取手形，売掛金，収益認識に関する契約資産および貸付金等の金銭債権，株式その他の出資証券および公社債等の有価証

1

券ならびに先物取引，先渡取引，オプション取引，スワップ取引およびこれらに類似する取引（これらは総称して「デリバティブ取引」と呼ばれる）により生じる正味の債権等をいう。

② 金融負債

金融負債とは，支払手形，買掛金，借入金および社債等の金銭債務ならびにデリバティブ取引により生じる正味の債務等をいう。

③ 金融商品および複合金融商品の定義

金融資産，金融負債およびデリバティブ取引に係る契約を総称して**金融商品**という。また，複数の金融資産または金融負債が組み合わされている金融商品を「複合金融商品」といい，複合金融商品は金融資産または金融負債に含まれる。

基本 word

★**金融資産と金融負債の定義**：企業会計基準第10号「金融商品に関する会計基準」では，上に説明したように具体的な金融商品の名称を列挙しているが，日本公認会計士協会会計制度委員会報告第14号「金融商品会計に関する実務指針」では，これらについて，次のような抽象的な定義をし，さらにそれに基づく具体的な金融商品名を列挙している。

① **金融資産**

金融資産とは，現金，他の企業から現金もしくはその他の金融資産を受け取る契約上の権利，潜在的に有利な条件で他の企業とこれらの金融資産もしくは金融負債を交換する契約上の権利，または他の企業の株式その他の出資証券である。

② **金融負債**

金融負債とは，他の企業に金融資産を引き渡す契約上の義務または潜在的に不利な条件で他の企業と金融資産もしくは金融負債（他の企業に金融資産を引き渡す契約上の義務）を交換する契約上の義務である。

③ **金融商品**

金融商品とは，一方の企業に金融資産を生じさせ他の企業に金融負債を生じさせる契約および一方の企業に持分の請求権を生じさせ他の企業にこれに対する義務を生じさせる契約（株式その他の出資証券に化体表章される契約）である。

❷ 具体的な金融商品

「金融商品に関する会計基準」と「金融商品会計に関する実務指針」では，金融商品会計基準の対象となる金融商品は次のようなものとしている。

① 現金預金，受取手形，売掛金および貸付金等の金銭債権，株式その他の出資証券および公社債等の有価証券ならびにデリバティブ取引により生じる正味の債権

② 支払手形，買掛金，借入金および社債等の金銭債務ならびにデリバティブ取引により生じる正味の債務

③ 不動産または不動産信託受益権等を譲り受けた特別目的会社が発行した社債，優先出資証券およびコマーシャル・ペーパー（有価証券に該当）

④ 有価証券の消費貸借契約および消費寄託契約

⑤ 建設協力金等の差入預託保証金

⑥ 商品ファンド

⑦ ゴルフ会員権等（ただし株式または預託保証金から構成されるもののみが該当）

⑧ 商品先物のような現物商品（コモディティ）にかかるデリバティブ取引のうち，通常差金決済により取引されるものから生じる正味の債権または債務（当初から現物を受け渡すことが明らかなものは対象外）

⑨ 債務保証契約

⑩ クレジット・デリバティブ

⑪ ウェザー・デリバティブ

⑫ 当座貸越契約・貸出コミットメント

なお，「金融商品に関する会計基準」が適用されないものには次のようなものがある。

① 保険契約

② 退職給付債務（定義的には金融負債に該当するものの「退職給付に関する会計基準」が適用されるため対象外とされる）

③ リース取引（「リース取引に関する会計基準」に従って処理されるため対象外，ただし，リース取引の結果認識される債権または債務は金融資

3

産または金融負債に該当するので，その消滅の認識や貸倒見積高の算定
等に関しては「金融商品に関する会計基準」が適用される）

例題1－1

　次のもののうち，金融商品に該当せず，金融商品に関する会計基準の対象と
ならないものを選びなさい。
① 有価証券の消費貸借契約
② 損害保険契約
③ 商品の長期購入契約
④ 賃借事務所の差入預託保証金
⑤ ファイナンス・リース取引と判定された借手のリース資産
⑥ 商品ファンド
⑦ 当座貸越契約
⑧ 自社の新株予約権

解答へのアプローチ

　「金融商品に関する会計基準」と「金融商品会計に関する実務指針」を，定
義を理解しつつ参照する。

［解　答］……………………………………………………………………………
②，③，⑤，⑧
② 損害保険契約は金融商品に関する会計基準の対象外である。
③ 有償・双務契約の典型であり，契約が締結されただけでは会計上の金銭債
　権債務が生じない。
⑤ リース債権やリース債務は金融商品であるが，リース資産は金融商品では
　ない。
⑧ 他の企業の持分の請求権に関するものだけが金融商品となる。

2 金融資産・金融負債の発生および消滅の認識

❶ 金融資産・金融負債の発生の認識

① 発生の認識

　発生の認識とは金融資産または金融負債を財務諸表に計上することをいう。金融資産の契約上の権利または金融負債の契約上の義務を生じさせる契約を締結したときは，原則として，当該金融資産または金融負債の発生を認識しなければならない。これは，金融資産または金融負債自体を対象とする取引については，当該取引の契約時点において時価の変動リスクや信用リスクが契約当事者に生ずるためである。

　ただし，商品等の売買または役務の提供の対価にかかる金銭債権債務は，原則として商品等の受渡しまたは役務提供の完了によりその発生を認識する。

② 具体的な金融商品の発生の認識

契約の内容	発生の認識
有価証券の売買契約	① 約定日基準または修正受渡日基準による（約定日から受渡日までの期間が市場の規則・慣行に従った期間である場合）。 ② 受渡基準により，約定日から受渡日までは先渡契約としての権利・義務を認識する（約定日から受渡日までの期間が通常の期間より長い場合）。
貸付金および借入金にかかる契約	資金の貸借日
デリバティブ取引	契約の締結時
有価証券の消費貸借契約・消費寄託契約の借手	① 受入日に有価証券とそれに対応する返済義務を認識する必要はなく，時価を注記する。 ② 受け入れた有価証券を売却した場合には，約定日基準または修正受渡日基準により受入及び売却処理し，返還義務を負債に計上する。

③ 発生の認識時の測定

　発生の認識（当初測定とも呼ばれる）は，金融資産または金融負債の**時価**により測定する。

★**約定日基準と修正受渡日基準**：有価証券の売買契約については，約定日から受渡日までの期間が市場の規則・慣行に従った期間である場合，売買約定日に買手は有価証券の発生を認識し，売手は有価証券の消滅の認識を行う（これを「約定日基準」という）のが原則的処理である。ただし，買手が約定日から受渡日までの時価の変動のみを認識し，売手は売却損益のみを約定日に認識する「修正受渡日基準」を保有目的区分ごとに採用することもできる。

例題1－2

　次の取引について，約定日基準と修正受渡日基準に基づく仕訳を買手と売手に分けて示しなさい。購入・売却側とも有価証券は売買目的有価証券である。

　買手と売手は，売手が保有するX社の株式について，次のような売買契約を締結した。

① 約定日はX年3月29日で，売買価額は10,000円。X社株式の直前（3月28日現在）の時価は9,700円（売買目的有価証券の場合の簿価）であった。

② 決算日（X年3月31日）の時価は10,600円。

③ 受渡日はX年4月2日。

☺ 解答へのアプローチ

　約定日基準と修正受渡日基準との差異は，有価証券本体の受取りまたは引渡しを約定日で認識するか受渡日で認識するかである。

［解　答］

1．買手の会計処理

	約定日基準	修正受渡日基準
約定日	有価証券　10,000／未払金　10,000	仕訳なし
決算日	有価証券600／有価証券運用損益600	有価証券600／有価証券運用損益600
翌期首	有価証券運用損益600／有価証券600	有価証券運用損益600／有価証券600
受渡日	未払金　10,000／現金預金　10,000	有価証券　10,000／現金預金　10,000

(注) 翌期首の仕訳は，有価証券評価差額の洗替えによる期首振戻仕訳である。
　　なお，売買目的有価証券では切放方式を採用することもでき，その場合に
　　は翌期首の仕訳は行われない。

2．売手の会計処理

	約定日基準	修正受渡日基準
約定日	未収金10,000／有価証券　　　9,700 　　　　　　　／有価証券運用損益300	有価証券 300／有価証券運用損益300
決算日	仕訳なし	仕訳なし
翌期首	仕訳なし	仕訳なし
受渡日	現金預金　10,000／未 収 金　10,000	現金預金　10,000／有価証券　10,000

(注) 修正受渡日基準では，売却時に売却価額に時価評価するのが原則である
　　が，実務上は，約定日では簿価のままとし，期末に売却価額で評価するこ
　　とも認められる。

❷ 金融資産・金融負債の消滅の認識

① 消滅の認識

　消滅の認識とは企業が金融商品を財務諸表から引き落とすことをいう。

② 金融資産の消滅の認識要件

　金融資産の消滅を認識しなければならない場合は次のいずれかを充たした
ときである。

　(i)　金融資産の契約上の権利を行使したとき

　(ii)　金融資産の契約上の権利を喪失したとき，または

　(iii)　金融資産の契約上の権利に対する支配が他に移転したとき

　(iii)にいう「金融資産の契約上の権利に対する支配が他に移転」するのは，
次の３つの要件がすべて充たされた場合である。

　(ア)　譲渡された金融資産に対する譲受人の契約上の権利が譲渡人およびそ
　　の債権者から法的に保全されていること

　(イ)　譲受人が譲渡された金融資産の契約上の権利を直接または間接に通常
　　の方法で享受できること

　(ウ)　譲渡人が譲渡した金融資産を当該金融資産の満期日前に買い戻す権利
　　および義務を実質的に有していないこと

例えば，債権者が貸付金等の債権に係る資金を回収したとき，保有者がオプション権を行使しないままに行使期限が到来したとき，または保有者が有価証券等を譲渡したときなどに，それらの金融資産の消滅が認識される。ただし，金融資産の譲渡に関しては，さらに契約上の権利に対する支配が移転しているかどうかを判定するための上記の(ア)から(ウ)の３つの要件を充たすことが消滅の認識を行うための要件である。

応用 word

> ★**リスク・経済価値アプローチと財務構成要素アプローチ**：金融資産の譲渡では，譲渡後に譲渡人が譲渡資産や譲受人と一定の関係（例えば，リコース権（遡求権），買戻特約等の保持や譲渡人による回収サービス業務の遂行）を有する場合がある。このような条件付きの金融資産の譲渡の会計処理には２つの考え方がある。１つは，金融資産のリスクと経済価値のほとんどすべてが他に移転した場合に当該金融資産の消滅を認識する方法（これを「リスク・経済価値アプローチ」という）であり，もう１つは，金融資産を構成する財務的要素（これを「財務構成要素」という）に対する支配が他に移転した場合に当該移転した財務構成要素の消滅を認識し，留保される財務構成要素の認識を継続する方法（これを「財務構成要素アプローチ」という）である。わが国では，「財務構成要素アプローチ」が採用されている。
> 　リスク・経済価値アプローチでは，金融資産のすべてについて消滅を認識する方法であり，財務構成要素アプローチでは，上記の(ア)から(ウ)の３要件を充たし支配が他に移転した財務構成要素についてのみ消滅の認識が行われ，留保されている財務構成要素は引き続き認識が継続される。

③ **金融負債の消滅の認識要件**

金融負債の消滅を認識しなければならない場合は次のとおりである。

(i) 　金融負債の契約上の義務を履行したとき，

(ii) 　金融負債の契約上の義務が消滅したとき，または

(iii) 　金融負債の契約上の第一次債務者の地位から免責されたとき

❸ 金融資産および金融負債の消滅の認識にかかる会計処理

消滅の認識に関連する事項	会計処理
金融資産または金融負債全体が消滅の認識要件を充たした場合	① 当該金融資産または金融負債の消滅を認識する。 ② 帳簿価額とその対価としての受払額との差額を当期の損益として処理する。
金融資産または金融負債の一部が消滅の認識要件を充たした場合	① 当該部分の消滅を認識する。 ② 消滅部分の帳簿価額とその対価としての受払額との差額を当期の損益として処理する。 ③ 消滅部分の帳簿価額は, 当該金融資産または金融負債全体の時価に対する消滅部分と残存部分の時価の比率により, 当該金融資産または金融負債全体の帳簿価額を按分して計算する。
金融資産または金融負債の消滅に伴って新たな金融資産または金融負債が発生した場合	① 当該金融資産または金融負債を認識する。 ② 当該金融資産または金融負債の取得原価はそのときの時価とする。 ③ 時価が合理的に算定できない場合には, 新たに生じた資産についてはゼロ, 新たに生じた負債については譲渡から利益が出ないように計算した金額とする。

応用 word

★**金融資産と金融負債の消滅の認識の例外処理**:「金融商品に関する会計基準」では, 次の2つの例外を定めている。

① **ローン・パーティシペーション**

　欧米の金融市場で発達してきた債権流動化の一形態であるローン・パーティシペーション（貸出参加）は, 債権譲渡に際して債務者の承諾を得ていないが,「金融商品に関する会計基準」における経過措置として, 債権に係るリスクと経済的利益のほとんどすべてが譲渡人から譲受人に移転している場合等一定の要件を充たすものに限り, 当該債権の消滅を認識することが認められている。

② **デット・アサンプション**

　デット・アサンプションは, 法的には債務が存在している状態のまま, 社債の買入償還と同等の財務上の効果を得るための手法であるが,「金融商品に関する会計基準」における経過措置として, 取消不能の信託契約等により, 社債の元利金の支払いに充てることのみを目的として, 当該元利金の金額が保全される資産を預け入れた場合等, 社債の発行者に対し遡求請求が行われる可能性が極めて低い場合に限り, 当該社債の消滅を認識することが認められている。

　次のような取引の仕訳を示しなさい。なお，計算上千円未満の端数が生じる場合には，四捨五入して千円単位で答えること。

取引の概要

① 　保有する長期の割賦債権10,000千円のうち，期間が３年超のものを除いた部分を9,000千円を対価として譲渡し，普通預金に入金された。

② 　譲渡した債権に延滞が生じた場合には，これを譲受人から買い戻すリコース義務がある。

③ 　譲渡部分の時価は8,000千円，譲渡対象外の部分の時価は3,000千円と見積もられた。また，②のリコース義務の時価は500千円と見積もられた。

④ 　この取引は，支配が移転するための要件をすべて充たしている。

（☺）解答へのアプローチ

　金融資産の一部がその消滅の認識要件を充たした場合には，当該部分の消滅を認識するとともに，消滅部分の帳簿価額とその対価としての受取額との差額を当期の損益として処理する。消滅部分の帳簿価額は，金融資産全体の時価に対する消滅部分と残存部分の時価の比率により，金融資産全体の帳簿価額を按分して計算する。

　この場合の譲渡の対価は，入金額＋新たに発生した資産の時価－新たに発生した負債の時価，として計算される。

[解 答]‥‥‥‥‥‥‥‥‥‥‥‥‥‥‥‥‥‥‥‥‥‥‥‥‥‥‥‥‥‥‥‥‥‥‥

（単位：千円）

（借）普 通 預 金	9,000	（貸）割 賦 債 権	7,273
		リ コ ー ス 義 務	500
		債 権 譲 渡 益	1,227

・譲渡の対価

　　9,000千円－500千円＝8,500千円

・譲渡資産の譲渡原価および譲渡対象外資産（残存資産）の原価の算定

　　譲渡資産の譲渡原価

　　　10,000千円×8,000千円／（8,000千円＋3,000千円）＝7,273千円

譲渡対象外資産（残存資産）の原価

10,000千円×3,000千円／（8,000千円＋3,000千円）＝2,727千円

・譲渡損益

8,500千円－7,273千円＝1,227千円

基本問題 1－1

次の文章の空欄（ ア ）～（ オ ）に適切な語句を記入しなさい。

(1) 金融資産の契約上の権利を生じさせる契約を締結したときは，原則として，当該金融資産の発生を認識する。ただし，有価証券の売買契約において約定日から受渡日までの期間が市場の規則・慣行に従った期間である場合には，（ ア ）によることができる。

(2) 金融資産を契約締結時にその発生を認識するのは，契約時点において（ イ ）や信用リスクが契約当事者に生ずるためである。

(3) 金融資産の契約上の権利を行使したとき，（ ウ ）したときまたは権利に対する支配が他に移転したときは，当該金融資産の消滅を認識する。

(4) 金融資産の支配が他に移転するのは，3つの要件がすべて充たされた場合であるが，その要件の1つに，譲渡人が譲渡した金融資産を当該金融資産の満期日前に（ エ ）を実質的に有していないことがある。

(5) 金融資産が消滅の認識要件を充たした場合には，消滅部分の帳簿価額とその対価としての受払額との差額を（ オ ）として処理する。消滅に伴って新たな資産または負債が発生した場合には，当該金融資産または金融負債は（ カ ）により計上する。

⇒ 解答は216ページ

11

3 金融資産および金融負債の貸借対照表価額等

❶ 債　権

受取手形，売掛金，貸付金その他の債権の貸借対照表価額は，取得価額から貸倒見積高に基づいて算定された貸倒引当金を控除した金額である。ただし，債権を債権金額より低い価額または高い価額で取得した場合で，取得価額と債権金額との差額の性格が金利の調整であるときは，「償却原価法」に基づいて算定された価額から貸倒見積高に基づいて算定された貸倒引当金を控除した金額としなければならない。

償却原価法とは，金融資産または金融負債を債権額または債務額と異なる金額で計上した場合において，当該差額に相当する金額を弁済期または償還期に至るまで毎期一定の方法で取得価額に加減する方法をいい，当該加減額を受取利息または支払利息に含めて処理することとされている。償却原価法による差額の処理方法には，利息法と定額法の2つの方法がある。原則として利息法によるが，継続適用を条件として，簡便法である定額法を採用することができる。

❷ 有価証券

① 保有目的による評価

有価証券は，保有目的により貸借対照表価額が決められる。「金融商品に関する会計基準」では，売買目的有価証券，満期保有目的の債券，子会社および関連会社株式，その他有価証券および市場価格のない株式等に区分して期末での評価等の会計処理が規定されている。

有価証券の保有目的区分	決算日での評価基準・評価差額の取扱い
売買目的有価証券	時価評価を行い，評価差額は損益計算書に計上（評価差額は洗替処理または切放処理のいずれかで処理）
満期保有目的の債券	① 取得原価で評価（取得原価＝貸借対照表価額） ② 取得価額と債券金額との差額の性格が金利の調整である場合は償却原価法で評価
子会社株式および関連会社株式	取得原価で評価（取得原価＝貸借対照表価額）

その他有価証券	① 時価評価を行い，評価差額は洗替方式に基づき，株式，債券等の有価証券の種類ごとに次のいずれかの処理（純資産の部に計上される評価差額には税効果会計を適用）
	（i） 時価評価を行い，評価差額は純資産の部に「その他有価証券評価差額金」として計上（全部純資産直入法）
	（ii） 含み益のある銘柄の評価差額は純資産の部に「その他有価証券評価差額金」として計上し，含み損のある銘柄の評価差額は損益計算書に計上（部分純資産直入法）
	② 連結財務諸表において，評価差額は「その他の包括利益」に含める
市場価格のない株式等(注4)	取得原価をもって貸借対照表価額とする

(注1) 売買目的有価証券とは，時価の変動により利益を得ることを目的として保有する有価証券をいう。

(注2) 満期保有目的の債券とは，満期まで所有する意図をもって保有する社債その他の債券をいう。

(注3) その他有価証券とは，売買目的有価証券，満期保有目的の債券，子会社株式および関連会社株式以外の有価証券をいう。

(注4) 市場価格のない株式とは，市場において取引されていない株式をいう。また，出資金など株式と同様に持分の請求権を生じさせるものは同様の扱いとする。

 word

★**時価について**：2019年改正前の金融商品会計基準では，時価とは公正な評価額をいい，市場において形成されている取引価格，気配または指標その他の相場（これらを「市場価格」という）がある場合にはこれらに基づく価額が公正な評価額となり，また，市場価格がない場合には合理的に算定された価額が公正な評価額となるとされていた。

2019年改正後の金融商品会計基準では，金融資産および金融負債の「時価」の定義は，時価算定会計基準に従い，算定日において市場参加者間で秩序ある取引が行われると想定した場合の，当該取引における資産の売却によって受け取る価格または負債の移転のために支払う価格とするとされている。

 word

★**その他有価証券評価差額金と税効果会計**：純資産の部に計上されるその他有価証券の評価差額については，税効果会計を適用し，単体財務諸表では純資産の部において他の剰余金と区分して「その他有価証券評価差額金」と

して記載し，連結財務諸表では「その他の包括利益」に記載しなければならない。税効果会計では，評価差額が直接純資産の部に計上され，かつ，課税所得の計算に含まれていない場合，当該評価差額の対象となった有価証券の簿価修正額（時価－取得原価）は一時差異に該当するので，純資産の部に表示される評価差額は，簿価修正額からこれらに関する法人税等及び税効果を調整の上の金額（税引後の金額）となる。なお，税効果額は，評価差益に関するものは繰延税金負債（固定負債）に，評価差損に関するものは繰延税金資産（投資その他の資産）に計上される。

② 保有目的の指定と変更

(i) 保有目的の指定

売買目的有価証券と満期保有目的の債券への分類はその取得当初の意図に基づくものである必要がある。

(ii) 保有目的の変更

有価証券の保有目的区分は正当な理由なく変更することはできない。変更が認められるのは，次の場合に限られる。

- 資金運用方針の変更または特定の状況の発生
- 持分比率等の変動による保有目的区分の変更
- 法令または基準等の改正または適用による保有目的区分の変更

満期保有目的の債券の一部を正当な理由なく他の保有目的区分に振り替えたり，償還期限前に売却した場合に，満期保有目的区分に属する残りのすべての有価証券についても保有目的の変更があったものとして，他の保有目的区分に変更しなければならない。なお，この場合には，変更を行った事業年度を含む2事業年度においては，取得した債券を満期保有目的の債券に分類することはできない。

③ 売却原価の算定区分

(i) 同一銘柄の有価証券を異なる保有目的区分に分類した場合の売却原価の算定は，保有目的区分ごとに行い，保有目的区分を超えた通算は行わない。

(ii) 同一銘柄の有価証券を同一保有目的区分のなかで，自己で保有している有価証券，貸付有価証券および有価証券の信託で保有している場合に

は，これらを通算（簿価通算）して売却原価を算定する。

④ 有価証券の減損（時価が著しく下落した場合の会計処理）

	減損処理
時価（市場価格または合理的に算定された価額）のある有価証券	満期保有目的の債券，子会社株式および関連会社株式ならびにその他有価証券のうち市場価格のない株式以外のものについて時価が著しく下落（50％程度以上下落）したときは，回復する見込みがあると認められる場合を除き，時価を貸借対照表価額とし，評価差額は当期の損失として処理（切放方式）
市場価格のない株式等	発行会社の財政状態の悪化により実質価額が著しく低下（取得原価に比べて50％程度以上低下）したときは，相当の減額を行い，評価差額は当期の損失として処理（切放方式）

（注）切放方式の場合，減損計上後の価額が翌期首の取得原価となる。

⑤ 有価証券の表示区分

　売買目的有価証券および1年内に満期の到来する社債その他の債券は流動資産に属するものとし，それ以外の有価証券は投資その他の資産に属するものとする。

例題1-4

　次の記述が正しい場合には○を，間違っている場合には×を（　　）内に記入しなさい。

① （　　）売却予定で取得した株式は売買目的有価証券に区分することができる。

② （　　）取得後に満期保有目的の債券に区分することはできない。

③ （　　）その他有価証券の評価差額の処理として全部純資産直入法と部分純資産直入法とがあるが，これらは株式，債券等有価証券の種類ごとに選択できる。

④ （　　）その他有価証券の貸借対照表価額として時価を用いる場合には，期末前1カ月の平均時価を用いることができる。

⑤ （　　）期末における金融資産の時価評価にあたっては，付随費用も時価の計算に含めなければならない。

「金融商品に関する会計基準」と「金融商品会計に関する実務指針」の保有区分や評価に関する規定を参照する。

[解　答]‥‥

①　×　　②　○　　③　○　　④　×　　⑤　×

①　時価の変動により利益を得ることを目的として保有する有価証券であり，通常は同一銘柄に対して相当程度の反復的な購入と売却が行われるものをいう。

④　その他有価証券の時価評価の時価として，期末前１カ月の平均時価を用いることができたが，2019年改正により決算時の時価によることに統一された。

⑤　期末等における金融資産の時価評価の際には，時価に付随費用を含めない。

例題 1 − 5

次の資料に基づいて，X1年３月31日（決算日）に必要とされる仕訳を示しなさい。その他有価証券の評価差額は，全部純資産直入法による。なお，税効果会計は適用しないものとする。

（単位：円）

銘　柄	分　類	X1年３月31日			備　考
		取得原価	時　価	評価差額	
A株式	売買目的有価証券	10,000	8,000	△2,000	
B株式	売買目的有価証券	20,000	23,400	3,400	
C株式	その他有価証券	30,000	13,000	△17,000	回復の見込みなし
D株式	子会社株式	30,000	27,000	△3,000	
E株式	その他有価証券	50,000	68,000	18,000	
F株式	その他有価証券	40,000	31,000	△9,000	

😊解答へのアプローチ

保有目的の違いによる評価方法と評価差額の処理方法の違いを理解する。売買目的有価証券は，時価で評価され，評価差額は損益に計上される。子会社株式は，取得原価で評価される。その他有価証券は，時価で評価され，評価差額はその他有価証券評価差額金に計上される。子会社株式とその他有価証券は，時価が著しく下落した場合には，評価差額を当期の損失に計上すべき場合があ

る。

［解　答］……………………………………………………………………

売買目的有価証券（A株式，B株式）

（借）有　価　証　券　　1,400　　（貸）有価証券運用損益　　　　1,400

子会社株式（D株式）

　仕訳なし

その他有価証券

（C株式）

（借）投資有価証券評価損　17,000　　（貸）投　資　有　価　証　券　　17,000

（E株式，F株式）

（借）投　資　有　価　証　券　　9,000　　（貸）その他有価証券評価差額金　9,000

基本問題 1−2

　有価証券のうち，社債の貸借対照表価額の算定方法とその評価差額の処理方法について，保有目的ごとに説明しなさい。

➡ 解答は216ページ

❸ 運用目的の金銭の信託

　運用を目的とする金銭の信託（合同運用を除く）は，当該信託財産の構成物である金融資産および金融負債に対して「金融商品に関する会計基準」を適用して付すべき評価額を算出し，これらを合計した額をもって貸借対照表価額とし，評価差額は当期の損益として処理する。

　この場合，運用目的の信託財産の構成物である有価証券は，売買目的有価証券とみなしてその評価基準（時価評価を行い評価差額を損益計算書に計上する）に従って処理する。

❹ デリバティブ取引

　デリバティブ取引により生じる正味の債権および債務は，時価をもって貸借対照表価額とし，評価差額は，ヘッジ会計の対象となるものを除き，当期の損益として処理する。

❺ 金銭債務

① 支払手形，買掛金，借入金，社債その他の債務は，債務額をもって貸借対照表価額とする。したがって，期末での評価は原則として行われない。

② 社債を社債金額よりも低い価額または高い価額で発行した場合など，収入に基づく金額と債務額とが異なる場合には，償却原価法に基づいて算定された価額をもって貸借対照表価額としなければならない。

4 デリバティブ取引とヘッジ会計

❶ デリバティブ取引

デリバティブ取引とは，先物取引，先渡取引，オプション取引，スワップ取引およびこれらに類似する取引をいう。デリバティブ取引により生ずる正味の債権は金融資産となり，正味の債務は金融負債となる。デリバティブ取引により生じる正味の債権および債務は，時価をもって貸借対照表価額とし，評価差額は，ヘッジ会計の対象となるものを除き，当期の損益として処理する。

　具体的な金融商品としては，為替予約，通貨オプション，株価指数先物，国債先物，通貨スワップ，金利スワップといったものがある。デリバティブ取引の目的には，それによって直接利益を得るために行われる取引（トレーディング取引）と，現物の保有や将来の取引に伴う価格変動リスク等を避けるために行われる取引（ヘッジ）とがある。

基本 word

★**デリバティブ取引**：「金融商品会計に関する実務指針」では，デリバティブとは，以下のような特徴を有する金融商品としている。

① その権利義務の価値が，特定の金利，有価証券価格，現物商品価格，外国為替相場各種の価格・率の指数，信用格付け・信用指数または類似の変数（基礎数値と呼ばれる）の変化に反応して変化する基礎数値を有し，かつ，想定元本か固定もしくは決済可能な決済金額のいずれかまたは両方を有する契約

② 当初純投資が不要であるか，または市場の変動に類似の反応を示すその

他の契約と比べ当初純投資をほとんど必要としない

③ その契約条項により純額（差金）決済を要求もしくは容認し，契約外の
手段で純額決済が容易にでき，または資産の引渡しを定めていてもその受
取人を純額決済と実質的に異ならない状態に置く

例題1－6

次の取引を仕訳しなさい。

① 2月1日：契約日，今後上昇するとの予測に基づき，株価指数のコール・
オプションを購入した。当日の株価指数は11,000円，ストライクプライス
（行使価格）11,000円であり，オプション料を600円支払った。

② 3月31日：決算日，株価指数は13,000円に上昇している。当該オプショ
ンについてプライシングモデルを用いて時価評価したところ，2,400円とい
う時価評価の結果が得られた。

😊**解答へのアプローチ**

本問は，期末におけるデリバティブ取引の時価評価にかかる会計処理の例題
である。デリバティブ取引を時価評価した結果の正味の債権債務の金額を計上
することとなる。オプションの時価評価額（正味の債権）が2,400円であり，支
払ったオプション料が600円であるため，差額の1,800円（評価益）について仕
訳を行う。

[解 答]‥‥‥‥‥‥‥‥‥‥‥‥‥‥‥‥‥‥‥‥‥‥‥‥‥‥‥‥‥‥‥‥‥‥

① （借）オプション資産　　600　　（貸）現　金　預　金　　600

② （借）オプション資産　1,800　　（貸）オプション評価益　1,800

オプション取引とは，一定数量の金融商品（たとえば，通貨，債券，株式）
等を将来の一定期間または一定日に，一定の価格で購入（コール）または売却
（プット）する権利を譲渡する契約のことをいう。この場合に，買い手が売り
手に対して支払う対価をオプション料（プレミアム）という。

❷ ヘッジ会計

① ヘッジ会計の意義

　ヘッジ会計とは，ヘッジ取引のうち一定の要件を充たすものについて，ヘッジ対象にかかる損益とヘッジ手段に係る損益を同一の会計期間に認識し，ヘッジの効果を財務諸表に反映させるための特殊な会計処理をいう。ヘッジ会計の対象となるヘッジ取引は，社会一般で用いられているヘッジという概念より狭義のものである。

　ヘッジ取引は，ヘッジ手段とヘッジ対象の2つから成り立っている。ヘッジ手段となるのは，通常，デリバティブ取引であるが，それ以外に，外貨建金銭債権債務または外貨建有価証券（為替リスクのヘッジ），信用取引（売付け）または有価証券の空売り，買建オプションを相殺する売建オプション（売建オプションは原則としてヘッジ手段とはならない）が該当する場合がある。

② 2種類のヘッジ会計

　ヘッジ取引には，相場変動を相殺するもの（**公正価値ヘッジ**と呼ばれることがある）とキャッシュ・フローを固定するもの（**キャッシュ・フロー・ヘッジ**と呼ばれることがある）の2つがある。

　前者は，ヘッジ対象が相場変動等による損益の変動の可能性（リスク）にさらされており，ヘッジ手段に生じる反対の損益によって両者に生じる損益が互いに相殺し合うものであり，後者は，ヘッジ手段によりヘッジ対象に生じるキャッシュ・フローの変動の可能性が相殺され，結果として，キャッシュ・フローが固定されるものである。

③ ヘッジ対象

　ヘッジ会計が適用されるヘッジ対象は，次のようなものである。

(i)　相場変動等による損失の可能性がある資産または負債で，当該資産または負債にかかる相場変動等が評価に反映されていないもの，相場変動等が評価に反映されているが評価差額が損益として処理されないもの

(ii)　当該資産または負債にかかるキャッシュ・フローが固定されその変動が回避されるもの

　ヘッジ対象には，予定取引により発生が見込まれる資産または負債も含ま

れる。**予定取引**とは，未履行の確定契約に係る取引および契約は成立していないが，取引予定時期，取引予定物件，取引予定量，取引予定価格等の主要な取引条件が合理的に予測可能であり，かつ，それが実行される可能性が極めて高い取引をいう。

 基 本 word

★**具体的なヘッジ取引の例**：実務上よく見られるヘッジ取引の例としては，為替関係のデリバティブ取引を用いたものや，金利スワップ取引を用いたものがある。

　輸出取引または輸入取引を行う企業が，それらの取引により発生した外貨建の債権または債務の保有に伴う為替変動のリスクをヘッジするために，一定の為替相場を対象とした為替予約契約または通貨オプション契約を締結するような取引が前者の例である。

　金利スワップ取引は，通常，2当事者間で固定金利と変動金利を交換するものであり，これを用いたヘッジ対象には固定金利の金融商品と変動金利の金融商品の双方が該当する。固定金利の借入金や貸付金は，市場金利の変動により時価が変動するがその変動額が借入金や貸付金の評価に反映されないので，ヘッジ対象に該当する。同様に，変動利付の貸付金は，金利の変動によって受取利息額が変動するので，このようなキャッシュ・フローの変動を固定するヘッジ取引のヘッジ対象に該当する。

　なお，リスクにさらされている資産または負債のうちヘッジ対象となるのは，経営者によりヘッジ対象として指定されたもののみである。

④ ヘッジ会計の要件

　ヘッジ取引にヘッジ会計が適用されるためには，ヘッジ取引が次表に示した一定の要件を充たす必要がある。

2つのテスト	テストの内容
ヘッジ取引時の要件（事前テスト）	取引時に次のいずれかであることが客観的に認められること ①　当該取引が企業のリスク管理方針に従ったものであることが，文書により確認できること ②　企業のリスク管理方針に関して明確な内部規程および内部統制組織が存在し，当該取引がこれに従って処理されることが期待されること

ヘッジ取引時以降の要件（事後テスト）	①	ヘッジの有効性が定期的に確認されていること
	②	有効性は，原則としてヘッジ開始時から有効性判定時までの期間のヘッジ対象の相場変動またはキャッシュ・フロー変動の累計とヘッジ手段の相場変動またはキャッシュ・フロー変動の累計の比率がおおむね80％から125％の範囲内にあること

(注) ヘッジが有効な状態とは，ヘッジ対象とヘッジ手段の損益が高い程度で相殺される状態，またはヘッジ対象のキャッシュ・フローが固定され，その変動が回避されている状態をいう。

⑤ ヘッジ会計の方法

ヘッジ会計の方法には，**繰延ヘッジ**と**時価ヘッジ**とがある。ヘッジ会計の会計処理の概要は，次表のとおりである。

		会計処理の概要
損益認識時点	①	繰延ヘッジ（時価評価されているヘッジ手段にかかる損益または評価差額を，ヘッジ対象にかかる損益が認識されるまで純資産の部において繰り延べる方法）が原則
	②	その他有価証券に対しては時価ヘッジ（ヘッジ対象である資産または負債にかかる相場変動等を損益に反映させ，ヘッジ手段にかかる損益と同一の会計期間で認識する方法）を採用できる
	③	純資産の部に計上されるヘッジ手段にかかる損益または評価差額には税効果会計を適用しなければならない
ヘッジ要件が充たされなくなったとき	①	要件が充たされていた間のヘッジ手段にかかる損益または評価差額は，ヘッジ対象にかかる損益が純損益として認識されるまで引き続き繰延べ
	②	ヘッジ手段が債券や借入金等の利付金融商品の金利リスクのヘッジをするものである場合には，それまで繰り延べていたヘッジ手段にかかる損益または評価差額は，ヘッジ対象の満期までの期間に金利の調整として純損益に配分
	③	繰り延べられたヘッジ手段にかかる損益または評価差額が，ヘッジ対象にかかる含み益が減少することで，ヘッジ会計の終了時点で重要な損失が生じるおそれがあるときは，当該損失部分を見積り，当期の損失として処理
ヘッジの終了	①	ヘッジ対象が消滅したときに終了し，繰り延べられているヘッジ手段にかかる損益または評価差額は当期の損益として処理しなければならない
	②	ヘッジ対象である予定取引が実行されないことが明らかになったときにおいても同様

応用 word

★**金利スワップの特例**：金利スワップをヘッジ手段として用いたヘッジ取引がヘッジ会計の要件を充たしている場合で，ヘッジ対象について損益が認識されていない場合には，金利スワップを時価評価した損益が純資産の部で繰り延べられることになるのが原則である。

　金利スワップの特例では，資産または負債にかかる金利の受払条件を変換することを目的として利用されている金利スワップが金利変換の対象となる資産または負債とヘッジ会計の要件を充たしており，かつ，その想定元本，利息の受払条件（利率，利息の受払日等）および契約期間が当該資産または負債とほぼ同一である場合には，金利スワップを時価評価せず，その金銭の受払いの純額等を当該資産または負債にかかる利息に加減して処理することができる。

例題1−7

ヘッジ会計についての次の記述のうち，正しくないものを選びなさい。

① 　ヘッジ会計とは，ヘッジ取引のうち一定の要件を充たす，ヘッジ対象に係る損益とヘッジ手段に係る損益を同一の会計期間に認識し，ヘッジの効果を財務諸表に反映させるための特殊な会計処理をいう。

② 　ヘッジ取引は，ヘッジ対象とヘッジ手段の2つから成り立っており，ヘッジ手段となるのはデリバティブ取引だけである

③ 　ヘッジ会計の適用対象となるのは，ヘッジ対象がさらされている相場変動等による損失の可能性である。

④ 　ヘッジ対象となるのは，すでに発生している資産または負債と，未履行の確定契約である。

⑤ 　ヘッジ会計を適用するためには，ヘッジ取引時に企業のリスク管理方針に従ったものであることが客観的に認められることと，ヘッジ取引時以降においてヘッジの効果が定期的に確認されていることが必要である。

解答へのアプローチ

② 　外貨建債権債務，外貨建有価証券，信用取引（売付け），有価証券の空売り等が該当する場合がある。

③ ヘッジ手段によりヘッジ対象のキャッシュ・フローが固定されその変動が
回避される関係も適用対象となる。
④ 契約は成立していないが，取引予定時期，取引予定物件，取引予定量，取
引予定価格等の主要な取引条件が合理的に予測可能であり，かつ，それが実
行される可能性が極めて高い予定取引も対象となる。

[解 答]..
②，③，④

例題 1 − 8

　下記の前提条件のヘッジ取引に関するX2年3月31日のヘッジ会計の仕訳を
示しなさい（繰延ヘッジと時価ヘッジの双方を示すこと）。
① X社（決算日3月31日）は，X1年11月1日にその他有価証券として保有
することを目的にY社発行の社債をその発行価額と同額で100,000千円購入
した。
② X社は，当該社債の金利変動による価格変動リスクをヘッジするため，元
本100,000千円の金利スワップ（固定金利支払・変動金利受取）を締結した。
なお，締結時の時価はゼロであった。
③ Y社社債および金利スワップのX2年3月31日現在の時価は以下のとおり
であった。
④ ヘッジ会計を適用するために，ヘッジ取引時に充たすべき要件は充たして
いた。
⑤ 法定実効税率は30％とする。

	Y社債	金利スワップ
取得原価	100,000千円	0千円
金利変動（上昇）による影響	−2,000	1,800
期末の簿価	98,000	1,800

😊 解答へのアプローチ

　ヘッジ取引時以降も，ヘッジの有効性の要件が充たされていることを数値で確認する。さらに，繰延ヘッジと時価ヘッジで，ヘッジ手段とヘッジ対象にどのような損益認識時点の違いがあるのかを理解する。

[解　答]..

1．ヘッジの有効性の判定

　　Y社社債の金利リスクによる価格変動÷金利スワップの価格変動

　　＝2,000千円÷1,800千円＝111％

　　　80％から125％の範囲内であるため，事後テストを充たしており，金利スワップはヘッジ手段として適格と判定される。

2．繰延ヘッジ（原則法）

(借)その他有価証券評価差額金	1,400	(貸)その他有価証券	2,000
繰延税金資産	600		
(借)金利スワップ（資産）	1,800	(貸)繰延ヘッジ利益（純資産）	1,260
		繰延税金負債	540

3．時価ヘッジ会計

(借)有価証券評価損(PL)	2,000	(貸)その他有価証券	2,000
繰延税金資産	600	法人税等調整額	600
(借)金利スワップ(資産)	1,800	(貸)スワップ評価益(PL)	1,800
法人税等調整額	540	繰延税金負債	540

(注)　なお，本例題では，債券と金利スワップの評価差額はどの場合でも一時差異になることを前提とした仕訳を示している。

基本問題 1-3

　ヘッジ会計の会計処理方法である繰延ヘッジと時価ヘッジについて説明しなさい。

⇒ 解答は217ページ

5 複合金融商品等

❶ 総　論

　複合金融商品は複数種類の金融資産または金融負債が組み合わされている金融商品をいい，これについては，払込資本を増加させる可能性のある部分を含む複合金融商品とその他の複合金融商品に区別して，それぞれの会計処理方法が定められている。

　前者では，新株予約権付社債などが規定されており，後者では，金利オプション付借入金やゼロ・コスト・オプションのような組込デリバティブに関する会計処理が規定されている。

❷ 新株予約権

　払込資本を増加させる可能性のある部分を含む複合金融商品では，通常，新株予約権が含まれている。これ自体が，複合金融商品ではないが，複合金融商品の会計処理を理解する前提となるため，以下に概要を示す。

		新株予約権の会計処理
発行者	①	新株予約権の発行に伴う払込金額は，純資産の部に「新株予約権」として計上。
	②	新株予約権が行使され新株を発行する場合は，新株予約権の発行に伴う払込金額と新株予約権の行使に伴う払込金額を，資本金または資本金および資本準備金に振替え。
	③	新株予約権が行使され自己株式を処分する場合は，自己株式処分差額（新株予約権の発行に伴う払込金額と新株予約権の行使に伴う払込金額との合計額から自己株式の帳簿価額を控除した額）は「その他資本剰余金」に加減。ただし，その他資本剰余金が負の値となった場合には，その他資本剰余金をゼロとし，その他利益剰余金（繰越利益剰余金）から減額。
	④	新株予約権が行使されずに権利行使期間が満了し失効したときは，当該失効に対応する額を失効が確定した会計期間の利益（原則として特別利益）として処理。
取得者 （新株予約権の発行者以外が取得者となる場合）	①	新株予約権は，有価証券の取得として処理。取得時に時価で測定し，保有目的に応じて売買目的有価証券またはその他有価証券として処理。
	②	新株予約権の権利を行使して発行会社の株式を取得した場合，当該新株予約権の保有目的に応じ，売買目的有価証券の場合には行使時の時価で，その他有価証券の場合には帳簿価額で株式に振替え。

26

③ 新株予約権に対する支配が他に移転した場合,その消滅を認識するとともに,移転した新株予約権の帳簿価額とその対価としての受取額との差額を当期の損益として処理。
④ 新株予約権を行使せずに権利行使期間が満了し失効したときは,当該新株予約権の帳簿価額(減損処理している場合には減損処理後の帳簿価額)を当期の損失として処理。

❸ 転換社債型新株予約権付社債の会計処理

① 転換社債型新株予約権付社債

転換社債型新株予約権付社債とは,募集事項において,社債と新株予約権がそれぞれ単独で存在し得ないことおよび新株予約権が付された社債を当該新株予約権行使時における出資の目的とすることをあらかじめ明確にしている新株予約権付社債であって,会社法の規定に基づき発行されたものをいう。

② 一括法と区分法

新株予約権付社債の会計処理には,2つの方法がある。

(i) 一括法……発行に伴う払込金額を,社債の対価部分と新株予約権の対価部分に区分せず,普通社債の発行に準じて処理する方法

(ii) 区分法……発行に伴う払込金額を,社債の対価部分と新株予約権の対価部分に区分し,前者は普通社債の発行に準じて処理し,後者は新株予約権の発行者側の会計処理に準じて処理する方法

新株予約権付社債を区分法により区分する場合は,次のいずれかの方法により,新株予約権付社債の発行に伴う払込金額を社債の対価部分と新株予約権の対価部分とに区分する。

(i) 社債および新株予約権の払込金額またはそれらの合理的な見積額の比率で配分する方法

(ii) 算定が容易な一方の対価を決定し,これを払込金額から差し引いて他方の対価を算定する方法

なお,取得者側は,上記(i)または(ii)のいずれかの方法により,新株予約権付社債の取得価額を社債の対価部分と新株予約権の対価部分とに区分するが,保有社債および新株予約権に市場価格がある場合には,その比率により区分することもできる。

③ 発行者側の会計処理

(i) 発行時の会計処理

発行に伴う払込金額は，一括法と区分法のいずれかによって会計処理する（一括法と区分法の選択適用）。

(ii) 新株予約権の行使時の会計処理

(ア) 新株を発行する場合

新株を発行する場合には次によるが，いずれの場合も帳簿価額で振替えが行われる結果，権利行使により損益は生じない。

　(a) 一括法を採用しているときには，当該転換社債型新株予約権付社債の帳簿価額を資本金または資本金および資本準備金に振替え

　(b) 区分法を採用しているときには，当該転換社債型新株予約権付社債の社債の対価部分（帳簿価額）と新株予約権の対価部分（帳簿価額）の合計額を資本金または資本金および資本準備金に振替え

(イ) 自己株式を処分する場合

新株予約権が行使され自己株式を処分する場合の自己株式処分差額（自己株式処分の対価から自己株式の帳簿価額を控除した額）の会計処理は，自己株式を募集株式の発行等の手続により処分する場合に準じて取り扱う。すなわち，自己株式処分差額を「その他資本剰余金」に加減する。ただし，その他資本剰余金が負の値となった場合には，その他資本剰余金をゼロとし，その他利益剰余金（繰越利益剰余金）から減額する。

なお，「自己株式処分の対価」は，一括法を採用している場合には当該転換社債型新株予約権付社債の帳簿価額，区分法を採用している場合には，社債の対価部分（帳簿価額）と新株予約権の対価部分（帳簿価額）の合計額となる。

④ 取得者側の会計処理（新株予約権付社債の発行者以外が取得者となる場合）

転換社債型新株予約権付社債の取得価額は，社債の対価部分と新株予約権の対価部分とに区分せず普通社債の取得に準じて処理し，権利を行使したときは株式に振り替える（一括法のみの適用）。

❹ その他（転換社債型新株予約権付社債以外）の新株予約権付社債の会計処理

① 発行者側の会計処理

(i) 発行時の会計処理

　発行に伴う払込金額は，社債の対価部分と新株予約権の対価部分とに区分する（区分法のみの適用）。

(ii) 新株予約権の行使時の会計処理

　新株予約権が行使されたときの会計処理は，転換社債型新株予約権付社債の発行時に区分法を採用している場合に準じて処理する。

② 取得者側の会計処理（新株予約権付社債の発行者以外が取得者となる場合）

　取得価額は，社債の対価部分と新株予約権の対価部分とに区分する（区分法のみの適用）。

(i) 社債の対価部分は，普通社債の取得に準じて処理する。

(ii) 新株予約権の対価部分は，新株予約権の取得者側の処理に準じて処理する。

　次の条件で発行されたその他の新株予約権付社債の発行者側の会計処理を発行日および償還期限までの各決算日について仕訳で示しなさい。なお，権利行使により新株が発行されるものとする。また，社債に償却原価法を適用する場合には，利息法（実効利子率9.89％）によること。

(1)　発行条件

　①　発行総額　1,000百万円

　②　償還期限　X5年3月31日（5年）

　③　発行価格　社債部分は額面100円に対して70円，新株予約権部分は30円

　④　付与率　100％

　⑤　行使価格　1,000円

　⑥　資本組入額　新株予約権の発行価格と行使価格の合計額の2分の1

　⑦　利率　年2％（年1回払い）

(2)　取引事象

　①　X0年4月1日　新株予約権付社債の発行。

　②　X3年3月31日　70％の新株予約権の行使（現金による払込）。

　③　X5年3月31日　30％の新株予約権の行使がないまま償還期限が到来。

　😊 解答へのアプローチ

①　転換社債型新株予約権付社債ではない「その他の新株予約権付社債」では，区分法のみが適用され，発行時には，発行に伴う払込金額を「社債の対価部分」と「新株予約権の対価部分」に区分し，前者は普通社債の発行に準じて処理し，後者は新株予約権の発行者側の会計処理に準じて処理する。

②　社債を社債金額と異なる価額で発行した場合には償却原価法（原則は利息法）に基づいた価額が貸借対照表価額となる。一方，新株予約権は純資産の部に計上され，権利行使が行われ新株が発行される場合には，新株予約権の発行に伴う払込金額と新株予約権の行使に伴う払込金額の合計額を資本金または資本金および資本準備金に振り替えることになる。

③　新株予約権が行使されずに権利行使期間が満了し失効したときは，新株予約権の失効の処理（当該失効に対応する額を失効が確定した会計期間の利益

（原則として特別利益）として処理）が適用され，社債は満期に償還処理が行われる。

［解　答］……………………………………………………………………………………

発行者の会計処理　　　　　　　　　　　　　　　　　　　　　（単位：百万円）

X0年4月1日	（借）	現　金　預　金	1,000	（貸）	社　　　　　　債	700	
					新　株　予　約　権	300	
X1年3月31日	（借）	社　債　利　息	20	（貸）	現　金　預　金	20	
	（借）	社　債　利　息	49	（貸）	社　　　　　　債	49	
X2年3月31日	（借）	社　債　利　息	20	（貸）	現　金　預　金	20	
	（借）	社　債　利　息	54	（貸）	社　　　　　　債	54	
X3年3月31日	（借）	現　　　　　　金	700	（貸）	資　　本　　金	455	
		新　株　予　約　権	210		資　本　準　備　金	455	
	（借）	社　債　利　息	20	（貸）	現　金　預　金	20	
	（借）	社　債　利　息	59	（貸）	社　　　　　　債	59	
X4年3月31日	（借）	社　債　利　息	20	（貸）	現　金　預　金	20	
	（借）	社　債　利　息	66	（貸）	社　　　　　　債	66	
X5年3月31日	（借）	社　債　利　息	20	（貸）	現　金　預　金	20	
	（借）	社　債　利　息	72	（貸）	社　　　　　　債	72	
	（借）	社　　　　　　債	1,000	（貸）	現　金　預　金	1,000	
	（借）	新　株　予　約　権	90	（貸）	新株予約権戻入益	90	

(1)　その他の新株予約権付社債の発行に伴う払込金額の社債対価部分と新株予約権の対価部分への区分

①　社債対価部分　1,000百万円×70円÷100円＝700百万円

②　新株予約権の対価部分　1,000百万円×30円÷100円＝300百万円

(2)　社債の償却原価法（利息法）による処理は次のようになる。

（単位：百万円）

	社債利息支払額A	利息配分額B＝D₋₁×9.89%	金利調整差額の償却額C＝B－A	償却原価（帳簿価額）D＝D₋₁＋C
X0年4月1日				700
X1年3月31日	20	69	49	749
X2年3月31日	20	74	54	803
X3年3月31日	20	79	59	862
X4年3月31日	20	86	66	928
X5年3月31日	20	92	72	1,000
計	100	400	300	

(3)　社債の各年の支払利息＝1,000百万円×2％＝20百万円

(4)　X3年3月31日に70％の権利行使が行われた際の計算は次のとおり。

① 発行株式数＝700百万円÷1,000円＝700,000株

② 新株予約権のうち権利行使に関連する部分（新株予約権の発行に伴う払込金額）＝新株予約権帳簿価額300百万円×70％＝210百万円

③ 新株予約権の行使に伴う払込金額＝1,000円×700,000株＝700百万円

④ 資本組入額＝（210百万円＋700百万円）×50％＝455百万円

(6)　X5年3月31日には，社債利息の会計処理のほか，社債（1,000百万円）の償還および新株予約権30％の失効の会計処理が行われる。新株予約権の失効による利益は，新株予約権の残存帳簿価額90百万円（＝300百万円－210百万円）となる。

❺ その他の複合金融商品

　契約の一方の当事者の払込資本を増加させる可能性のある部分を含まない複合金融商品は，原則として，それを構成する個々の金融資産または金融負債とに区分せず一体として処理する。

　しかし，次のすべての要件を充たした場合には，複合金融商品に含まれているデリバティブ（これを「組込デリバティブ」という）を区分して時価評価し，評価差額を当期の損益として処理する（例：通貨オプションが組み合わされた円建て定期預金）。

(i)　組込デリバティブのリスクが現物の金融資産または金融負債に及ぶ可能性があること

(ii)　組込デリバティブと同一条件の独立したデリバティブが，デリバティブの特徴を充たすこと

(iii)　当該複合金融商品の時価変動による評価差額が当期の損益に反映されないこと

　区分処理した組込デリバティブの損益または評価差額は，組み込まれた金融資産または金融負債から生じた損益とは区分して表示する。

　なお，上記(i)または(iii)を充たさない場合でも，管理上，組込デリバティブを区分しているときは，区分処理することができる。

　また，上記要件を充たし区分処理すべき複合金融商品で，複合金融商品全体の時価は測定できるが組込デリバティブを合理的に区分して測定できない場合には，当該複合金融商品全体を時価評価し，評価差額を当期の損益に計上する。

応用 word

★**組込デリバティブのリスクが現物の金融資産または金融負債に及ぶ**：利付金融資産または金融負債の場合，原則として，組込デリバティブのリスクにより現物の金融資産の当初元本が減少または金融負債の当初元本が増加もしくは当該金融負債の金利が債務者にとって契約当初の市場金利の2倍以上になる可能性があることをいう。

　組込デリバティブのリスクが現物の金融資産または金融負債に及ぶ可能性がある例には次のものがある。

(1)　預金，債券，貸付金，借入金およびこれらに類する契約の中に，その経済的性格およびリスクが，組み込まれた現物の金融資産または金融負債の経済的性格およびリスクと緊密な関係にないデリバティブ（元本または金利が，①株式相場または株価指数，②現物商品相場または現物商品指数，③外国為替相場，④気象条件に関する指標および⑤第三者の信用リスクに係るデリバティブ）が組み込まれたもの

(2)　他社株転換社債

(3)　預金，債券，貸付金，借入金およびこれらに類する契約の中に，その経済的性格およびリスクが，組み込まれた現物の金融資産または金融負債の経済的性格およびリスクと緊密な関係にあるデリバティブ（当該契約と同一通貨である，①金利，②物価指数，③債務者自身の信用リスクに係るデリバティブ）が組み込まれ，契約上，フロアーが付いていないため受取利息がマイナスとなる可能性があるもの，または，オプションを売却しているもの等が組み込まれ当初元本を毀損する可能性があるもの（ただし，組込デリバティブのリスクが現物の金融資産または金融負債の当初元本に及ぶ可能性が低いといえるものを除く）

(4)　重要な損失をもたらす行使価格の付いた期前償還権付債券，貸付金，借入金およびこれらに類する契約

次のような複合金融商品の取引を行った場合の，取引開始日，決算日，複合金融商品の満期日の仕訳を示しなさい。

取引の概要

(1) X1年10月1日に，次のような条件の通貨オプション付定期預金を設定した。

　① 定期預金の額　100,000千円

　② 定期預金の利率　2％（満期日に利息支払），この利率には，売建て通貨オプションのプレミアム1,000千円が含まれているため，預金金利が高くなっている。

　③ 定期預金の期間　X1年10月1日からX2年9月30日まで

　④ 満期日の払戻額

　　米国ドルの為替レートが100円以上の場合　100,000千円

　　米国ドルの為替レートが100円未満の場合

　　　100,000千円−100,000千円×（100円−満期日の為替レート）／100円

(2) 通貨オプションの価値

　X1年10月1日　　　　　　　　　1,000千円

　X2年3月31日（決算日）　　10,000千円

　X2年9月30日（満期日）の為替レート　　1ドル＝85円

😊解答へのアプローチ

① この複合金融商品が，払込資本を増加させる可能性のある部分を含むものであるかどうかを判定する。

② 払込資本を増加させる可能性のある部分を含まない複合金融商品（その他の複合金融商品）である場合には，組込デリバティブのリスクが現物の金融資産または金融負債に及ぶかどうかを判定する。

③ ②が該当する場合には，組み込まれたデリバティブは，組込対象である金融資産または金融負債とは区分して時価評価し，評価差額を当期の損益として処理する。

[解 答]‥‥‥‥‥‥‥‥‥‥‥‥‥‥‥‥‥‥‥‥‥‥‥‥‥‥‥‥‥‥‥‥‥‥‥‥‥‥‥

　取引の概要の(1)④に示された，満期日の払戻額の条件は，1ドルが100円未満となったときに当初の預入額未満の払戻額となることを意味しており，デリバティブのリスクが，金融資産（定期預金）の元本に及ぶ可能性がある。したがって，売建通貨オプションを区分して時価評価する必要がある。

X1年10月1日（取引開始日）

(借)定　期　預　金	100,000	(貸)現　金　預　金	100,000
未　収　入　金	1,000	(貸)売建通貨オプション	1,000

X2年3月31日（決算日）

未収利息の計上

(借)未　収　利　息	500	(貸)受　取　利　息	500

　（100,000千円×2％－1,000千円）×6／12＝500

売建通貨オプションの時価評価

(借)為　替　差　損	9,000	(貸)売建通貨オプション	9,000

　10,000千円－1,000千円＝9,000千円

X2年9月30日（満期日）

(借)現　金　預　金	87,000	(貸)定　期　預　金	100,000
売建通貨オプション	10,000	未　収　利　息	500
為　替　差　損	5,000	未　収　入　金	1,000
		受　取　利　息	500

定期預金の払戻額　100,000千円－100,000千円×（100円－85円）／100円

　　　　　　　　＝85,000千円

利息の受取額　100,000千円×2％＝2,000千円

受取利息（100,000千円×2％－1,000千円）－500千円＝500千円

6 貸倒見積高の算定

❶ 貸倒見積高の算定方法

　受取手形，売掛金，貸付金その他の債権にかかる貸倒引当金について，「金融商品に関する会計基準」では，債務者の財政状態および経営成績を考慮した分類に基づき，過去の貸倒実績率，担保の処分見込額，保証による回収見込額等を基礎として貸倒見積高を算定することとしている。

　債権は，債務者の財政状態および経営成績等に応じて，次の3つに区分され，その区分ごとに貸倒見積高の算定方法が定められている。

区　　分	貸倒見積高の算定方法
一般債権(経営状態に重大な問題が生じていない債務者に対する債権)	債権全体または同種・同類の債権ごとに過去の貸倒実績率等合理的な基準を用いて算定(貸倒実績率法)
貸倒懸念債権(経営破綻の状態には至っていないが，債務の弁済に重大な問題が生じているかまたは生じる可能性の高い債務者に対する債権)	いずれかの方法によって算定する ① 債権額から担保処分見込額・保証による回収額を控除し，その残高に債務者の財政状態および経営成績を考慮して算定(財務内容評価法) ② 債権の元利金にかかる将来キャッシュ・フローを当初の約定利子率で割り引いた金額と債権の帳簿価額の差額として算定(キャッシュ・フロー見積法)
破産更生債権等(経営破綻または実質的に経営破綻に陥っている債務者に対する債権)	貸倒見積高＝(債権額－担保処分見込額・保証による回収額)として算定(財務内容評価法)

❷ 貸倒見積高の算出方法

　債権の貸倒見積高の算出方法には次の2つがある。また，貸倒引当金の繰入れおよび取崩しの処理は，引当の対象となった債権の区分ごとに行わなければならない。

① 個別引当法

　個々の債権ごとに貸倒見積高を見積もる方法

② 総括引当法

　債権をまとめて過去の貸倒実績率によって貸倒見積高を見積もる方法

第2章

外貨換算会計

学習のポイント

1. 貨幣・非貨幣法など，外貨換算の基本的な考え方を理解する。

2. 外貨換算には，外貨建取引の発生時の換算，決算日における外貨建金銭債権債務等の換算替えの2つがある。

3. 連結財務諸表などを作成するために，在外子会社等の外貨表示財務諸表を円換算する必要がある。

4. 有価証券の換算については，金融商品に関する会計基準における取扱いの理解が前提となる。

5. 為替予約は，デリバティブ取引であるため，期末日における時価評価が原則的処理であるが，ヘッジの要件を充たす場合にはヘッジ会計が適用され，この取扱いのなかで振当処理が認められている。

1 外貨換算会計とは

　企業が生産，購買，販売および資金調達などのさまざまな活動を行うなかで，製品を製造するために材料を国内で「円」の契約で仕入れることに加え，外国企業から，たとえばドルやユーロなどの「外貨建て」金額による契約で仕入れる場合もある。

　また，製品を国内で販売して円で回収する場合もあれば，外国に輸出して外貨で支払いを受ける場合もある。さらに，国内金融機関から円で融資を受けることに加え，外国の投資家から外貨での払込みを受ける場合もある。このように，企業活動は円による取引だけではなく，複数の通貨による取引が混在する場合が一般的であるため，会計上の測定単位を「円」に統一するた

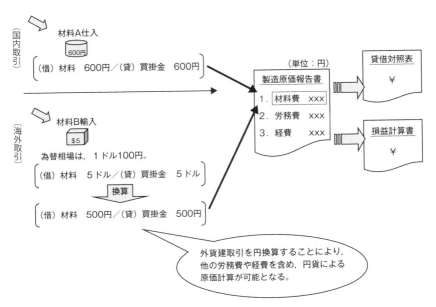

（注） 外貨建ての輸入取引を円貨に換算することにより，その他の企業活動と合算して単一通貨の「円貨」による原価計算が可能となり，この結果を貸借対照表および損益計算書に計上する。

めには，外貨による取引を円貨に換算する必要がある。また，日本企業は，会社法に基づく計算書類の作成に際して「円による表示」が求められている（会社計算規則第57条）。同様に，日本の上場企業が有価証券報告書を作成する場合についても「円による表示」が求められている（財務諸表等規則第10条の３）。この場合の「円」が，財務報告を行うときの表示単位通貨であることから，「報告通貨」と呼ばれる。理論的な観点から外貨換算は，外国通貨による数値を自国通貨（日本企業の場合は「円」）による数値に変更することであり，表示単位の変更を意味する。このため，本来の外国通貨による測定は換算を行う前に完了しているため，本来，換算によって測定の意図や測定数値の属性を変更することは適切ではないとの考え方がある。

　日本企業は「円」による計算書類または財務諸表を作成するため，外貨建

取引を取引のつど，または，一定期間ごとに円貨に換算する必要があり，また，決算日には外貨建ての売掛金や買掛金を換算替えする必要がある。このように外貨建取引や外貨建金銭債権債務をどのように換算するか，この場合の換算差額をどのように取り扱うかについての取決めが外貨換算会計である。

さらに，在外支店を有する企業にあっては，本支店会計の処理を行うため，また，在外子会社を有する企業にあっては，連結財務諸表を作成するために，外貨で表示された財務諸表を円貨表示財務諸表に換算する必要がある。

わが国の外貨換算会計は，「外貨建取引等会計処理基準」（平成11年10月22日改正，企業会計審議会）に規定されている。

図表2−2　外貨表示を円貨表示に換算

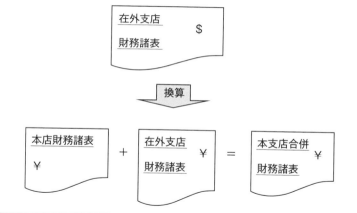

★**直物為替相場**：たとえば，海外旅行に必要な外貨を入手するために銀行窓口に出向き，そのときに提示される外貨の交換レートが直物為替相場であり，「スポットレート（Spot Rate）」とも呼ばれる。この「直物」部分を省略して，一般的に「為替相場」といわれることが多い。

　なお，企業と銀行との間で外国為替取引が行われる場合には，取引金額が多額になる場合が多いため，契約成立からたとえば２日以降に，外国為替と自国通貨との受渡しが行われる場合が多い。

★**先物為替相場**：先物為替相場とは，将来のある一定期日に円貨と外貨を交換する取引について，現時点で取り決めをするときの為替相場であり，「予約相場」または「フォワードレート（Forward Rate）」とも呼ばれる。

　（注）デリバティブ取引は，先物，先渡，スワップおよびオプションの４つに分類されるが，このとき「先渡」には「フォワード」の訳語があてられる。為替予約は，会社と銀行との間で，これから○日先の受渡しで○ドル買う約束を１ドル@○円でお互いが合意するという契約内容であり，まさしく先渡取引の典型例である。しかし，従来から「先物」為替相場との呼称が用いられている。

★**取引発生時の為替相場（H．R．：Historical Rateの略）**：外貨建取引が行われたときの直物為替相場。一般的に，「取得時レート」または「発生時レート」と呼ばれる。外貨換算会計において，取得時の為替相場は，直物為替相場と合理的な基礎に基づいて算定された平均相場の２つとされているが，実務的な観点から，直近の一定の日における直物為替相場も認められている。

★**決算時の為替相場（C．R．：Closing Rateの略。Current Rateと呼ばれる場合もある）**：決算日における直物為替相場。一般的に，「決算日レート」，「期末レート」と呼ばれる。外貨換算会計において，決算時の為替相場は，決算日の直物為替相場のほかに，決算日前後一定期間における直物為替相場の平均を用いることも認められている。

★**期中平均相場（A．R．：Average Rateの略）**：外貨建取引が行われた日が属する月，四半期または半期等を算定期間とした平均相場。一般的に，「期中平均レート」と呼ばれる。

2 換算の基本的な考え方

　わが国の外貨換算会計は，従来は貨幣・非貨幣法に流動・非流動法を加味した考え方を採用していた。しかし，平成11年の改正において，金融商品に係る会計基準との整合性等を考慮した結果，為替相場の変動を財務諸表に反映させることがより重視され，たとえば，外貨建金銭債権債務については，長短を問わず決算時の為替相場で換算を行うように変更されている。外貨で測定されている項目の換算に際し，どのような為替相場を選択適用すべきかについては，以下のような方法がある。

　なお，在外子会社の外貨表示財務諸表項目の換算については，従来，テンポラル法の考え方を一部修正した換算方法が採用されていたが，現在では，決算日レート法の考え方が基本となっている。これは，在外子会社等の数が従来から格段に増加したことにより，在外子会社における財務諸表項目の属性を個別に記録・管理するには多大な事務負担を要すること，また，在外子会社の独立事業体としての性格が強まり，現地通貨による測定値そのものが重要視されるようになったことを受けて，換算方法が改正されている。

❶ 流動・非流動法

　為替相場の変動の影響が確定的であるか否かの観点から，流動・非流動の分類に基づいて適用する為替相場を決定する考え方であり，流動項目には決算時の為替相場を適用し，非流動項目には取得時または発生時の為替相場を適用する。

　具体的には，売掛金のような流動項目については，短期的に為替相場の変動による確定的な影響があると考えられることから決算時の為替相場で換算を行うことにより，為替換算損益を認識する。これに対し，長期貸付金のような非流動項目については，決算時までの為替相場の変動の影響は暫定的であり，確定的ではないとして取得時または発生時の為替相場を適用するため，為替換算損益は認識しない。

❷ 貨幣・非貨幣法

どのような項目が為替相場の変動の影響を受けるかという観点から，適用する為替相場を貨幣・非貨幣の分類に基づいて決定する考え方であり，貨幣項目には決算時の為替相場を適用し，非貨幣項目には取得時または発生時の為替相場を適用する。具体的には，売掛金のような資金化が早い貨幣項目の換算には決算時の為替相場を適用し，固定資産のような非貨幣項目には取得時または発生時の為替相場を適用する。

❸ テンポラル法

外貨によってすでに測定されている項目の数値の属性をそのまま保持するように換算するという考え方である。この考え方に基づくと，たとえば，固定資産は取得原価で計上されているため，取得時の為替相場で換算する。また，売買目的有価証券は期末の時価で評価されていることから，決算時の為替相場で換算することになる。

❹ 決算日レート法

すべての外貨建資産・負債項目の換算に，決算時の為替相場を適用する方法である。

基本 word

★為替（かわせ）：一般的に遠隔地の当事者間で，現金を移動することなしに決済を完了する方法である。たとえば，離れて暮らす子供に両親が仕送りをするときに現金書留ではなく，郵便為替や銀行振込によって送金する取引が，その代表例である。

この仕組みは，海外の取引先と代金決済する場合にも数多く利用されている。この場合には，それぞれの国で異なった通貨が使用されていることから，通貨の交換が必要になるというのが外国為替の特徴である。また，このときの外貨との交換比率が為替相場である。

例題2−1

流動・非流動法と貨幣・非貨幣法の問題点について指摘しなさい。

(◠‿◠) 解答へのアプローチ

換算する項目の一般的な性質（属性）に着目して区分し，適用する為替相場を決定しているが，2分類のみでは，それぞれの項目の性質を踏まえて換算するには限界があることに注目する。

[解 答]‥‥‥‥‥‥‥‥‥‥‥‥‥‥‥‥‥‥‥‥‥‥‥‥‥‥‥‥‥‥‥‥‥

(1) 流動・非流動法

① 流動または非流動の区分では，たとえば長期前払費用について，長期については取得時の為替相場で換算するが，短期に振り替えられた部分については決算時の為替相場で換算することになり，同じ属性の項目に異なる為替相場が適用されることになる。

② 棚卸資産は，製造活動または販売活動を通じて現金等が獲得されるため，為替相場の変動の影響を直接反映することは適切ではないと考えられる。これに対し，流動・非流動法の考え方によると，棚卸資産についても決算時の為替相場で換算することになり，不合理であると考えられる。

(2) 貨幣・非貨幣法

① 棚卸資産に低価法を適用した結果，時価（正味売却価額）によって評価した場合であっても，貨幣・非貨幣法の分類では非貨幣項目となり取得時の為替相場で換算することになる。このため，棚卸資産を期末に時価評価した意味合いが適切に財務諸表に反映されないことになる。

② 転換社債型新株予約権付社債のように，転換請求期間満了前または期間経過後によって，貨幣項目と非貨幣項目の両方の性質を併せもつ場合に，適切な為替相場の適用について明確な手掛かりを提供できない。

基本問題 2−1

テンポラル法の特徴について説明しなさい。

➡ 解答は218ページ

③ 取引時の会計処理

❶ 外貨建取引の範囲

　外貨建取引とは，売買価額または取引価額が外国通貨で表示されている取引である。具体的には，取引価額が外国通貨で表示されている物品の売買取引（たとえば，自動車のドル建てによる輸出），取引金額が外国通貨で表示されているサービスを提供する・提供を受ける取引（たとえば，インド企業にコンピュータソフトウェアに関する電話による問い合わせ対応のアウトソーシングサービスを委託し，外貨を支払う取引），決済金額が外国通貨で表示されている資金の貸付・借入（外国企業に対するユーロ建て資金の貸付），券面額が外国通貨で表示されている社債の発行，外国通貨による前渡金，仮払金の支払い，または前受金，仮受金の受入れ，および決済金額が外国通貨で表示されているデリバティブ取引である。

　なお，たとえば，日本のメーカーが商社を通じて輸出入取引を行うときに，契約書の金額が円貨表示であっても，当該取引から生じる為替差損益について当該メーカーが負担する特約（一般的に，「メーカーズリスク」と呼ばれる）があり，実質的に外国通貨で表示されている取引と同等とみなされる場合には，その取引も外貨建取引に該当する。

❷ 荷為替手形

　日本企業が，アメリカの顧客からの注文に応じて商品を輸出し，代金を回収するまでには，アメリカの顧客に商品が到着するまでの時間と，先方が支払を完了するまでの時間が必要となり，現金を得るまでには相当な時間を要する。このため，早期の代金回収を行うために，輸出した商品を担保にして資金化するために用いられるのが**荷為替手形**である。このことを，実務では「荷為替を取り組む」という。

　具体的には，(1)輸出する売主（A社）が運送会社に海外輸送を依頼し，貨物代表証券を受け取る。売主は，この貨物代表証券を担保にして買主を名宛人とする為替手形を振り出し，この手形を銀行で割り引くことによって，代金を早期に回収する。

この取引により，A社は売上収益を計上するとともに，その代金の一部について，荷為替手形の振出処理と，その手形の割引処理を行う。

(2)輸入する買主（B社）は，銀行から為替手形の呈示を受けて，これを引き受けるかまたは手形代金を支払うことによって貨物代表証券を受け取る。また，この貨物代表証券と引き換えに，運送会社から商品を受け取る。これにより，買主は為替手形を引き受けて，手形債務者となり，支払手形勘定に記入する。また，商品代金との差額は買掛金勘定に記入する。

なお，貨物代表証券を商品と引き換えるまでは，仕入勘定ではなく，未着品勘定に計上する。

(1) A社　ドル建て仕訳

（借）当 座 預 金 800　　（貸）売　　上　　高　1,000
　　　売　　掛　　金 200

（注）ここでは手形割引料の支払いは，無視している。
この仕訳は，次の3つの仕訳から構成されている。

> 輸出売上の計上
> （借）売 掛 金　　1,000　（貸）売　上　高　1,000
> 荷為替の取り組み
> （借）受 取 手 形　　800　（貸）売　掛　金　　800
> 手形の割引
> （借）当 座 預 金　　800　（貸）受 取 手 形　　800

(2) B社　ドル建てでの記帳

（借）未　　着　　品 1,000　（貸）支 払 手 形　　　800
　　　　　　　　　　　　　　　　　買　掛　金　　　200

 word

★**貨物代表証券**：貨物が運送されるときに，その運送される貨物を受け取るための引換証である。商品の発送時に，売主は運送会社に商品の運送を依頼し，代わりに運送会社から貨物代表証券を受け取る。買主がその商品を受け取る際には，その貨物代表証券が必要になる。貨物代表証券には，陸上運送で用いられる「貨物引換証」と，海上運送で用いられる「船荷証券」がある。

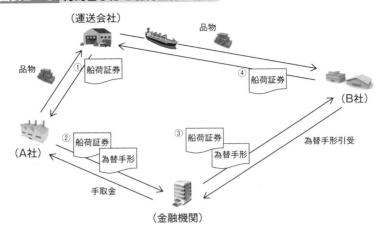

- A社は，運送会社に品物の海上輸送を依頼し，船荷証券を受け取る（①）。
- A社は，その船荷証券を金融機関に持ち込み（②），荷為替を取り組む。
- B社は，金融機関から呈示された荷為替手形を引き受け，船荷証券を受け取る（③）。
- B社は，船荷証券と引き換えに（④），運送会社から品物を受け取る。
- B社は，為替手形の期日に決済し，また，代金の支払期日に代金を支払う。

　売主が荷為替を取り組む際の荷為替手形の通貨の種類は，契約書における取決めによって決定される。一般的に貿易取引金額の大半がドル建てであるが，特にアメリカ企業との取引においては，そのほとんどがドル建ての取引である。このため，日本企業が輸出を行い，荷為替を取り組むときの荷為替手形に記入される金額の通貨は，「ドル」で行われることが多い。

　また，荷為替手形の金額は，一般的に発送した商品代金の70％～80％に留められることが多い。

❸ 外貨建取引の換算と例外処理

① 取引発生時の為替相場による換算

　外貨建取引は，原則として，その取引が行われたときの為替相場による円貨額によって記録する。この取引発生時の為替相場は，その個々の取引が行われた時点での直物為替相場，または，取引が行われた週または月の前週または前月の直物為替相場の平均値（合理的な基礎に基づいて算定された平均

相場）である。これは日々の為替相場を入手することが煩雑であることから，実務的な便宜を考慮し，外貨建取引時にその数値が算定できる前週等の為替相場の平均値の利用が認められたものである。これらに加え，外貨建取引が行われた直近の一定の日の直物為替相場，たとえば，取引が行われた週の前週の末日または当週の初日における直物為替相場を利用することも実務的な簡便性の観点から認められている。

　なお，外貨建取引の換算の例外として，第1章**4**2④で説明したヘッジ会計の要件を充たしている場合には，ヘッジ会計の適用が認められている。

② 外国通貨による記録

　外国通貨による取引を日常的（頻繁）に，かつ，継続的に行い，実際の出納も外貨で行っている商社のある一部門のような場合には，企業活動および経営管理が外貨ベースで行われているため，あえて外貨による取引を円貨に換算するのは不合理である。このような場合には，外貨建取引を外国通貨のままで記録する方法（多通貨会計という。たとえば，日本企業として円の取引を行いながら，一部の部門等で，期中ではドル，ユーロ，またはその他の通貨による取引が行われ，それら複数の外貨で記録されることから「多」通貨と呼ばれる。なお，この場合の外貨を**機能通貨**という）を採用することができる。この場合であっても，最終的に円貨表示の財務諸表を作成するため，各月末等，一定の時点で，外貨建資産・負債項目を当該時点の直物為替相場で円換算するとともに，損益項目は一定期間の平均相場で換算しなければならない。

❹ 二取引基準と一取引基準
① 二取引基準

　わが国の外貨換算における基本的な考え方であり，たとえば，商品の輸入取引を行ったときに，当該輸入取引とその輸入取引にかかる円決済取引とは別個の取引であるとして，それぞれを分離して会計処理を行う考え方である。

② 一取引基準

　商品の輸入取引を行ったときに，当該輸入取引とその輸入取引にかかる円決済取引とが連続した一連の取引であるとして会計処理を行う考え方である。

このため，円決済が行われるまでの換算差額を為替差損益として処理せず，あくまでも当初の外貨建取引に関連する製造原価や売上原価の金額を修正することになる。

応用 word

　輸入を行う際に発生する費用は，大別して①輸入品の価格，②輸送費（海上運賃または航空運賃）および③保険料の３つに分類される。輸送にかかるリスクおよび費用を輸出者と輸入者でどのように取り決めるかというときに，次の３つの約束方法がある。

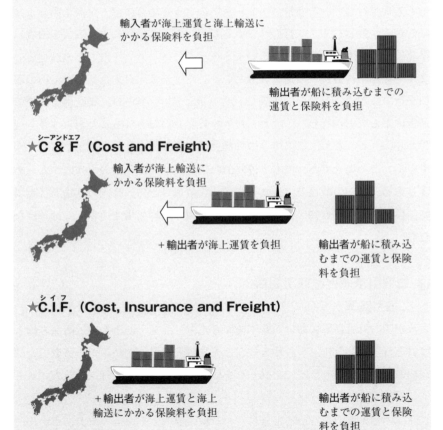

★F.O.B. (Free On Board)
エフ オー ビー

輸入者が海上運賃と海上輸送にかかる保険料を負担

輸出者が船に積み込むまでの運賃と保険料を負担

★C & F (Cost and Freight)
シーアンドエフ

輸入者が海上輸送にかかる保険料を負担

＋輸出者が海上運賃を負担

輸出者が船に積み込むまでの運賃と保険料を負担

★C.I.F. (Cost, Insurance and Freight)
シイフ

＋輸出者が海上運賃と海上輸送にかかる保険料を負担

輸出者が船に積み込むまでの運賃と保険料を負担

（注）　輸出取引に係る収益認識のタイミングについては，収益認識に関する会計基準に直接的に記載されていないため，「資産に対する支配が顧客に移転した時点」を個別に検討する必要がある。具体的には，個々の売買契約書に記載される所有権の移転条項等により，輸出貨物に対する支配が買手に移転するタイミングを確認する。なお，F.O.B.およびC.I.F.という一般的な貿易条件では，基本的に本船への引き渡し時点でリスクが移転するため船積時点で収益認識することが多いと考えられる。

例題2－2

次の外貨建取引を二取引基準と一取引基準によって仕訳しなさい。

①　10月1日　アメリカ企業から，材料1,000ドルを掛けで輸入した。このときの直物為替相場は1ドル100円であった。

②　11月30日　輸入代金の支払期日に1,000ドルをアメリカ企業に送金して決済した。このときの直物為替相場は1ドル105円であった。

😊解答へのアプローチ

一取引基準では，外貨建取引にかかる代金の円決済取引までが連続した一連の取引であり，この決済によって当該取引金額が確定する。

［解　答］……………………………………………………………………

［二取引基準による処理］

①　（借）材 料 仕 入　　100,000　（貸）買 掛 金　　100,000

　1,000ドル×@100円／ドル＝100,000円

②　（借）買 掛 金　　100,000　（貸）現 金 預 金　　105,000
　　　　　為替決済損　　5,000

　1ドル100円が1ドル105円と円安になり，輸入時の為替相場より支払が多くなったため，決済損が発生した。

　1,000ドル×（@105－@100）円／ドル＝5,000円

［一取引基準による処理］

①　（借）材 料 仕 入　　100,000　（貸）買 掛 金　　100,000

　1,000ドル×@100円／ドル＝100,000円

② （借）買 掛 金　100,000　（貸）現 金 預 金　105,000

　　　　材 料 仕 入　　　5,000

算式は同じであり，この差額を仕入金額に反映させる。

1,000ドル×（@105-@100）円／ドル＝5,000円

基本問題 2－2

　一取引基準を採用したときに起こり得る実務上の問題点について記載した以下の文章を読んで，（　）の部分に適切な用語を記入しなさい。

① 　外貨建ての金額で輸入した原材料を用いて製造する場合，その後，当該取引にかかる代金の（　ア　）するまで（　イ　）輸入金額が確定しない。このため，輸入した原材料に関して（　ウ　）を適時に行うことができない。

② 外貨建ての金額で輸入した商品を販売する場合，当該取引にかかる外貨建金銭債務の（　ア　）するまで販売した商品の（　イ　）売上原価が確定しないため，適時に（　エ　）ができない。

③ 外貨建ての金額で購入した固定資産については，その代金の（　ア　）するまで（　イ　）取得原価が確定しないため，正確な円金額による（　オ　）ができない。

➡ 解答は218ページ

❺ 為替予約等の会計処理

① デリバティブ取引の基本的な会計処理

　為替予約等の通貨関係のデリバティブ取引については，金融商品会計基準に基づいて処理を行う。基本的には，デリバティブ取引を決算日に時価評価するが，ヘッジの要件を充たす場合にはヘッジ会計を適用する。

② 振当処理

　為替予約や通貨スワップ等が外貨建金銭債権債務の円貨額を確定する目的で行われており，かつ，両者の対応関係が明確にされている場合には，為替予約等を時価評価することなく，当該為替予約等による予約相場またはスワップレート等を用いて，個別に対応する外貨建金銭債権債務を換算すること

が認められている。この処理方法は**振当処理**と呼ばれ，従来から実務として
行われている。

　なお，外貨建金銭債権債務は決済時の円貨額で確定されるため，振当処理
を行った外貨建金銭債権債務は決算日に換算替えを行う必要はない。

③ 為替予約差額の処理

　振当処理では，外貨建金銭債権債務を予約相場等で換算するが，為替予約
が外貨建取引と同時，またはそれ以前に行われた場合には，外貨建取引およ
び相手勘定である外貨建金銭債権債務の両方が予約相場等で換算されるため，
仕訳に反映されるのは，外貨建取引時の直物為替相場と予約相場等の2つの
為替相場のみである。

　この場合，次ページで説明する「直先差額」を認識することができるが，外
貨建取引時にすでに為替予約により将来の受取または支払円貨額が確定して
いること，また，当該差額の期間配分処理を強制することは実務的に煩雑で
あることを考慮し，「直先差額」を発生させない処理が容認される。

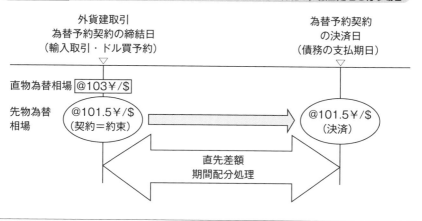

図表2－4 外貨建取引と同時またはその前に為替予約契約を締結し，振当処理を行う場合

　これに対し，外貨建取引の後に為替予約等を行った場合には，外貨建取引
を行ったときの直物為替相場と為替予約による予約相場との差額は，2つの
要素に分解できる。

　1つは外貨建取引を行った日から為替予約を行った日のまでの為替相場の

変動（それぞれの日における直物為替相場の差額であることから，**直々差額**<ruby>じきじき</ruby>という）であり，もう1つは為替予約を行ったときの直物為替相場と予約相場との差額（直物為替相場と先物為替相場との差額であることから**直先差額**<ruby>じきさき</ruby>という）である。

　外貨建取引の後に為替予約等が行われた場合には，すでに外貨建取引時の直物為替相場で外貨建取引の仕訳が行われており，その後で為替予約等を行い振当処理（予約相場等で改めて換算）するため，直々差額が発生することになる。この差額は為替予約等を行うまでの期間における為替相場の変動の結果であるため，予約日の属する期の損益として処理する。

　これに対し，直先差額の本質は2国間の金利差に起因する（55ページの応用word「金利平価理論」を参照のこと）と考えられることから，予約日の属する期から決済日の属する期までの期間にわたって定額法等の合理的な方法により期間配分し，各期の損益として処理する。この合理的な方法としては，日数または月数による期間を基準として各期に配分することが一般的である。ただし，直先差額の金額に重要性がない場合には，実務的な簡便性の観点から，期間配分することなく，為替予約等を行った期の損益として処理することが認められている。

　次期以降に配分された額は，貸借対照表上，長期前払費用または長期前受収益として表示するが，決済日が決算日から1年以内に到来するものについては，前払費用または前受収益として表示する。

図表2−5 外貨建取引の後に為替予約契約を締結し、振当処理を行う場合

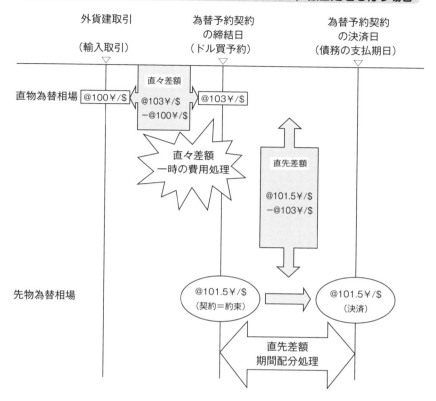

外貨建取引
（輸入取引）

為替予約契約
の締結日
（ドル買予約）

為替予約契約
の決済日
（債務の支払期日）

直物為替相場 @100¥/\$

直々差額
@103¥/\$
−@100¥/\$

@103¥/\$

直々差額
一時の費用処理

直先差額

@101.5¥/\$
−@103¥/\$

先物為替相場

@101.5¥/\$
（契約＝約束）

@101.5¥/\$
（決済）

直先差額
期間配分処理

例題2−3

　次の外貨建取引と同時に為替予約を行った場合について、振当処理による仕訳をしなさい。本問では、直先差額を発生させない方法による。

① 　2月1日　アメリカ企業から、材料1,000ドルを掛けで輸入した。このときの直物為替相場は1ドル100円であった。同日、円貨による支払金額を固定するため、A銀行と5月30日期日で、1,000ドルを1ドル99円で購入する為替予約契約を締結した。

② 　3月31日　決算日。このときの直物為替相場は1ドル105円であった。

③ 　5月30日　輸入代金1,000ドルの支払期日が到来した。会社はA銀行と為替予約契約の決済を行い、アメリカ企業に1,000ドル送金して決済した。こ

のときの直物為替相場は1ドル104円であった。

外貨建取引と同時に，当該取引と同額の為替予約を締結しており，将来の支払円貨額が確定しているため，直々差額は発生しない。

[解 答]‥‥

① （借）材 料 仕 入　99,000　（貸）買　掛　金　99,000

予約相場（@99円/ドル）で換算する。

1,000ドル×@99円/ドル＝99,000円

② 仕訳なし

外貨建取引を予約相場（@99円/ドル）により換算し，この金額で円貨額が固定されているため買掛金の換算替えは行わない。よって，仕訳は発生しない。

③ （借）買　掛　金　99,000　（貸）現 金 預 金　99,000

為替予約契約により決済を行うため，換算差損益は発生しない。

応用問題 2-1

次の外貨建取引について，当該取引の後に為替予約を行った場合の振当処理による仕訳をしなさい。

① 2月1日　アメリカ企業から，材料1,000ドルを掛けで輸入した。このときの直物為替相場は1ドル100円であった。

② 3月1日　為替相場が円安方向に変動したため，円貨による支払金額の増加を避けるため，A銀行と5月30日期日で，1,000ドルを1ドル101.5円で購入する為替予約契約を締結した。このときの直物為替相場は1ドル103円であった。

③ 3月31日　決算日。このときの直物為替相場は1ドル105円であった。

④ 5月30日　輸入代金1,000ドルの支払期日が到来した。会社はA銀行と為替予約契約の決済を行い，アメリカ企業に1,000ドル送金して決済した。このときの直物為替相場は1ドル104円であった。

➡ 解答は219ページ

基本 word

★**円高**：「円」の価値が高まることをいう。たとえば，1ドル100円→1ドル90円になることである。具体的には，ドルに対する円の価値が高まったため，従来，銀行窓口で1ドルを100円で購入していたのが，90円で購入できるように，少ない円貨でドルを獲得できるようになることである。

★**円安**：「円」の価値が低下することをいう。たとえば，1ドル100円→1ドル110円になることである。具体的には，ドルに対する円の価値が下がったため，従来，銀行窓口で1ドルを100円で購入できていたのが，110円支払う必要があるように，ドルを獲得するためにより多くの円貨を支払わなければならなくなることである。

応用 word

★**金利平価理論**：2つの通貨のうち，どちらの国の通貨で運用しても，最終的には同じ収益が得られるように，為替相場が決定されると考える理論である。

　この理論によると，2つの通貨のうち，金利が高いほうの国の通貨が金利差の分だけ通貨安になる。具体的には，アメリカの金利は通常，日本の金利より高いため，ドル買の為替予約を行うと，そのときの直物為替相場（@100円/ドル）よりドル安・円高（たとえば，@99円/ドル）の為替相場になる。このため，外貨建借入金に為替予約を付した場合には，為替換算差益が生じることになる。

　実際の為替相場は，2国間金利差に加え，マクロ経済指標等の影響を受けて決定されるが，為替相場の方向性を理解するうえで，理解しておくことが望まれる理論である。

4 決算時の会計処理

　現行の外貨換算の基本的な考え方は，従来の貨幣・非貨幣法に流動・非流動法を加味した考え方から，為替相場の変動を財務諸表に反映させることがより重視され，たとえば，外貨建金銭債権債務については，長短を問わず決算時の為替相場で換算を行うように変更されている。具体的に換算替えに用

いられる為替相場は以下のとおりである。

項　目	適用する為替相場
外国通貨	CR
外貨建金銭債権債務	CR（長短は問わない）
外貨建有価証券	次の保有目的別に区分して換算するが，基本的に用いられるのはCRである。なお，換算差額の処理に注意を要する。
①満期保有目的債券	CR
②売買目的有価証券	CR
③その他有価証券	CR
④子会社および関連会社株式	HR（強制評価減を行った場合には，CRで換算する）

　外貨建契約資産および契約負債（入金済みのものを除く）は，外貨建債権債務と同様に決算時の為替相場で換算する。

　収益および費用項目については，外貨建取引が行われたときに取得時の為替相場で換算しており，この取引自体は決算日になっても換算替えを行う必要はない。

　次に，換算を行った結果生じる換算差額は，原則として，当期の損益として処理するが，次の例外がある。

①　その他有価証券に関する換算差額は，税効果会計を適用した上で，純資産の部に直接計上する。

②　有価証券の換算差額には，外貨による時価変動を決算時の為替相場で換算したことによる差額と，外貨による取得原価を決算時の為替相場で換算したことによる差額がある。

③　その他有価証券に属する外貨建債券については，取得原価に係る換算差額は当期の損益として処理することが認められている。

❶ 外貨建金銭債権債務の換算

　決済期日の長短を問わず，すべての外貨建金銭債権債務は決算時の為替相場により換算を行う。この換算によって生じた換算差額は，原則として，当期の為替差損益として処理する。

例題2-4

次の外貨建取引および決算日における換算替えについて仕訳しなさい。

① 2月1日　アメリカ企業に，製品3,000ドルを掛けで輸出した。このとき
の直物為替相場は1ドル100円であった。

② 3月31日　決算日。このときの直物為替相場は1ドル105円であった。

④ 4月30日　アメリカ企業から輸出代金の3,000ドルの送金があったので，
銀行で円貨に換算した。このときの直物為替相場は1ドル103円であった。

☺ **解答へのアプローチ**

外貨建取引は取得時の為替相場で円換算する。次に，決算日に計上される外
貨建金銭債権債務は決算時の為替相場で換算替えし，差額は当期の為替差損益
として処理する。

[解　答]‥‥‥‥‥‥‥‥‥‥‥‥‥‥‥‥‥‥‥‥‥‥‥‥‥‥‥‥‥‥‥‥‥

① （借）売　掛　金　　300,000　（貸）売　上　高　　300,000
　　3,000ドル×@100円/ドル＝300,000円

② （借）売　掛　金　　　15,000　（貸）為替換算益　　　15,000
　　3,000ドル×（@105円/ドル－@100円/ドル）＝15,000円

③ （借）現 金 預 金　　309,000　（貸）売　掛　金　　315,000
　　　　為替決済損　　　6,000
　　3,000ドル×（@103円/ドル－@105円/ドル）＝－6,000円

❷ 為替決済差損益と換算差損益

外貨換算に関しては，決済差額（外貨建取引を取引発生時に円貨で記録し
た金額と最終的に円貨で代金決済をした金額との差額）と換算差額（外貨建
取引時に計上された外貨建金銭債権債務を期末に決算時の為替相場で換算替
えしたことによる換算差額）が発生するが，表示上これらは区分せず，為替
差損益として，損益計算書上，差益および差損を相殺し，純額で営業外損益
に計上する。

なお，輸出取引（外貨建金銭債権）と輸入取引（外貨建金銭債務）のどち
らであるかにより，為替換算損益および為替決済損益は異なる方向に生じる

ため，注意を要する。

たとえば，為替相場が円安（@103→@105）に変動したときに，輸入取引により外貨建金銭債務を有している場合には，より多額の円貨を支払う必要があるため，結果として為替換算損または為替決済損が発生する。これに対し，同じ円安（@103→@105）に変動したときであっても，輸出取引により外貨建金銭債権を有している場合には，より多額の円貨を受け取ることになるため，結果として為替換算益または為替決済益が発生する。このように為替相場の変動方向のみによって，損または益が決定するのではなく，外貨建金銭債権債務のいずれを有しているかにより，最終的な損益が決定することに留意しなければならない。

図表２−６ 輸入取引にかかる為替換算損益および為替決済損益

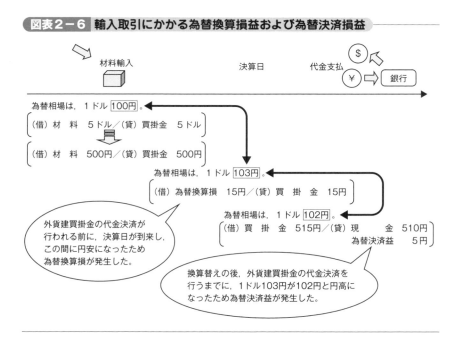

図表２−６では，材料を輸入した時点の直物為替相場が１ドル100円であれば，500円で仕入れられたが，先方との決済条件が２カ月先であったため，決済時点の直物為替相場は１ドル102円と円安になり，510円支払う結果になった。この途中で，取引時と決済時の間に決算日が到来したため，決算時の

為替相場で換算替えを行っている。

　本例では、外貨建金銭債務（買掛金）を為替相場の変動の影響を受ける外貨建ての状態にしていたために、2種類の換算差損益が計上された。このような為替差損益の計上を避けるために、為替予約等が利用される。

		（分析結果）
外貨建取引　500円（5ドル×100円／ドル） 代金決済　　510円（5ドル×102円／ドル） 差　額　　　10円	＝	為替換算損　15 為替決済益　　5 差　額　　　10

❸ 外貨建有価証券の換算

　外貨建有価証券については、当該有価証券の保有目的に応じて換算を行う。また、換算差額については、金融商品に係る会計基準による評価差額の処理に準じて処理する。

① 満期保有目的債券

　決算時の為替相場により円換算する。

② 売買目的有価証券

　外国通貨による時価を決算時の為替相場により円換算する。

③ その他有価証券

　外国通貨による時価を決算時の為替相場により円換算する。換算差額については、純資産の部に計上する。

④ 子会社株式，関連会社株式

　外国通貨による取得価額を取得時の為替相場により円換算する。

⑤ 著しい時価下落による強制評価減を行った有価証券

　強制評価減による時価または実質価額を決算時の為替相場により円換算する。

保有目的別区分	外貨による評価額	適用する為替相場	換算差額の処理
満期保有目的債券	償却原価	CR	外貨での償却額（有価証券利息）はARで換算する。 残額は換算差額として，当期の損益に計上する。(注)
売買目的有価証券	時価	CR	換算差額は当期の損益に計上する。
その他有価証券	時価	CR	換算差額（税効果適用後）は，純資産の部に計上する。(注)
子会社株式，関連会社株式	取得原価	HR	著しい価値の下落がない場合には，換算替えは行わない。このため，換算差額は発生しない。 著しい価値の下落があり，強制評価減を行った場合には，外貨による時価または実質価額をCRで換算する。なお，換算差額は当期の有価証券の評価損として処理する。

（注） 強制評価減を行う場合，時価または実質価額はCRで換算し，換算差額は当期の損益に計上する。

例題２－５

次の資料から，有価証券の保有目的別および子会社，関連会社株式別に，期末評価に関する決算整理仕訳を示しなさい。なお，税効果は考慮しない。

銘柄	分類	取得原価	取得時レート	期末時価等	
Ａ社株式	売買目的	2,000ドル	101円	2,400ドル	
Ｂ社株式	売買目的	1,000ドル	102円	980ドル	
Ｃ社株式	その他	10,000ドル	105円	12,000ドル	
Ｄ社債券	満期保有目的	4,500ドル	100円	4,600ドル	(注)
Ｅ社株式	子会社株式	50,000ドル	120円	20,000ドル	
Ｆ社株式	関連会社株式	30,000ドル	115円	25,000ドル	

決算日レートは１ドル104円，期中平均レートは１ドル102円であった。

（注）償却原価である。券面額5,000ドルと取得原価4,500ドルとの差額500ドルについては，毎年100ドル増額処理（償却）している。

解答へのアプローチ

銘　柄	期末評価額	取得原価	差　額
A社株式	（＄2,400×104円／＄）	－（＄2,000×101円／＄）＝	47,600
B社株式	（＄980×104円／＄）	－（＄1,000×102円／＄）＝	－80
C社株式	（＄12,000×104円／＄）	－（＄10,000×105円／＄）＝	198,000
D社債券	（＄4,600×104円／＄）	－（＄4,500×100円／＄）＝	28,400
E社株式	（＄20,000×104円／＄）	－（＄50,000×120円／＄）＝	－3,920,000
F社株式	時価評価は行わず，強制評価減の必要もない。		

[解　答]

A，B（借）売買目的有価証券　　47,520　（貸）有価証券運用損益(注1)　47,520

C　（借）その他有価証券　　198,000　（貸）その他有価証券評価差額金(注2)　198,000

D　（借）満期保有目的債券　　28,400　（貸）有 価 証 券 利 息(注3)　10,200

　　　　　　　　　　　　　　　　　　　　　為 替 換 算 益　　18,200

E　（借）子会社株式評価損(注4)　3,920,000　（貸）子 会 社 株 式　3,920,000

F　仕訳なし

（注1）　売買目的有価証券については，A社株式およびB社株式の運用損益を通算している。また，有価証券の売買によって利益を獲得することを目的に売買目的有価証券を運用していることから，仕訳では「有価証券運用損益」を使用した。

（注2）　その他有価証券に関して発生した有価証券評価差額は，直接，純資産の部に計上する。なお，本問では税効果を加味していないが，仮に実効税率を40％として計算すると，仕訳は次のとおりである。

（借）その他有価証券　　198,000　（貸）その他有価証券評価差額金　118,800

　　　　　　　　　　　　　　　　　　　　　繰 延 税 金 負 債　　79,200

（注3）　償却原価法による当期の償却額については，期中平均相場で換算（100ドル×@102円／ドル）し，別途，「有価証券利息」として処理している。残額は為替換算益として計上している。

（注4）　強制評価減による損失であり，損益計算書上，為替換算損ではなく，「子会社株式評価損」として表示している。

★**T.T.B.（Telegraphic Transfer Buying Rate）**：対顧客電信買相
場と呼ばれ，銀行が顧客から外貨を買い取って，顧客が円を受け取るときに
用いられる為替相場である。

★**T.T.S.（Telegraphic Transfer Selling Rate）**：対顧客電信売相
場と呼ばれ，銀行が顧客に外貨を売却し，顧客が円を支払うときに用いられ
る為替相場である。個人が外貨を購入するときに，銀行窓口で提示されるレ
ートである。

★**T.T.M.（Telegraphic Transfer Middle Rate）**：仲値と呼ばれ，
T.T.B.とT.T.S.の間の値であり，銀行が外国為替取引をする際の基準値であ
る。T.T.M.とT.T.B.との差額およびT.T.M.とT.T.S.との差額が銀行に支払う
手数料になり，通貨によって手数料は異なる。現在の一般的な手数料（T.
T.M.－T.T.B.）はアメリカドルが１円，ユーロは1.5円，イギリスポンドは
４円であり，一度，円貨を外貨に換算し，再度，外貨を円貨に換算すると，
往復で２倍の手数料を要する。

5 在外支店の外貨建取引および財務諸表項目の換算

　在外支店の財務諸表は，本店が作成する本支店合併財務諸表の構成要素と
なるため，本店との処理の一体性を前提とした換算を行う。具体的な換算方
法は以下のとおりである。

❶ 外貨建取引

　在外支店の外貨建取引は，原則として，本店と同様に換算する。

❷ 外貨表示財務諸表項目の換算

　在外支店の外貨表示の財務諸表に基づいて，本支店合併財務諸表を作成す
る場合には，次の換算を行う。

① 収益および費用

　原則として，取引発生時の為替相場により円換算する。期中平均相場によっ
て円換算することも認められる。

② 貸借対照表項目

原則として，本店と同様に換算する。

ただし，棚卸資産および固定資産などの非貨幣項目の金額に重要性がない場合には，本店勘定等を除く，すべての貸借対照表項目を決算時の為替相場により円換算することも認められる。この特例を採用する場合には，損益項目についても，決算時の為替相場により円換算することも認められる。

③ 換算差額の処理

換算差額は，当期の為替差損益として処理する。

項　　目	適用する為替相場
外国通貨	CR
外貨建金銭債権債務	CR
外貨建有価証券	
①満期保有目的債券	CR
②売買目的有価証券	CR
③その他有価証券	CR
④子会社および関連会社株式	HR（強制評価減した場合には，時価等をCRで換算）
棚卸資産	HR（低価基準を適用した場合には，期末時価（正味売却価額）をCRで換算）
有形固定資産	HR
費用性資産の費用化額 （減価償却費）	HR（減価償却費は取得した固定資産に関連づけて償却計算を行う）
上記以外の費用	HR（ただし，ARの適用可）
収益性負債の収益化額 （前受金の充当額）	HR
上記以外の収益	HR（ただし，ARの適用可）
本店勘定	HR

本店と在外支店が同じ輸入商品を保有している場合，在外支店が貸借対照表項目について換算の特例（すべての貸借対照表項目を決算時の為替相場により円換算）を適用する場合の問題点について説明しなさい。

😊 解答へのアプローチ）

財務諸表項目の性質に応じた適切な為替相場の適用と，換算手続における実務的な簡便性の観点から認められている換算の特例を適用した場合との関係を検討する。

［解 答]……………………………………………………………………

棚卸資産は貨幣項目ではないため，本店において決算日における棚卸資産の換算替えは求められず，取得時の為替相場で計上される。在外支店においても，原則として，本店と同様に換算するため，取得時の為替相場で計上される。このため，同じ輸入商品Aを本店が１ドル，在外支店が１ドル保有している場合，いずれも取得時の為替相場で計上された金額が，本支店合併残高試算表で集計される。

これに対し，棚卸資産等の非貨幣項目に金額の重要性がない場合には，本店勘定等を除く，すべての貸借対照表項目を決算時の為替相場により円換算することも認められている。この特例を在外支店が採用すると，同じ輸入商品Aについて，本店分は取得時の為替相場に基づき計上され，在外支店分については決算時の為替相場で換算替えが行われることになる。このため，同じ商品でありながら，取得時の為替相場と決算時の為替相場という異なる為替相場により換算された金額が混在することになり，首尾一貫性がとれないことになる。

在外支店における換算の特例は，棚卸資産等の非貨幣項目に重要性がない場合にのみ認められるため，あくまでも実務的な観点から認められている取扱いである。

基本問題 2-3

次のアメリカに所在する支店のドル表示財務諸表を資料に基づいて円貨表示財務諸表に換算替えしなさい。

[資　料]

1　為替相場　期首1ドル90円，期中平均1ドル95円，期末1ドル100円。

2　支店開設時に有形固定資産を取得した。そのときの為替相場は1ドル150円。本店勘定は，支店開設時以外に増減していない。

3　棚卸資産の原価配分として，平均法を適用している。

財務諸表項目	決算整理後残高試算表（単位：ドル）	換算レート	残高試算表（単位：千円）	損益計算書（単位：千円）	貸借対照表（単位：千円）
現　　　　金	2,000				
売　掛　金	4,000				
棚 卸 資 産	10,000				
有形固定資産	45,000				
買　掛　金		5,000			
長 期 借 入 金		10,000			
本　　　店		42,000			
売　上　高		40,000			
売 上 原 価	26,000				
人　件　費	4,000				
減 価 償 却 費	5,000				
その他費用	1,000				
計	97,000	97,000			

➡ 解答は220ページ

6　在外子会社等の財務諸表項目の換算

　親会社が在外子会社および関連会社を連結の範囲に含め，連結作業および持分法の処理を行う際には，在外子会社等の外貨表示財務諸表を円貨表示に換算する必要がある。

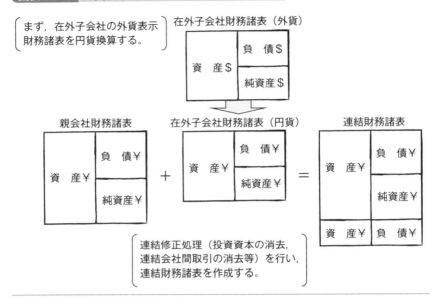

図表2－8 外貨表示財務諸表の円貨表示への換算

まず，在外子会社の外貨表示財務諸表を円貨換算する。

在外子会社財務諸表（外貨）

| 資　産 $ | 負　債 $ |
| | 純資産 $ |

親会社財務諸表

| 資　産 ¥ | 負　債 ¥ |
| | 純資産 ¥ |

＋

在外子会社財務諸表（円貨）

| 資　産 ¥ | 負　債 ¥ |
| | 純資産 ¥ |

＝

連結財務諸表

資　産 ¥	負　債 ¥
	純資産 ¥
資　産 ¥	負　債 ¥

連結修正処理（投資資本の消去，連結会社間取引の消去等）を行い，連結財務諸表を作成する。

　連結財務諸表の作成に際し，親会社の在外子会社に対する投資勘定と在外子会社の純資産とは，相殺消去しなければならないため，親会社において記録されている取引金額を優先する考え方に基づいて，換算を行う。また，親子会社間の取引によって生じる収益および費用についても，連結修正仕訳を行う必要があるため，親会社が在外子会社との取引について，決算時の為替相場または期中平均相場とは異なる為替相場で換算しているときには，在外子会社における親会社との取引については，親会社が換算に用いた為替相場で換算する必要がある。

　在外子会社の財務諸表の換算方法は以下のとおりである。

❶ 資産および負債

　決算時の為替相場により円換算する。

❷ 純資産
① 親会社による株式取得時による純資産に属する項目

　株式取得時の為替相場により円換算する。

② 親会社による株式取得後に生じた純資産に属する項目

増資や利益剰余金の増加など，当該項目の発生時の為替相場により円換算する。

❸ 収益および費用

原則として，期中平均相場により円換算する。ただし，決算時の為替相場により円換算することも認められる。

なお，親会社との取引により発生した収益および費用については，親会社が換算に用いる為替相場によって円換算し，この場合に生じる差額は，当期の損益として処理する。

❹ 換算差額の処理

換算によって生じた差額は，為替換算調整勘定に計上し，貸借対照表上，純資産の部に計上する。

応用 word

★**予算レート**：企業が経営管理を行う目的で，外貨建取引の換算レートとして，予算レートを使用することが多い。具体的には，「1月の平均為替相場を1ドル98円にする」，または，「第一四半期の平均為替相場を1ドル101円にする」というように予算レートが社内で取り決められ，該当する期間の外貨建取引はあらかじめ決定された予算レートにより換算を行う。その後，月次決算または四半期決算ごとに，実際の期中平均相場で換算替えすることになる。

これは，標準原価計算において標準原価を設定し，決算手続において原価差額調整計算を行うことにより，実際原価を算定することと同じである。為替相場は絶えず変動するため，購買部，製造部および販売部があらかじめ定められた予算レートで予算を策定し，当該予算に基づいて各部門が合理的な活動を行うことが，経営管理上，有用であると考えられることから予算レートが一般的に利用されている。

なお，このような現業部門の活動に対し，財務部は外貨建取引および外貨建金銭債権債務の発生時期および決済時期ごとの金額を集計し，為替相場の変動のリスクを軽減するために為替予約等のデリバティブ取引を行う。

　次のアメリカに所在する子会社のドル表示財務諸表の資料に基づいて，円貨表示財務諸表に換算替えしなさい。

[資　料]‥‥‥‥‥‥‥‥‥‥‥‥‥‥‥‥‥‥‥‥‥‥‥‥‥‥‥‥‥‥‥‥‥‥

1　為替相場　期首1ドル90円，期中平均1ドル95円，期末1ドル100円。

2　子会社設立時に有形固定資産を取得した。そのときの為替相場は1ドル150円。

3　子会社は設立以降，利益を計上しており，期首時点までの各年度の利益の累積額は2,640千円である。よって，単純平均した為替相場は1ドル120円として計算する。

財務諸表項目	決算整理後残高試算表（単位：ドル）		換算レート	残高試算表（単位：千円）	損益計算書（単位：千円）	貸借対照表（単位：千円）
現　　　　金	2,000					
売　掛　金	4,000					
棚 卸 資 産	10,000					
有形固定資産	45,000					
買　掛　金		5,000				
長 期 借 入 金		10,000				
資　本　金		20,000				
利 益 剰 余 金		22,000				
売　上　高		40,000				
売 上 原 価	26,000					
人　件　費	4,000					
減 価 償 却 費	5,000					
そ の 他 費 用	1,000					
計	97,000	97,000				

⇨ 解答は221ページ

応用問題 2-2

外貨換算会計

為替換算調整勘定に関する文章を読んで，（　）の部分に適切な用語を記入しなさい。

在外子会社の資産および負債は（　ア　）で換算されるが，資本金は株式（　イ　）で換算され，利益剰余金等は当該項目の発生時の為替相場で円換算される。このため，資産および負債の差額部分は（　ア　）による換算結果として算定されるが，純資産の部は（　イ　）等で換算されているため，両者には換算による差額が発生する。これが為替換算調整勘定である。

また，収益および費用の換算については，（　ウ　）の適用に加え，（　ア　）で換算することが認められている。後者の（　ア　）を適用する場合には，純資産の部のうち当期純利益も（　ア　）で換算されることになり，（　ア　）で換算される資産および負債の差額部分と換算に用いられる為替相場は一致するために，追加的な換算差額は発生しない。

これに対し，収益および費用の換算に（　ウ　）を適用する場合には，純資産の部のうち当期純利益が（　ウ　）で換算されることになり（　ア　）で換算される資産および負債の差額部分に対し適用される為替相場が異なるために，換算による差額が発生する。

このように，資産および負債，収益および費用，ならびに純資産項目によって適用される為替相場が異なることによって，為替換算調整勘定が発生するが，この為替換算調整勘定を（　エ　）に計上することにより，結果として在外子会社の財務諸表項目を（　ア　）で換算したことと同じ結果が得られることになる。

➡ 解答は222ページ

応用 word

★**為替のスクウェアポジション**：企業が生産および販売活動を行って収益を得ることを目的とするなかで，外国企業との輸出入取引の割合が増え，為替相場の変動による損益への影響が大きくなっている。このため，輸出入取引に係る外貨建金銭債権債務による為替換算損益を可能な限り小さくし，主た

る企業活動の結果が素直に損益計算書に表現される＝本業のみの実力が表れることを望む企業が増えている。

　この場合，ある外貨建金銭債権または債務について為替予約契約を締結して，円貨額を固定するのではなく，決済期限ごとの外貨建金銭債権額と債務額を一致させることにより，為替換算損益が差し引きゼロになる＝たとえば，円安に伴い外貨建金銭債権から生じる換算差益と，外貨建金銭債務から生じる換算差損が相殺し合う財務戦略が採用される。この場合に，為替を「スクウェアにする」という言い方がされる。

　実際の輸出入取引は，ドル建てに限らず，ユーロ建て等の他の外国通貨による取引が混在し，また，決済期限も異なることが多いので，外貨建金銭債権と債務とを完全に一致させることは難しい。このため，決済期限ごとの外貨建金銭債権と債務とを概ねバランスさせ，為替換算差額を少額に収めることが多い。

　また，銀行等は自分自身では輸出入取引を行っておらず，顧客が輸出入取引を行う際の外国為替取引の仲介が業であり，外国為替に係る仲介手数料により収益を得ている。このため，一般的には為替相場の変動による損益が発生しないように，たとえば顧客とのドル売りとドル買いの取引額を一致させる状態（ポジション）に調整している。これも「スクウェアにする」の一例である。

退職給付会計

1. 退職給付とは，一定の期間にわたり労働を提供したこと等の事由に基づいて，退職以後に支給される給付のことである。特に退職給付の会計では，年金資産の運用成績に応じて企業の負担が変わる確定給付制度の取扱いが重要である。

2. 会計基準の改正により，平成25年度より連結財務諸表と個別財務諸表の処理に違いが生じている。

3. 退職給付会計で必要な仕訳は次のとおりであるが，特に③および⑥に関する金額の計算が複雑である。

個別財務諸表

① 年金資産への拠出（年金資産が増加）

（借）退職給付引当金 ×××（貸）現 金 預 金 ×××

② 企業が退職給付を直接支払った時（退職給付債務が減少）

（借）退職給付引当金 ×××（貸）現 金 預 金 ×××

③ 期末の退職給付費用の計上

（借）退職給付費用 ×××（貸）退職給付引当金 ×××

連結財務諸表（連結修正仕訳）

④ 勘定科目名の修正（実務上は仕訳をせずに科目名を直接変えることもある）

（借）退職給付引当金 ×××（貸）退職給付に係る負債 ×××

⑤ 退職給付に関する開始仕訳（過年度に行った⑥の仕訳の累計）

（借）退職給付に係る調整累計額 ×××（貸）退職給付に係る負債 ×××

⑥　数理計算上の差異および過去勤務費用の調整

　（借）　退職給付に係る調整額　×××　（貸）　退職給付に係る負債　×××

＊上記の仕訳に加えて，さらに税効果会計の処理が必要になる。

＊⑤および⑥の仕訳は，貸借が逆になることもある。

1 総　論

　退職給付に関する会計基準は平成24年に大きな改正が行われている。具体的には，従来は貸借対照表において期末時点の退職給付債務および年金資産の実績の数値が反映されていなかったが，平成25年4月1日以降開始する事業年度より連結財務諸表では実績の数字を反映させることになった。また，これに伴って連結貸借対照表に計上される負債の変動額と，退職給付費用に年金資産への拠出額等を調整した金額との差異は，その他の包括利益に計上することとされた。ただし，個別財務諸表ではこのような処理の変更がされていない。

　本章では個別財務諸表と連結財務諸表の両方の退職給付の処理を取り扱うが，連結財務諸表を作成するための仕訳は連結会計に関する知識がなければ理解できない部分も多い。そこで，連結財務諸表に関する具体的な仕訳の部分は，先に第9章の連結会計を理解してから学習することを勧める。

❶ 退職給付の意義

　退職給付とは，「一定の期間にわたり労働を提供したこと等の事由に基づいて，退職以後に支給される給付」のことをいう（「退職給付に関する会計基準」第3項）。これには，退職と同時に支払われる退職一時金と退職後に定期的に支払われる退職年金の両方が含まれる。

　退職給付は，支給方法等にかかわらず従業員の労働の対価として支払う賃金の後払いと考えられる。また，従業員の入社から退職までの長期間にわたって発生するため，計算が複雑になるとともに支給額も大きく，企業にとっての負担も重い。よって，企業の費用や負債の負担を適切に表すための会計処理が必要になる。

なお，株主総会決議等が必要になる役員に対する退職慰労金は，退職給付会計の範囲外として取り扱われる。

❷ 確定拠出制度と確定給付制度

退職給付の支給に関する制度には，大きく分けて**確定拠出制度**と**確定給付制度**がある。

図表3-1　退職給付の分類

$$
\left\{\begin{array}{l}
\text{確定拠出制度（DC）}\\
\text{確定給付制度（DB）}\left\{\begin{array}{l}
\text{確定給付企業年金制度}\\
\text{厚生年金基金制度（新規導入不可）}\\
\text{退職一時金制度}
\end{array}\right.
\end{array}\right.
$$

① 確定拠出制度の考え方

確定拠出制度，確定給付制度ともに，企業は退職給付の支払いに備えて定期的に資産を外部に拠出し，有価証券等で運用している。このような資産のことを「年金資産」という（詳しくは**3**で説明する）。そして確定拠出制度の場合は，年金資産の運用成績に応じて退職給付の支給額が変動する。そこで，たとえ年金資産の運用成績が悪くても企業が追加負担を負わない。よって，会計処理も毎期の要拠出額を費用として処理すればよい。

② 確定給付制度の考え方

確定給付制度では，拠出した資産の実際の運用成績に関係なく退職給付で支払われる額が決定される。そこで，仮に運用成績が悪化した場合には企業に追加負担が生じる。よって，確定給付制度の場合は企業が将来的に追加で拠出しなければならない額を表すために，現在における退職給付債務と拠出した資産の残高を計算し，積立不足額（または積立超過額）を貸借対照表で表す必要がある。また，各期の年金資産拠出額もその期における費用負担を厳密に表したものではないため，費用計上額も別に計算する必要がある。

図表３−２ 確定給付制度と確定拠出制度の違い

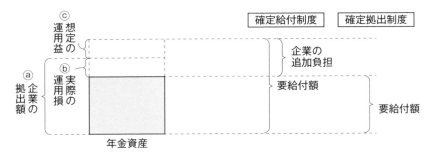

　企業は@だけ拠出し，その運用で©の運用益が生じる想定であったが，実際には⑥の運用損が生じたものとする。このとき，確定給付制度ではたとえ運用損が生じたとしても実際の年金資産残高（塗りつぶし部分）とは関係なく@＋©を給付する必要がある。そのため，⑥＋©の部分を企業が追加負担しなければならない。それに対し，確定拠出制度の場合は運用成績に応じて給付額が変動するため，@−⑥だけ給付すればよく，企業に追加負担が生じない。

　以下では確定給付制度を前提に説明する。

応用 Word

> ★**確定給付制度と確定拠出制度**：確定給付制度の場合，想定どおりの年金資産の運用ができないと企業に追加の負担が生じる。この将来の追加負担のリスクを避けるために，確定拠出制度へ移行する企業が増えている。また，確定給付制度は終身雇用のもとで企業に長く勤める従業員ほど有利な給付となるよう設計されていることが多く，中途採用された従業員が不利になることがある。そこで，中途採用で優秀な人材を獲得するために，確定拠出制度へ移行する企業もみられる。確定拠出制度では年金資産の運用を従業員が自ら行う必要があるため，企業には従業員に対して運用の教育をすることが求められる。

2 退職給付債務

　退職給付債務とは，退職給付のうち，認識時点までに発生していると認め

られる部分を割り引いたものをいう。連結貸借対照表では，この退職給付債務から年金資産の額を控除した金額が**退職給付に係る負債**（年金資産のほうが大きい場合は「退職給付に係る資産」）として示される。また，個別財務諸表に計上される退職給付引当金や退職給付費用等も退職給付債務をもとに計算される。

退職給付債務の計算は，❶従業員の退職に伴って支払うことになる退職給付見込額の計算，❷退職給付見込額のうち，認識時点までに発生していると認められる部分の計算（退職給付見込額の期間帰属），❸認識時点までに発生している部分の割引計算の3つのステップに分けられる。

❶ 退職給付見込額の計算

退職給付として支給される金額は，通常，退職までの従業員の給与水準等によって左右される。そこで，退職給付見込額の見積りにあたっては，現時点で従業員が退職することを仮定するのではなく，予想される昇給など退職時までに生じると見込まれる退職給付の変動要因を反映させる。また，勤続年数によっても金額や支給のタイミングが異なるため，退職率や死亡率等も反映させる。一般的にこれらの数字は，企業の退職金規程や企業内外の過去の実績値をもとに算定される。

❷ 退職給付見込額の期間帰属

退職給付見込額のうち，認識時点までに発生していると認められる部分は，次の方法により計算する。

次のいずれかの方法を選択し，原則として継続して適用
期間定額基準：退職給付見込額について全勤務期間で除した額を各期の発生額とする方法
給付算定式基準：退職給付制度の給付算定式に従って各勤務期間に帰属させた給付に基づき見積った額を，退職給付見込額の各期の発生額とする方法

給付算定式基準において，勤務期間の後期における給付が，初期よりも著しく高い水準となるとき（後加重）には，当該期間の給付が均等に生じるとみなして補正した給付算定式に従わなければならない。

一般的に日本の企業では，長く勤めるほど勤務1年当たりの退職給付の伸びが大きくなる。このような伸びの増大が従業員の労働サービスの向上を反映したものであるならば，給付算定式基準によって各期の従業員の労働提供の実態を反映することができる。しかし，給付算定式基準で計算した発生額は，勤務期間の後期において，従業員から提供される労働サービスの向上を上回る著しく高いものとなることもある。そこで，適用の明確さも考慮され，給付算定式基準だけではなく期間定額基準も選択できる方法とされるとともに，給付算定式基準を採用しても後加重の場合は補正が必要とされている。

❸ 認識時点までに発生している部分の割引計算

退職給付は発生から支払いまでの期間が長いため，時間価値を考慮する必要がある。そこで，退職給付見込額のうち認識時点までに発生していると認められる部分について，支払いが見込まれる時点から認識時点（期末）まで割引計算を行い，最終的な退職給付債務が計算される。この割引率は，割り引く期間（支払見込日までの期間）に対応する国債など安全性の高い債券の利回りを基礎に決定する。

基本 word

★**退職給付見込額**：退職により見込まれる退職給付の総額のことをいう。つまり，現時点で働いているその企業の全従業員等に対して退職時（退職一時金）や退職後（退職年金）に支払う退職給付の合計額である。この計算にあたっては，現時点で全員が退職することを仮定するのではなく，各従業員がいつ退職するか予測を行ったうえで，その退職以降にいくら支給するかを求める。

従業員の人数が多い大企業において，すべての従業員について予定昇給や退職等を考慮して退職給付見込額などを求めるには複雑な計算が必要になるため，専門家である年金数理人に計算を依頼することが多い。

例題3−1

　次の条件に基づき，期間定額基準と給付算定式基準の両方の20X2年度末における退職給付債務を計算しなさい。なお，万円未満は四捨五入し，万円単位で答えること。

① 　当社の従業員は1人だけである。

② 　この従業員は20X2年度末時点で2年間勤務しており，残り3年で定年を迎える。

③ 　当社では，退職時点の月給に支給倍率を掛け合わせた金額を退職金として支給しており，仮に各年度末に退職した場合の計算は次の表のとおりである。表の月給については，20X2年度末までは実績，20X3年度末以降は予想である。また，便宜上，定年前に退職や死亡する可能性はなく定年退職するものと仮定する。

	20X1 年度末	20X2 年度末	20X3 年度末	20X4 年度末	20X5 年度末
月給	50万円	60万円	65万円	70万円	70万円
支給倍率	0.5倍	1.1倍	1.9倍	3倍	4.5倍
支給額	25万円	66万円	123.5万円	210万円	315万円

④ 　給付算定式基準で計算する場合は，著しい後加重ではないものと仮定する。

⑤ 　この従業員に対する退職給付は，退職時に退職一時金として全額を支給するものと仮定する。

⑥ 　20X2年度末時点における期間3年の国債の利回りは年1％である。

解答へのアプローチ

　退職給付見込額→認識時点までに発生していると認められる額（期間帰属）→割引計算の順番で計算する。

　③の表では，各年度で退職した場合の支給額が示されているが，本問では定年退職すると仮定されている。よって，退職給付見込額は，20X5年度末の退職時点で給付される額がそのまま当てはまる。

　認識時点までに発生していると認められる額について，期間定額基準では毎年均等額で計算する。また給付算定式基準では，単純に表の支給額を発生額と

77

しても将来の昇給を加味したことにならない。そこで，月給が70万円まで昇給することを前提として支給倍率に基づいて按分計算する。

　最後に割引計算は，退職時に全額支給されることを仮定するため，退職時から当期末までの3年間分を割り引けばよい。

[解　答]..

期間定額基準：122万円

給付算定式基準：75万円

期間定額基準と給付算定式基準では，それぞれ次のとおり計算する。

[期間定額基準]

退職給付見込額：315万円（定年退職する20X5年度末での支給額）

期間帰属：315万円×2年/5年＝126万円

割引計算：126万円/$(1+0.01)^3$≒122万円

[給付算定式基準]

退職給付見込額：315万円（期間定額基準と同様）

期間帰属：315万円×1.1倍/4.5倍＝77万円

　将来の昇給を見込むためすでに70万円まで月給が上がっていると仮定したうえで，支給倍率に基づき70万円×4.5倍（315万円）のうち1.1倍の部分まで当期末に発生しているものとして計算する。

割引計算：77万円/$(1+0.01)^3$≒75万円

3 年金資産

　年金資産とは，退職給付に備えて外部に積み立てた資産のことをいう。ある資産を年金資産として取り扱うには，退職給付以外に使用できないこと，積立超過分を除き企業への返還・解約・目的外払出し等ができないことなどの要件が定められている。これらの要件を満たした場合，他の資産とは異なり企業が自由に収益獲得活動に用いることができないといえる。そこで，年金資産は貸借対照表において独立した資産として計上されるのではなく，退職給付債務から差し引くこととされている。

　年金資産は，一般的には債券や株式等で運用されており，時価（公正な評

価額）により評価される。

4 退職給付費用および退職給付に係る調整額の計算

　一期間の退職給付に係る負債の変動から現金拠出および退職給付の支払額を調整した金額は，個別損益計算書の当期純利益の計算で費用として計上する部分（退職給付費用）と，連結包括利益計算書でその他の包括利益に含まれる部分（退職給付に係る調整額）の２つに分けられる。

❶ 退職給付費用の計算

　損益計算書において費用として計上する「退職給付費用」（ 学習のポイント ）の③の仕訳）には，次の５つの項目が含まれる。このうち①から③を先に説明し，④および⑤は後でまとめて説明する。

① 勤務費用
② 利息費用
③ 期待運用収益
④ 数理計算上の差異に係る当期の費用処理額
⑤ 過去勤務費用に係る当期の費用処理額

① 勤務費用の計算

　勤務費用とは，一期間の労働の対価として発生したと認められる退職給付のことである。この計算では，退職給付見込額のうち当期に発生したと認められる額を期末まで割り引く。退職給付債務との違いは，**事前の見積り**に基づき**当期に発生**した額を割引計算したのが勤務費用であるのに対し，**当期末までに発生**した額を割引計算したのが退職給付債務である。

$$勤務費用 = \frac{退職給付見込額のうち当期に発生したと認められる額}{(1+割引率)^t}$$

t：将来の支給時から当期末までの期間

79

② 利息費用の計算

利息費用とは，割引計算により算定された期首時点における退職給付債務について，期末までの時の経過により発生する計算上の利息のことである。具体的な計算は，期首時点の退職給付債務に対して割引計算で用いた割引率を掛け合わせることで求められる。

利息費用＝期首の退職給付債務×割引率

---

③ 期待運用収益の計算

期待運用収益とは，年金資産の運用により生じると合理的に期待される計算上の収益である。この計算は，期首時点における年金資産の額に対して合理的に期待される収益率（長期期待運用収益率）を掛け合わせて求められる。年金資産は国債よりも期待利回りの高い株式や債券等も含めて運用される。よって，退職給付債務を計算する際の割引率よりも長期期待運用収益率のほうが高い利率となる。

期待運用収益＝期首の年金資産×長期期待運用収益率

例題３－２

　例題３－１を前提とし，20X3年度の勤務費用，利息費用および期待運用収益を計算しなさい。なお，期間帰属の計算は期間定額基準を採用する。また，20X2年度末の年金資産は50万円であり，その長期期待運用収益率は４％である。

😊 解答へのアプローチ

　勤務費用は，例題３－１で計算した１年間当たりの帰属額を割引計算することで計算できる。利息費用は，例題３－１の退職給付債務に割引率を掛け合わせる。そして，期待運用収益は年金資産に長期期待運用収益率を掛け合わせる。

[解　答]……………………………………………………………………

勤務費用：62万円

利息費用：1万円

期待運用収益：2万円

　勤務費用は，当期に発生した額315万円/5年＝63万円を割引計算し，63/（1
+0.01）^{2}≒62万円

　利息費用は，122万円×1％≒1万円

　期待運用収益は，50万円×4％＝2万円である。

　仮に，数理計算上の差異および過去勤務費用がないと仮定すれば，これらの
合計である61万円（62万円＋1万円－2万円）が退職給付費用になる。

　なお，退職給付をすべて一時金で支払う企業（退職一時金制度）には外部積
立の年金資産がないのが一般的である。本問では，年金資産の処理も理解する
ために，あえてこれを設定している。

❷ 数理計算上の差異および過去勤務費用

① 数理計算上の差異の計算

　数理計算上の差異とは，(ⅰ)年金資産の期待運用収益と実際の運用成果との
差異，(ⅱ)退職給付債務の数理計算に用いた見積数値と実績との差異および(ⅲ)
見積数値の変更等により発生した差異のことをいう。

　なお数理計算上の差異は，プラスとマイナスの両方とも発生する可能性が
ある。そこで，プラスとマイナスの差異を区別するために，事前の期待・見
積りよりも実際の退職給付債務が大きくなるか年金資産が小さくなる場合の
差異を**借方差異**（**不利差異**）と呼ぶ。反対に実際の退職給付債務が小さくな
るか年金資産が大きくなる場合の差異を**貸方差異**（**有利差異**）と呼ぶ。

数理計算上の差異の当期発生額
＝期末退職給付債務－(期首退職給付債務＋勤務費用＋利息費用－給付額*)
　　＋(期首年金資産＋期待運用収益＋拠出額－給付額*)－期末年金資産

＊はじめの給付額は退職給付として支払った全額であるのに対し，後の給付額
　は年金資産から支払った額のみである。

（注1）この式では，プラスを借方差異，マイナスを貸方差異としている。
（注2）過去勤務費用は発生していないものとする。

　数理計算上の差異を式で表せば上記のとおりであるが，期首の見積り等に
基づいて計算した期末の退職給付債務および年金資産（式の下線部分）と，
実際の期末の退職給付債務および年金資産との差異が数理計算上の差異とな
る。

応用 Word

★**数理計算上の差異**：勤務費用および利息費用は，期首時点の見積りに基づ
　いて計算される。そこで，従業員数や退職率等が期首の見積りと期末の実績
　で異なることにより，期首の退職給付債務に勤務費用と利息費用を足して給
　付額等を調整しても期末の退職給付債務には一致しない。また，期待運用収
　益についても，実際の運用収益率ではなく長期期待運用収益率を用いて計算
　される。そこで，期首の年金資産に期待運用収益を足しても期末の年金資産
　とは一致しない。よって，これらの見積りと実績との差異として毎期に数理
　計算上の差異が生じる。
　　数理計算上の差異はさまざまな要因から発生する。特に景気が予想よりも
　悪化すると，中央銀行の金融政策によって国債等の利回りが低くなることで
　割引率が低下し，割引計算で求められる退職給付債務が増える。同時に，年
　金資産の運用成績が悪化し，年金資産が減る。この結果，借方差異（不利差
　異）の数理計算上の差異が発生し，退職給付に係る負債と将来の退職給付費
　用が増えることになる。

② **過去勤務費用の計算**

　過去勤務費用とは，退職給付水準の改訂等に起因して発生した退職給付債

務の増加または減少部分のことをいう。見積りと実績の差異が数理計算上の差異であるのに対し，人事制度の見直しや企業業績の変化によって退職給付の金額を変化させた場合には過去勤務費用に該当する。

過去勤務費用の当期発生額
＝給付水準改訂後の退職給付債務－改訂前の退職給付債務

③ 数理計算上の差異および過去勤務費用の処理

数理計算上の差異および過去勤務費用は，次のとおり処理する。

	数理計算上の差異	過去勤務費用
発生時 （原則）	・平均残存勤務期間以内の一定の年数で按分した額を費用処理 ・費用処理されなかった額（未認識数理計算上の差異・未認識過去勤務費用という）はその他の包括利益（連結のみ）	
（容認）	・発生の翌期から費用処理を開始 ・発生時は全額をその他の包括利益（連結のみ）	・発生時に一括して費用処理（重要であれば特別損益） ・以下の発生後の処理は不要
発生後	・継続して平均残存勤務期間以内の一定の年数で按分した額を毎期費用処理（原則：定額法，容認：定率法） ・費用処理した額と同額をその他の包括利益に加減算（組替調整，連結のみ）	

表のうち，費用処理する額は「退職給付費用」（ 学習のポイント で示した③の仕訳に含まれる），その他の包括利益として処理する額および組替調整の額は「退職給付に係る調整額」（ 学習のポイント で示した⑥の仕訳の金額）とする。特にその他の包括利益は，当期に発生した未認識数理計算上の差異および未認識過去勤務費用だけではなく過年度に発生し当期に費用処理した額を加減算した金額となる（組替調整）。なお，その他の包括利益として計上した「退職給付に係る調整額」の累計額は，連結貸借対照表の純資産の部において「退職給付に係る調整累計額」として表示する。

過去勤務費用を発生時に一括費用処理する方法について，新たに退職給付制度を採用したときまたは給付水準の重要な改訂を行い，金額が重要と認められる場合には特別損益で表示することができる。

83

❸ 税効果の処理

　退職給付引当金および退職給付に係る負債は，税務上の負債ではない。そこで，それぞれ税効果の処理が必要である。特に，連結財務諸表で退職給付に係る調整額として計上した部分の税効果は，その他有価証券評価差額金と同様に税効果の金額だけ退職給付に係る調整額を直接減らす。

例題3－3

　例題3－1および3－2を前提として，20X3年度末に発生した数理計算上の差異の金額と，その差異が借方差異と貸方差異のいずれか答えなさい。なお，年金資産の実際の運用収益率は10％であった。また，従業員の昇給により，20X5年度末の予想の月給は80万円となった。

😊**解答へのアプローチ**

　年金資産の期待運用収益率と実際の収益率に差異があるため，年金資産から数理計算上の差異が発生している。また，昇給に伴って退職給付債務が増加したことからも数理計算上の差異が生じている。

［解　答］‥‥‥‥‥‥‥‥‥‥‥‥‥‥‥‥‥‥‥‥‥‥‥‥‥‥‥‥‥‥‥‥‥‥‥‥

24万円（借方差異）

　数理計算上の差異は，年金資産から3万円（貸方差異）が生じている。

期首50万円＋期待運用収益2万円－期末55万円（50万円×1.1）＝－3万円

　また，退職給付債務の期末の実績数値と期首の予想値の差異は次のとおりである。

期末の実際の退職給付債務

　80万円×4.5倍×3年／5年×$1/(1+0.01)^2$≒212万円

　212万円－（期首122万円＋勤務費用62万円＋利息費用1万円）＝27万円

　この結果，3万円（貸方差異）と27万円（借方差異）より，差引24万円（借方差異）となる。

---

5 個別財務諸表と連結財務諸表の違い

連結財務諸表では包括利益が計算されるが，個別財務諸表では包括利益の計算を行わない。そこで，退職給付の会計処理は，個別財務諸表と連結財務諸表で異なる取扱いがされている。

❶ 個別財務諸表の処理

個別財務諸表では，「退職給付に係る負債」ではなく，**退職給付引当金**が貸借対照表に計上される。この2つの違いは，未認識数理計算上の差異および未認識過去勤務費用の取扱いの違いから生じる。

個別財務諸表では包括利益を計算しない。そのため，退職給付に係る調整額と相手勘定として負債を計上する仕訳ができない。この結果，個別貸借対照表に計上されるのは，過去および現在の退職給付費用の累積額に拠出額および給付額を増減させたものとなる。言い換えると，個別財務諸表の退職給付引当金は，期末の実績の退職給付債務と年金資産の差額から，未認識数理計算上の差異および未認識過去勤務費用を控除した金額となる。

個別財務諸表作成のために必要となる仕訳（税効果は無視する）

① 年金資産への拠出（年金資産が増加）

（借） 退職給付引当金 ××× （貸） 現 金 預 金 ×××

② 企業が退職給付を直接支払った時（退職給付債務が減少）*

（借） 退職給付引当金 ××× （貸） 現 金 預 金 ×××

③ 期末の退職給付費用の計上

（借） 退 職 給 付 費 用 ××× （貸） 退職給付引当金 ×××

*年金資産から退職給付を支給した場合は，年金資産と退職給付債務が同額だけ減少するため，企業の仕訳は不要

これらの仕訳のうち，前記の❹❶で解説した退職給付費用が③の仕訳の金額である。

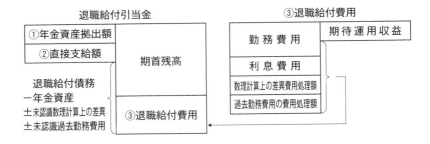

図表3-3 仕訳と勘定の関係（数理計算上の差異と過去勤務費用は借方差異と仮定）

退職給付引当金

①年金資産拠出額	期首残高
②直接支給額	
退職給付債務 －年金資産 ±未認識数理計算上の差異 ±未認識過去勤務費用	③退職給付費用

③退職給付費用

勤務費用	期待運用収益
利息費用	
数理計算上の差異費用処理額	
過去勤務費用の費用処理額	

❷ 連結財務諸表の処理

　個別財務諸表では包括利益が計算されないのに対し，連結財務諸表では計算される。そのため，連結財務諸表の作成にあたっては，退職給付に係る調整額と相手勘定として負債を計上する仕訳を行う（下記⑥の仕訳）。また，連結貸借対照表には実績の退職給付債務と年金資産の差額を**退職給付に係る負債**（または**退職給付に係る資産**）として計上する。

連結財務諸表作成のために必要となる仕訳（税効果は無視する）

　④　勘定科目名の修正（実務上は仕訳をせずに科目名を直接変えることもある）

　　（借）　退職給付引当金　×××　（貸）　退職給付に係る負債　×××

　⑤　退職給付に関する開始仕訳（過年度に行った⑥の仕訳の累計）

　　（借）　退職給付に係る調整累計額　×××　（貸）　退職給付に係る負債　×××

　⑥　数理計算上の差異および過去勤務費用の調整

　　（借）　退職給付に係る調整額　×××　（貸）　退職給付に係る負債　×××

　これらの仕訳のうち，④は個別財務諸表上の個々の企業の退職給付引当金を合計した額，⑤は過年度の⑥の累計額，そして⑥は前記の❶❷❸で説明した退職給付に係る調整額である。

図表3−4 仕訳と勘定の関係

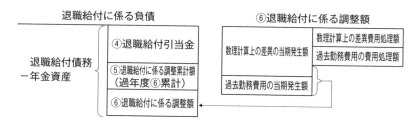

＊数理計算上の差異と過去勤務費用は借方差異と仮定

例題3−4

　例題3−1，3−2および3−3を前提として，20X3年度末に関する次の事項について答えなさい。なお，税効果は無視し，数理計算上の差異は発生年度から平均残存勤務期間（3年）で費用処理する。また，過年度に数理計算上の差異および過去勤務費用は発生していない。

① 　個別財務諸表で退職給付費用を計上する仕訳

② 　個別貸借対照表の退職給付引当金の額

③ 　連結修正仕訳として行う退職給付に係る調整額を計上する仕訳

④ 　連結貸借対照表の退職給付に係る負債の額

😊 解答へのアプローチ

　すでに数理計算上の差異は計算されているため，退職給付費用に含める額と退職給付に係る調整額とする額を計算すれば，それぞれ答えを計算できる。

［解　答］

① （借）退 職 給 付 費 用　690,000　（貸）退 職 給 付 引 当 金　690,000

② 141万円

③ （借）退職給付に係る調整額　160,000　（貸）退職給付に係る負債　160,000

④ 157万円

　数理計算上の差異24万円（借方差異）は発生年度から3年間で費用処理するため，当期は8万円が費用，残りの16万円が退職給付に係る調整額（③の仕訳の金額）になる。よって，退職給付費用（①の仕訳の金額）は，次の計算で求

められる。

　　勤務費用62万円＋利息費用 1 万円－期待運用収益 2 万円

　　　＋数理計算上の差異の費用処理額 8 万円＝69万円

　　退職給付引当金の期首残高は，過去に数理計算上の差異および過去勤務費用
が発生していないことから，20X2年度末の退職給付債務122万円から年金資産
50万円を差し引いた72万円である。これに退職給付費用を足して，期末の退職
給付引当金（②の金額）が計算される。

　　また，期末の退職給付に係る負債（④の金額）は，当期に発生した未認識数
理計算上の差異である16万円を足して157万円となる。この157万円は期末の実
際の退職給付債務212万円から年金資産55万円を差し引いた金額とも一致する。

❸ 退職給付に関する開示

　　確定拠出制度においては，退職給付債務や年金資産の期首・期末残高，退
職給付に関連する損益，数理計算上の差異や過去勤務費用の内訳などを注記
する。財務諸表本体には会計処理の結果しか示されないため，処理の基礎と
なった金額等も重要な情報として開示が求められているのである。

　　また，その他の包括利益については当期発生額と組替調整額の注記が必要
である。退職給付については，当期に新たに発生した数理計算上の差異およ
び過去勤務費用のうち，当期に費用処理されなかった額がその他の包括利益
の「当期発生額」となる。すなわち，例題 3 － 1 ～ 4 において，20X3年度に
発生した数理計算上の差異は24万円（借方差異）であるが，その他の包括利
益（退職給付に係る調整額）の当期発生額として注記されるのは△16万円で
あり，組替調整額はなしとなる。そして，20X4年度および20X5年度に組替調
整額の注記として 8 万円が記載される。

基本問題 3 － 1

　　次の文章について正しいか否か○×で答えるとともに，×の場合は正
しい内容を答えなさい。

①　企業が退職給付水準を下げた場合には，下げる前との差額を数理計
　　算上の差異として取り扱い，原則として発生年度の翌年度から残存勤

務期間以内の一定の年数により費用処理する。

② 個別貸借対照表には，退職給付債務と年金資産の実績値差額が退職給付引当金として計上されるため，企業の年金資産の積立不足額が貸借対照表で明らかになる。

③ 退職給付会計で用いる割引率は，国債など安全性の高い債券の利回りを基礎に決定する。この「基礎に」の意味するところは，割引率の決定に際して安全性の高い債券の利回りのみならず年金資産の長期期待運用収益率も反映させることである。

④ 年金資産は他の資産とは異なり企業が自由に利用することができないため，独立した資産として計上してはならない。ただし，退職給付債務よりも年金資産のほうが大きい場合は，その差額を資産として計上する。

基本問題 3-2

次の条件に基づき，20X4年3月期の個別財務諸表の作成において必要な仕訳，および期末の退職給付引当金の金額を答えなさい。なお，税効果は無視する。

［20X3年3月末の状況］

退職給付債務　1,200万円　　年金資産700万円

退職給付引当金　450万円

未認識数理計算上の差異（各自推定）　平均残存勤務期間　10年

未認識数理計算上の差異は20X3年3月期に発生したものであり，翌年度から平均残存勤務期間で費用処理する。

［20X4年3月期の状況］

勤務費用　250万円　　利息費用（各自推定）

期待運用収益（各自推定）

企業の年金資産拠出額200万円（当座預金から支出している）

年金資産からの退職給付支給額180万円

新たに数理計算上の差異および過去勤務費用は発生していない。

なお，過年度より割引率は2％，長期期待運用収益率は3％としている。

⇒ 解答は224ページ

基本問題 3−3

前問について，20X4年3月の連結決算における退職給付に係る修正仕訳および退職給付に係る負債の金額を答えなさい。なお，税効果は無視する。また，退職給付引当金を退職給付に係る負債へ勘定科目を変更する仕訳は不要である。

⇒ 解答は224ページ

第 **4** 章

リース会計

学習のポイント

リース取引の意義，リース取引の分類とその会計処理を理解する。

1．リース取引は，物件の所有者が貸手となり，リース期間にわたりその物件から得られる経済的利益を借手に与え，それに対し借手はリース料を貸手に支払う取引である。

2．リース取引は，ファイナンス・リース取引とオペレーティング・リース取引に分けられる。

3．ファイナンス・リース取引については，通常の売買処理に準じた会計処理を行う。

4．ファイナンス・リース取引は，さらに所有権移転ファイナンス・リース取引と所有権移転外ファイナンス・リース取引に分けられる。

5．オペレーティング・リース取引については，通常の賃貸借処理に準じた会計処理を行う。

1 リース取引の意義

　リース取引とは，特定の物件の所有者が貸手となり，リース期間にわたり当該物件から得られる経済的利益を借手に与え，それに対し借手はリース料を貸手に支払う取引である。

　リース取引は法的所有権が移転しない賃貸借取引と解されるが，その中に実質的には当該物件を売買した場合と同様の状態にあると認められるもの（ファイナンス・リース取引）もある。会計処理にあたっては，すべてのリース取引を一律に賃貸借取引として処理するのではなく，経済的実質において

91

借手にとって資産の購入（貸手にとっては資産の売却）と考えられる場合には，通常の売買処理に準じた会計処理が必要である。

2 リース取引の分類

リース取引は，その性格によりファイナンス・リース取引とオペレーティング・リース取引に分類される。

❶ ファイナンス・リース取引

ファイナンス・リース取引とは，リース期間の中途において契約を解除することができない取引またはこれに準ずる取引で，借手が，リース物件からもたらされる経済的利益を実質的に享受することができ，かつそのリース物件の使用に伴って生じるコストを実質的に負担することとなる（これを，**フルペイアウト**という）リース契約をいう。

❷ ファイナンス・リース取引の判定基準

以下の基準のいずれかを充たす場合，そのリース取引はファイナンス・リース取引となる。

① 解約不能のリース期間中のリース料総額の現在価値が，見積現金購入価額の概ね90％以上である場合（**現在価値基準**）。

② 解約不能のリース期間が，リース物件の経済的耐用年数の概ね75％以上である場合（**経済的耐用年数基準**）。

❸ 所有権移転ファイナンス・リース取引と所有権移転外ファイナンス・リース取引

ファイナンス・リース取引は，さらにリース契約の諸条件に照らしてリース物件の所有権が借手に移転すると認められるファイナンス・リース取引（**所有権移転ファイナンス・リース取引**）とそれ以外のファイナンス・リース取引（**所有権移転外ファイナンス・リース取引**）に分けられる。

所有権移転ファイナンス・リース取引に該当する条件としては，次のよう

なものがある。

① リース期間終了後またはリース期間の中途で所有権が移転する場合

② リース期間終了後またはリース期間の中途で借手に割安購入選択権が与えられており，行使されることが確実に予想される場合

③ リース物件が借手の用途に合わせた特別の仕様により製作または建設されており，その使用可能期間を通じてその借手のみによって使用されることが明らかな場合

❹ オペレーティング・リース取引

リース取引のうち，ファイナンス・リース取引以外のものをいう。

 基本 word

★**解約不能に準ずるリース取引**：法的形式上は解約可能であるとしても，解約に際し相当の違約金を支払わなければならない等の理由から，事実上解約不能と認められるリース取引をいう。

★**使用に伴って生じるコスト**：リース物件の取得価額相当額，維持管理等の費用，陳腐化によるリスク等をいう。

★**現在価値の算定に用いる割引率**：貸手の計算利子率を知り得る場合は当該利率とし，知り得ない場合は，借手の追加借入に適用されると合理的に見積もられる利率とする。

★**割安購入選択権**：リース期間の終了後またはリース期間の中途で，名目的価額またはその行使時点のリース物件の価額に比して著しく有利な価額で買い取る権利をいう。

3 借手の会計処理

❶ 所有権移転外ファイナンス・リース取引

通常の売買取引に係る方法に準じた会計処理を行う。その際，リース取引開始日にリース物件とこれに係る債務を，リース資産およびリース債務として計上する。リース資産の取得価額については，貸手の購入価額を知ることができれば当該金額とリース料総額の現在価値のいずれか低い金額とし，こ

の金額を知ることができないときは，リース料総額の現在価値とリース物件の見積現金購入価額のいずれか低い金額とする。

　算出された取得原価とリース料総額の差額は利息を意味し，リース料総額を元本の返済額部分と利息相当額に区分して処理する。利息相当額を各期に配分する方法は，原則として利息法による。

　リース資産は，原則としてリース期間を耐用年数とする。また，残存価額については，原則としてゼロとする。リース資産の償却方法は，定額法，級数法，生産高比例法等の中から企業の実態に応じたものを選択適用する。この場合，自己所有の固定資産の減価償却方法と同一の方法とする必要はない。

　なお，「中小企業の会計に関する指針」においては，同指針の適用会社（金融商品取引法の適用を受ける会社や会計監査人の設置会社等を除く株式会社等）に対して，通常の売買取引に係る方法に準じた会計処理のほか，通常の賃貸借取引に係る方法に準じた会計処理を行うことも認めている。ただし，通常の賃貸借取引に係る方法に準じて会計処理を行った場合には，重要性がないリース取引を除き，未経過リース料を注記しなければならない。

❷ 所有権移転ファイナンス・リース取引

　通常の売買取引に係る方法に準じた会計処理を行う。その際，リース取引開始日にリース物件とこれに係る債務を，リース資産およびリース債務として計上する。会計処理は，所有権移転ファイナンス・リース取引と所有権移転外ファインス・リース取引では，同じ売買取引として処理する場合であっても一部異なっており，両者の相違点を示せば図表4－1のようになる。

図表4−1 所有権移転ファイナンス・リースと所有権移転外ファイナンス・リースの会計処理の相違

		所有権移転 ファイナンス・リース	所有権移転外 ファイナンス・リース
取得原価	貸手の購入価額がわかる場合	貸手の購入価額	貸手の購入価額とリース料総額の現在価値のいずれか低い価額
	貸手の購入価額が不明の場合	見積購入価額とリース料総額の現在価値のいずれか低い価額	同　左
減価償却	減価償却の方法	自己所有固定資産と同一の方法による	自己所有固定資産と同一である必要はない
	耐用年数	自己所有固定資産と同様に見積り	原則としてリース期間
	残存価額	自己所有固定資産と同様に見積り	0（ゼロ）。ただし残価保証の取決めがある場合は残価保証額

❸ オペレーティング・リース取引

　通常の賃貸借取引に係る方法に準じた会計処理を行う。なお，中途解約不能なリース取引については，未経過リース料を貸借対照表日後1年以内と1年を超えるものとに区分して注記しなければならない。ただし，重要性が乏しい場合には，当該注記を要しない。

図表4−2 オペレーティング・リース取引に関する注記

```
未経過リース料
    1年内
                  ××××円
    1年超
                  ××××円
```

❹ セール・アンド・リースバック取引

　借手が所有する物件を貸手に売却し，貸手から当該物件のリースを受ける取引を**セール・アンド・リースバック取引**という。

　リースバック取引についても，ファイナンス・リース取引に該当するかどうかの判定を行い，その判定に応じて会計処理を行う。この判定において，

経済的耐用年数については，リースバック時の経済的使用可能予測期間を用いるとともに，当該リース物件の見積現金購入価額については，実際売却価額を用いる。その際に，ファイナンス・リース取引に該当するリース物件の売却損益は，通常長期前払費用または長期前受収益として繰延処理しなければならない（ただし，合理的な見積市場価額が帳簿価額を下回ることにより生じた売却損については，繰延処理せず売却時の損失として処理する）。

なお，繰延処理された売却損益は，リース資産の減価償却費の割合に応じて減価償却費に加減して，損益に計上する。

4 貸手の会計処理

貸手側は，通常の売買取引に係る方法に準じた会計処理により，所有権移転外ファイナンス・リース取引についてはリース投資資産として，所有権移転ファイナンス・リース取引についてはリース債権として計上する。

貸手における利息相当額の総額は，契約時に合意されたリース料総額と見積残存価額の合計から取得原価を控除して算定し，リース期間にわたって原則として利息法により配分する。この場合に用いる利率は，貸手の計算利子率を用いる。損益計算書の表示については，割賦販売取引について採用している方法との整合性を考慮し，次の3つの方法から選択する。

① リース取引開始日に売上高と売上原価を計上する方法
② リース料受取時に売上高と売上原価を計上する方法
③ 売上高を計上せずに利息相当額を各期に配分する方法

応用 word

★転リース：リース物件の所有者から物件のリースを受け，さらに同一物件を概ね同一の条件で第三者にリースする取引をいう。

　借手としてのリース取引および貸手としてのリース取引の双方がファイナンス・リース取引に該当する場合には，貸借対照表上はリース投資資産（またはリース債権）とリース債務の双方を計上することになるが，損益計算書上は，貸手として受け取るリース料総額と借手として支払うリース料総額との差額を手数料収入として各期に配分し，転リース差益等の名称で計上する。

例題4-1

リース取引についての次の文章について，正しいものには○印を，誤っているものには×印を（　）内に記入しなさい。

(1)（　）ファイナンス・リース取引について売買取引に準じた会計処理が必要とされるのは，当該取引が経済的実質において，借手にとって資産の購入（貸手にとっては資産の売却）と考えられるためである。

(2)（　）借手にとって，ファイナンス・リース取引と判定されるためには，リース物件の使用に伴って生じるコストの全額を負担することがリース契約で定められていることが必要である。

(3)（　）ファイナンス・リース取引と判定された場合のリース資産の取得価額については，貸手の購入価額を知ることができないときは，リース物件の見積現金購入価額による。

(4)（　）所有権移転ファイナンス・リース取引と判定された場合には，リース資産の償却方法は，自己所有の固定資産の同一の方法によらなければならない。

(5)（　）オペレーティング・リース取引については，通常の賃貸借取引に係る方法に準じた会計処理を行うが，解約不能なリース取引については，未経過リース料を注記しなければならない。

☺解答へのアプローチ

以下のような，リースの分類と会計処理の概要を理解する。

(1) すべてのリース取引を一律に賃貸借取引として処理するのではなく，解約不能とフルペイアウトの要件を充たす場合には，資産の購入（貸手にとっては資産の販売）と考えた会計処理が必要である。

(2) ファイナンス・リース取引と判定される場合には，現在価値基準と経済的耐用年数のいずれかを充たす必要がある。

(3) リース資産の取得価額については，貸手の購入価額を知ることができないときは，リース料総額の現在価値とリース物件の見積現金購入価額のいずれか低い金額とする。

(4) 所有権移転外ファイナンス・リース取引についてのみ，リース資産の償却

方法は，自己所有の固定資産の減価償却方法と同一の方法とする必要はない
とされている。

(5) オペレーティング・リース取引のうち解約不能なリース取引については，
未経過リース料を注記しなければならない。

[解 答]‥‥‥‥‥‥‥‥‥‥‥‥‥‥‥‥‥‥‥‥‥‥‥‥‥‥‥‥‥‥‥‥‥‥‥‥‥‥

(1) ○　　(2) ×　　(3) ×　　(4) ○　　(5) ○

例題4−2

【借手の会計処理】　次のファイナンス・リースに関する資料から，借手の①X1
年度期首のリース開始時，②第１回リース料支払時，および③X1年度決算時
（減価償却の処理）の仕訳を示しなさい。なお，リース資産は備品，会計期間
は１年とする。

[資 料]‥‥‥‥‥‥‥‥‥‥‥‥‥‥‥‥‥‥‥‥‥‥‥‥‥‥‥‥‥‥‥‥‥‥‥‥

a　解約不能なリース期間：５年（X1年度期首に契約）

b　リース料の支払方法：１年後から５回均等払い（後払方式）

c　リース料年額：6,000,000円（リース料総額30,000,000円）

d　追加借入利子率：年６％

e　リース資産の貸手の購入価額は不明，見積現金購入価額は26,000,000円

f　リース資産の減価償却方法：定額法

g　所有権移転条項および割安購入選択権はなし

h　会計処理は通常の売買取引に係る方法に準じた方法を採用

😊 解答へのアプローチ

リース料総額の現在価値は次のように求められる。

6,000,000円/(1＋0.06)＋6,000,000円/(1＋0.06)^2＋6,000,000円/(1＋0.06)^3
＋6,000,000円/(1＋0.06)^4＋6,000,000円/(1＋0.06)^5＝25,274,183円

現在価値の金額　25,274,183円＞26,000,000×90％
となり，現在価値基準によりファイナンス・リース取引と判定される。
また，条件から所有権移転ファイナンス・リース取引には該当しない。

　この現在価値と見積現金購入価額のうち低い金額（25,274,183円）がリース資産の取得原価となる。

　このような判定結果に基づいて，所有権移転外ファイナンス・リースの会計処理を行う。

［解　答］..

① （借）　リース資産(備品)　25,274,183　（貸）　リ　ー　ス　債　務　　25,274,183

② （借）　リ　ー　ス　債　務　　4,483,549　（貸）　現　金　預　金　　6,000,000
　　　　　 支　払　利　息　　1,516,451

③ （借）　減　価　償　却　費　　5,054,836　（貸）　減価償却累計額　　5,054,836

利息とリース債務の元本返済額の計算は次のとおりである。

（単位：円）

	リース料	利息額	元本返済額	リース債務残高
X1年度期首				25,274,183
X1年度期末	6,000,000	1,516,451	4,483,549	20,790,634
X2年度期末	6,000,000	1,247,438	4,752,562	16,038,072
X3年度期末	6,000,000	962,284	5,037,716	11,000,356
X4年度期末	6,000,000	660,021	5,339,979	5,660,377
X5年度期末	6,000,000	339,623	5,660,377	0

　所有権移転外ファイナンス・リース取引については，リース期間を耐用年数，残存価額をゼロとして減価償却を行うことになる。

　X1年度の減価償却費は，次のように計算される。

25,274,183円 × 1／5 ＝5,054,836円

【貸手の会計処理】 例題4-2と同じ資料を用いて，貸手の①X1年度期首の
リース開始時，②第1回リース料受取時（X1年度決算時）の仕訳を示しなさい。
貸手の購入価額は25,274,183円であり，見積残存価額はゼロである。会計期
間は1年とする。なお，損益に関する仕訳は，リース料受取時に売上高と売上
原価を計上する方法によること。

☺解答へのアプローチ

　リース料総額を現在価値に割り引く利率は，リース料総額と見積残存価額の
合計額の現在価値がリース物件の購入価額と等しくなる貸手の計算利子率で
あるが，貸手の購入価額は25,274,183円であり，見積残存価額はゼロであるた
め，例題4-2と同じ6％になる。
　リース債権の回収に関する計算表は次のようになる。

（単位：円）

	受取リース料	利息額	元本回収額	リース債権残高
X1年度期首				25,274,183
X1年度期末	6,000,000	1,516,451	4,483,549	20,790,634
X2年度期末	6,000,000	1,247,438	4,752,562	16,038,072
X3年度期末	6,000,000	962,284	5,037,716	11,000,356
X4年度期末	6,000,000	660,021	5,339,979	5,660,377
X5年度期末	6,000,000	339,623	5,660,377	0

[解答]

① （借）リース投資資産　25,274,183　（貸）買　掛　金　25,274,183
② （借）現　金　預　金　6,000,000　（貸）リース物件売上高　6,000,000
　 （借）リース物件売上原価　4,483,549　（貸）リース投資資産　4,483,549

基本問題 4-1

ファイナンス・リース取引の2つの判定基準について述べ，次にその中で所有権移転ファイナンス・リース取引となるものについて説明しなさい。

⇒ 解答は225ページ

応用問題 4-1

セール・アンド・リースバック取引の意義と，ファイナンス・リース取引に該当するセール・アンド・リースバック取引において，借手において生ずる資産の売却損益の会計処理方法について述べなさい。

⇒ 解答は225ページ

基本問題 4-2

次のファイナンス・リース取引に関する資料に基づき，①リース資産の取得原価，②X1年度期末におけるリース債務の額，および③X1年度期末における減価償却費の額を求めなさい。なお，会計期間は1年である。

[資 料]‥‥‥‥‥‥‥‥‥‥‥‥‥‥‥‥‥‥‥‥‥‥‥‥‥‥‥‥‥‥‥‥

a 解約不能なリース期間：5年（X1年度期首に契約）

b リース料の支払方法：1年後から5回均等払い（後払方式）

c リース料年額：3,000,000円（リース料総額15,000,000円）

d 追加借入利子率：年5%

e リース資産の貸手の購入価額：不明
見積現金購入価額：13,500,000円

f 減価償却：定額法，耐用年数6年，残存価額10%

g 所有権移転条項および割安購入選択権： リース期間終了時に，100,000円で割安購入できる権利が付与されており，行使することが確実に予想される。

⇒ 解答は225ページ

X2年度期首に次の条件でセール・アンド・リースバック取引の契約を行った。この場合の，①X2年度期首および②X2年度期末における借手の仕訳をそれぞれ示しなさい。なお，会計期間は1年とする。

［対象資産（機械）］

　取得日：X1年度期首

　取得価額：32,000,000円

　減価償却方法：定額法，耐用年数8年，残存価額ゼロ，間接法で記帳

［セール・アンド・リースバックの条件］

　売却価額：28,500,000円

　解約不能なリース期間：5年

　リース料の支払方法：契約日を含め毎年度期末5回均等払い

　リース料年額：6,000,000円（リース料総額30,000,000円）

　貸手の計算利子率：年4%

　所有権移転条項：なし

　リースバック時の予測残存耐用年数：7年

⇒ 解答は226ページ

第5章

減損会計

1. 減損会計とは，収益性の低下により投資額の回収が見込めなくなった固定資産について，その評価額が回収可能性を反映した金額となるように，帳簿価額を一定の方法で減額する会計処理のことである。

2. 減損会計は，①減損の兆候がある固定資産の識別，②減損損失の認識の判定，③減損損失の測定という手順で行われる。

3. 減損損失の認識の判定は，減損の兆候があると識別された固定資産について，当該資産または資産グループから得られる割引前将来キャッシュ・フローの総額と帳簿価額を比較することによって行い，割引前将来キャッシュ・フローの総額が帳簿価額を下回る場合には，減損損失を認識すべきであると判定される。

4. 減損損失を認識すべきであると判定された資産または資産グループについては，正味売却価額と使用価値のいずれか高いほうの金額を回収可能価額とし，回収可能価額が帳簿価額を下回っている場合には，帳簿価額を回収可能価額まで減額し，当該減少額を減損損失として測定する。

5. 共用資産がある場合には，それが関連する複数の資産または資産グループに共用資産を加えた，より大きな単位でグルーピングを行う方法により減損会計を実施するのが原則である。

6. のれんがある場合にも，当該のれんが帰属する事業に関連する複数の資産グループにのれんを加えた，より大きな単位でグルーピングを行う方法により減損会計を実施するのが原則である。

7．減損処理した資産については，減損損失控除後の帳簿価額に基づいてその後の減価償却が行われる。また，減損損失の戻入れは行わない。

8．減損損失は，貸借対照表では，当該固定資産の減損処理前の取得原価から直接控除して表示し，損益計算書では，特別損失として表示する。

1 減損会計の意義と手順

❶ 減損会計の意義

　減損会計とは，収益性の低下により投資額の回収が見込めなくなった固定資産について，その評価額が回収可能性を反映した金額となるように，帳簿価額を一定の方法で減額する会計処理のことである。減損会計は，原則として，すべての固定資産（有形固定資産，無形固定資産，投資その他の資産）を対象として実施される。

基本 word

　★**減損と減損損失**：減損とは，収益性の低下により投資額の回収が見込めなくなった状態のことをいう。また，**減損損失**とは，減損会計による帳簿価額の切下額のことをいう。

❷ 減損会計の手順

　減損会計は，①減損の兆候がある固定資産の識別，②減損損失の認識の判定，③減損損失の測定という手順で行われる。

基本 word

　★**資産のグルーピング**：減損会計を実施するにあたっては，まず適用対象となる固定資産を適用の単位となる資産または資産グループに分類することが必要になる。これを**資産のグルーピング**という。資産のグルーピングは，他の資産または資産グループのキャッシュ・フローから概ね独立したキャッシュ・フローを生み出す最小の単位で行われる。

2 減損の兆候がある固定資産の識別

　固定資産のすべてについて減損損失を認識するかどうかの判定を行うことは，実務上，過大な負担となるおそれがあるため，最初に，減損の兆候がある固定資産を識別する手続が実施される。

基本 word

★**減損の兆候**：資産または資産グループに減損が生じている可能性を示す事象のこと。減損の兆候がある固定資産の識別は，企業内部の情報（内部管理目的の損益報告や事業の再編等に関する経営計画など）および企業外部の要因（経営環境や資産の市場価格など）に関する情報に基づき行われる。

3 減損損失の認識の判定

　減損の兆候があると識別された固定資産については，次に，減損損失を認識するかどうかの判定が実施される。

　減損損失の認識の判定は，当該資産または資産グループから得られる割引前将来キャッシュ・フローの総額（当該資産または資産グループからもたらされると予想される将来のキャッシュ・フローの総額）と帳簿価額を比較することによって行い，割引前将来キャッシュ・フローの総額が帳簿価額を下回る場合には，減損損失を認識することになる。すなわち，図表5－1のように判定が行われる。

図表5－1 減損損失の認識の判定

① 「割引前将来キャッシュ・フロー≧帳簿価額」の場合
→減損損失の認識は行わない。

② 「割引前将来キャッシュ・フロー＜帳簿価額」の場合
→減損損失の認識を行う。

なお，将来キャッシュ・フローを見積もる期間は，資産の経済的残存使用年数と20年のいずれか短いほう，または資産グループ中の主要な資産の経済的残存使用年数と20年のいずれか短いほうとする。資産グループ中の主要な資産とは，当該資産グループの将来キャッシュ・フロー生成能力にとって最も重要な構成資産のことである。

例題5-1

次の各資産について，減損損失の認識の判定を行いなさい。

(1) A資産は，帳簿価額8,000,000円であり，1年後4,000,000円，2年後3,000,000円，3年後1,500,000円のキャッシュ・フローをもたらすと見積もられている。

(2) B資産は，帳簿価額3,000,000円であり，1年後1,300,000円，2年後900,000円，3年後700,000円のキャッシュ・フローをもたらすと見積もられている。

😊解答へのアプローチ

減損損失の認識の判定は，割引前将来キャッシュ・フローの総額と帳簿価額の比較によって行う。

[解 答]……………………………………………………………………

(1) A資産の割引前将来キャッシュ・フローの総額は，4,000,000円＋3,000,000円＋1,500,000円＝8,500,000円であり，帳簿価額8,000,000円を上回っているので，減損損失の認識は行わない。

(2) B資産の割引前将来キャッシュ・フローの総額は，1,300,000円＋900,000円＋700,000円＝2,900,000円であり，帳簿価額3,000,000円を下回っているので，減損損失の認識を行う。

基本問題 5-1

減損の兆候が認められる機械装置（取得原価8,000,000円，減価償却累計額3,620,000円）について将来キャッシュ・フローを見積もったところ，今後8年間にわたり毎年480,000円のキャッシュ・フローをもたらすと予測されている。減損損失の認識の判定を行いなさい。

➡ 解答は228ページ

4 減損損失の測定

❶ 回収可能価額による測定

　減損損失を認識すべきであると判定された資産または資産グループについては，次に，減損損失の測定が行われる。減損損失の測定は，当該資産または資産グループの**正味売却価額**と**使用価値**を比較し，いずれか高いほうの金額を**回収可能価額**とし，この回収可能価額が帳簿価額を下回っている場合には，帳簿価額を回収可能価額まで減額し，当該減少額を減損損失として当期の損失とする。ただし，回収可能価額が帳簿価額を下回っていない場合には，減損損失は計算されず，減損損失の計上は行われないことになる。

　なお，資産グループについて認識された減損損失については，一定の合理的な方法により，当該資産グループの各構成資産に配分する。減損損失の合理的な配分方法としては，帳簿価額に基づいて各構成資産に比例配分する方法が考えられるが，合理的であると認められる限り，それ以外の方法（時価を考慮した配分方法など）により配分することもできる。

 word

　★**回収可能価額**：資産または資産グループの正味売却価額と使用価値のいずれか高いほうの金額のこと

❷ 使用価値の算定に用いられる割引率

　回収可能価額の算定に用いられる使用価値は，資産または資産グループの継続的使用と使用後の処分によって生ずると見込まれる将来キャッシュ・フ

ローの現在価値である。

　使用価値の算定に用いられる割引率は，貨幣の時間価値を反映した税引前
の利率である。

❸ 減損損失の記帳

　減損損失は，原則として，直接法により記帳する。

例題5−2

　次の資料により，下記の問いに答えなさい。

[資　料]‥‥‥‥‥‥‥‥‥‥‥‥‥‥‥‥‥‥‥‥‥‥‥‥‥‥‥‥‥‥‥‥‥‥

　減損の兆候が認められる機械装置（取得原価10,000,000円，減価償却累計
額6,300,000円）について将来キャッシュ・フローを見積もったところ，今後
5年間にわたり毎年640,000円のキャッシュ・フローをもたらすと予測さ
れている。また，この将来キャッシュ・フローを割り引いて計算される機械
装置の使用価値は2,950,000円である。さらに，機械装置の正味売却価額は
2,880,000円である。

問1　減損損失の認識の判定を行いなさい。

問2　減損損失の金額を計算しなさい。

問3　減損損失を計上するための仕訳を示しなさい。

😊解答へのアプローチ

問1　減損損失の認識の判定は，割引前将来キャッシュ・フローの総額と帳簿
　　価額の比較によって行う。

問2　減損損失の金額は，帳簿価額と回収可能価額の差額として計算される。

問3　減損損失を計上するための仕訳は，直接法により行う。

[解　答]‥‥‥‥‥‥‥‥‥‥‥‥‥‥‥‥‥‥‥‥‥‥‥‥‥‥‥‥‥‥‥‥‥‥

問1　割引前将来キャッシュ・フローの総額は640,000円×5年＝3,200,000円
　　であり，帳簿価額は取得原価10,000,000円−減価償却累計額6,300,000円＝
　　3,700,000円である。割引前将来キャッシュ・フローの総額3,200,000円は帳簿
　　価額3,700,000円を下回っているので，減損損失の認識を行う。

問2　750,000円

　回収可能価額は，使用価値2,950,000円と正味売却価額2,880,000円のいずれ
か高いほうの金額であるので，本問では，使用価値2,950,000円が回収可能価
額となる。したがって，減損損失の金額は，帳簿価額3,700,000円－回収可能
価額2,950,000円＝750,000円と計算される。

問3　（借）　減損損失　　　750,000　（貸）　機械装置　　　750,000

基本問題 5－2

　次の資料により，下記の問いに答えなさい。

　土地（帳簿価額10,000,000円），建物（帳簿価額4,000,000円），備品（帳
簿価額2,000,000円）から構成される資産グループについて，減損の兆候
が認められた。この資産グループの割引前将来キャッシュ・フローの総
額は15,500,000円，正味売却価額は13,800,000円，使用価値は14,600,000円
である。なお，減損損失の配分は，帳簿価額に基づいて各構成資産に比
例的に配分する方法によるものとする。

問1　減損損失の認識の判定を行いなさい。

問2　資産グループ全体および各構成資産の減損損失の金額を計算しな
　　さい。

問3　減損損失を計上するための仕訳を示しなさい。

➡ 解答は228ページ

5 共用資産の取扱い

　共用資産がある場合には，それが関連する複数の資産または資産グループ
に共用資産を加えた，より大きな単位でグルーピングを行う方法によるのが
原則である。ただし，共用資産の帳簿価額を合理的な基準で配分することが
できる場合には，各資産または資産グループに共用資産の帳簿価額を配分す
る方法によりグルーピングを行うこともできる。

　共用資産に関して，より大きな単位でグルーピングを行う場合には，まず
共用資産を含まない資産または資産グループごとに，減損の兆候の把握，減

損損失の認識の判定，および減損損失の測定を行い，その後に，共用資産を含むより大きな単位について減損会計を実施する。

　なお，共用資産を含むより大きな単位について減損損失を認識するかどうかの判定は，共用資産を含まない各資産または資産グループにおいて算定された減損損失控除前の帳簿価額に共用資産の帳簿価額を加えた金額と，割引前将来キャッシュ・フローの総額を比較して行う。

　共用資産を加えることによって算定される減損損失の増加額は，原則として，共用資産に配分する。ただし，共用資産に配分される減損損失が，共用資産の帳簿価額と正味売却価額の差額を超過することが明らかな場合には，当該超過額を合理的な基準により各資産または資産グループに配分しなければならない。

応 用 word

　★**共用資産**：複数の資産または資産グループの将来キャッシュ・フローの生成に寄与する資産のうち，のれん以外のもののこと。共用資産の典型には，全社的な将来キャッシュ・フローの生成に寄与する本社の建物や試験研究施設がある。

例題5−3

　次の資料により，各資産の減損損失の金額を計算しなさい。なお，共用資産Dについては，それが関連する資産A，B，Cに共用資産Dを加えた，より大きな単位でグルーピングを行う方法により減損損失の認識の判定を行うものとする。また，資産A，B，Cに共用資産Dを加えた，より大きな単位でグルーピングした場合の割引前将来キャッシュ・フローの総額は1,080,000円，回収可能価額は890,000円である。

[資　料]

（単位：円）

	資産A	資産B	資産C	共用資産D
帳簿価額	200,000	280,000	430,000	210,000
減損の兆候	なし	あり	あり	あり

		割引前将来 キャッシュ・ フローの総額	－	320,000	360,000	－
		回収可能価額	－	－	240,000	－

😊 解答へのアプローチ

　共用資産に関して，より大きな単位でグルーピングを行う場合には，まず共用資産を含まない資産または資産グループごとに，減損の兆候の把握，減損損失の認識の判定，および減損損失の測定を行い，その後に，共用資産を含むより大きな単位について減損会計を実施する。

[解　答]··

資産A　0円　　資産B　0円　　資産C　190,000円　　共用資産D　40,000円

　資産Aには減損の兆候がないので，減損損失の認識の判定は行われない。

　資産BおよびCには減損の兆候があり，減損損失の認識の判定が行われるが，このうち資産Bについては，割引前将来キャッシュ・フローの総額320,000円は帳簿価額280,000円を上回っているので，減損損失の認識は行われない。

　一方，資産Cについては，割引前将来キャッシュ・フローの総額360,000円は帳簿価額430,000円を下回っているので，減損損失の認識を行うことになり，帳簿価額430,000円－回収可能価額240,000円＝190,000円が減損損失として測定されることになる。

　次に，共用資産Dについて減損の兆候があるので，共用資産を含むより大きな単位について減損会計が実施される。共用資産を含むより大きな単位の帳簿価額は200,000円＋280,000円＋430,000円＋210,000円＝1,120,000円である。したがって，共用資産を含むより大きな単位の割引前将来キャッシュ・フローの総額1,080,000円は帳簿価額1,120,000円を下回っているので，減損損失の認識を行うことになり，帳簿価額1,120,000円－回収可能価額890,000円＝230,000円が減損損失として測定されることになる。

　共用資産を加えることによって算定される減損損失の増加額は，より大きな単位の減損損失の金額230,000円－資産Cの減損損失の金額190,000円＝40,000円である。この減損損失の増加額40,000円は，原則として，共用資産Dの減損損失として配分することになる。

111

　次の資料により，各資産の減損損失の金額を計算しなさい。なお，共用資産Cについては，それが関連する資産Aおよび資産Bに帳簿価額を合理的な基準（資産Aと資産Bに２：１の割合）で配分する方法によりグルーピングを行い，減損会計を実施する。また，各資産グループについて認識された減損損失については，帳簿価額に基づいて各構成資産に比例配分する。

[資　料]‥‥‥‥‥‥‥‥‥‥‥‥‥‥‥‥‥‥‥‥‥‥‥‥‥‥‥‥‥‥‥‥‥

（単位：円）

	資産A	資産B	共用資産C
帳簿価額	400,000	300,000	150,000
減損の兆候	あり	あり	－
割引前将来キャッシュ・フローの総額	390,000	360,000	－
回収可能価額	350,000	330,000	－

⇒ 解答は229ページ

6 のれんの取扱い

　のれんについて減損会計を実施するにあたっては，まず，のれんを認識した取引において取得された事業の単位が複数である場合には，のれんの帳簿価額を合理的な基準に基づき分割する。

　のれんがある場合には，当該のれんが帰属する事業に関連する複数の資産グループにのれんを加えた，より大きな単位でグルーピングを行う方法によるのが原則である。ただし，のれんの帳簿価額を当該のれんが帰属する事業に関連する資産グループに合理的な基準で配分することができる場合には，のれんの帳簿価額を各資産グループに配分する方法によりグルーピングを行うこともできる。なお，この方法による場合には，各資産グループについて認識された減損損失は，のれんに優先的に配分し，残額は，帳簿価額に基づく比例配分の方法など合理的な方法により，当該資産グループの各構成資産に配分する。

のれんに関して，より大きな単位でグルーピングを行う場合には，まずのれんを含まない資産グループごとに，減損の兆候の把握，減損損失の認識の判定，および減損損失の測定を行い，その後に，のれんを含むより大きな単位について減損会計を実施する。

なお，のれんを含むより大きな単位について減損損失を認識するかどうかの判定は，のれんを含まない各資産グループにおいて算定された減損損失控除前の帳簿価額にのれんの帳簿価額を加えた金額と，割引前将来キャッシュ・フローの総額を比較して行う。

のれんを加えることによって算定される減損損失の増加額は，原則として，のれんに配分する。ただし，のれんに配分される減損損失が，のれんの帳簿価額を超過する場合には，当該超過額を合理的な基準により各資産グループに配分しなければならない。

基本問題 5-4

次の資料により，のれんの減損損失の金額を計算しなさい。なお，のれんについては，それが帰属する事業に関連する資産グループA，B，Cにのれんを加えた，より大きな単位でグルーピングを行う方法により減損損失の認識の判定を行うものとする。また，資産グループA，B，Cにのれんを加えた，より大きな単位でグルーピングした場合の割引前将来キャッシュ・フローの総額は870,000円，回収可能価額は770,000円である。

[資　料]……………………………………………………………………………

（単位：円）

	資産グループA	資産グループB	資産グループC	のれん
帳簿価額	200,000	390,000	250,000	150,000
減損の兆候	あり	あり	あり	あり
割引前将来キャッシュ・フローの総額	240,000	410,000	220,000	－
回収可能価額	230,000	380,000	160,000	－

⇒ 解答は230ページ

7 減損処理後の会計処理

　減損処理を行った資産については，減損損失を控除した帳簿価額に基づいてその後の減価償却が行われる。

　なお，回収可能価額の見積りに変更が生じ，変更された見積りによると，以前に計上した減損損失が減額されることになる場合でも，減損損失の戻入れは行わない。

8 財務諸表における表示

❶ 貸借対照表における表示

　減損処理を行った固定資産を貸借対照表に表示する場合には，当該固定資産の減損処理前の取得原価から減損損失の金額を直接控除し，控除後の金額をその後の取得原価とする形式で貸借対照表に記載するのが原則である。

❷ 損益計算書における表示

　減損損失を損益計算書に表示するにあたっては，減損損失は，固定資産売却損などと同様に，固定資産に関する臨時的な損失であるため，損益計算書には，原則として，特別損失として表示する。

第6章

会計上の変更および誤謬の訂正

学習のポイント

1. 会計上の変更の意義と取扱いについて学ぶ。

   会計上の変更には，①会計方針の変更，②表示方法の変更および③会計上の見積りの変更がある。

2. 会計方針を変更した場合には，原則として，新たな会計方針を過去の期間のすべてに遡及適用する。会計基準等の改正に伴う変更の場合で，会計基準等に特定の経過的な取扱いが定められているときは，それに従う。

3. 財務諸表の表示方法を変更した場合には，原則として表示する過去の財務諸表について，新たな表示方法に従い財務諸表の組替えを行う。

4. 会計上の見積りを変更した場合であって，その変更が変更期間のみに影響するときは，当該変更期間に会計処理を行う。当該変更が将来の期間にも影響するときは，将来にわたり会計処理を行う。

5. 誤謬の意義と取扱いについて学ぶ。過去の財務諸表における誤謬が発見された場合には，会計方針の変更の場合と同様に，表示する各期間の財務諸表を修正再表示する。

1 会計上の変更の意義

　財務諸表の作成にあたっては，固定資産の減価償却方法，棚卸資産の原価配分方法などのように，1つの会計事実について複数の会計処理の原則または手続の選択適用が認められている場合がある。『検定簿記講義1級商業簿

115

記・会計学』上巻第2章で学んだ「企業会計原則」の一般原則のうち，継続性の原則によると，いったん採用した会計処理の原則および手続は毎期継続して適用し，みだりにこれを変更してはならない。

　ただし，正当な理由がある場合には，会計処理の原則および手続ならびに表示方法を変更することが認められる。この場合の取扱いについては，企業会計基準第24号「会計方針の開示，会計上の変更及び誤謬の訂正に関する会計基準」(以下，「基準」という) において定められている。

　「基準」では，**会計上の変更**として，**会計方針の変更**，**表示方法の変更**および**会計上の見積りの変更**の3つが示され，それぞれに関する取扱いが定められている。なお，後述する**誤謬の訂正**は，ここにいう会計上の変更には該当しない。

図表6−1　会計上の変更

	区　　分	定　　義
会計上の変更	会計方針の変更	従来採用していた一般に公正妥当と認められた会計方針から他の一般に公正妥当と認められた会計方針に変更すること。
	表示方法の変更	従来採用していた一般に公正妥当と認められた表示方法から他の一般に公正妥当と認められた表示方法に変更すること。
	会計上の見積りの変更	新たに入手可能となった情報に基づいて，過去に財務諸表を作成する際に行った会計上の見積りを変更すること。

 word

★**会計方針**：財務諸表の作成にあたって採用した会計処理の原則および手続。
★**表示方法**：財務諸表の作成にあたって採用した表示の方法。財務諸表の科目分類，科目配列および報告様式が含まれる。
★**会計上の見積り**：資産・負債や収益・費用等の額に不確実性がある場合において，財務諸表の作成時に入手可能な情報に基づいて，その合理的な金額を算出すること。

2 会計方針の変更

❶ 分 類

「基準」では，会計方針の変更が認められる場合を次の2つに大別し，それぞれの場合における取扱いが定められている（「基準」第5項）。

① 会計基準等の改正に伴う会計方針の変更

② ①以外の正当な理由による会計方針の変更

上記①は，会計基準等の改正，廃止または新設に伴って，特定の会計処理の原則および手続が強制される場合や，従来認められていた会計処理の原則および手続を任意に選択する余地がなくなった場合などにおける会計方針の変更のことである。また，上記②は，会計基準等の改正以外の正当な理由に基づく自発的な会計方針の変更のことである。

 word

> ★**正当な理由**：会計基準等の改正以外の正当な理由がある場合とは，次の要件が満たされているときをいう。
> ① 会計方針の変更が企業の事業内容または企業内外の経営環境の変化に対応して行われるものであること。
> ② 会計方針の変更が会計事象等を財務諸表に，より適切に反映するために行われるものであること。

❷ 原則的な取扱い

会計方針を変更した場合，当期において新たに採用した会計方針を過去の財務諸表に遡って適用しないと，財務諸表全般についての期間的な比較可能性を確保することが難しくなる。

「基準」では，財務諸表の期間的な比較可能性を向上させ，ひいては企業間での比較可能性を向上させるために，新たに採用した会計方針の遡及適用（そきゅうてきよう）が求められている。会計方針の変更に関する原則的な取扱いは，以下のとおりである（「基準」第6項）。

117

① 会計基準等の改正に伴う会計方針の変更の場合

　会計基準等に特定の経過的な取扱い（適用開始時に遡及適用を行わないことを定めた取扱いなど）が定められていない場合には，新たな会計方針を過去の期間のすべてに遡及適用する。会計基準等に特定の経過的な取扱いが定められている場合には，その取扱いに従う。

② ①以外の正当な理由による会計方針の変更の場合

　新たな会計方針を過去の期間のすべてに遡及適用する。

　なお，上記①および②の取扱いに従って新たな会計方針を遡及適用する場合に，財務諸表の表示期間（例えば，当期の財務諸表と併せて前期の財務諸表が表示されている場合には，当期および前期の2期間となる）より前の期間への遡及適用による**累積的影響額**は，表示する財務諸表のうち，最も古い期間の期首の資産，負債および純資産の額に反映する（「基準」第7項）。

 word

> ★**遡及適用**：新たな会計方針を過去の財務諸表に遡って適用していたかのように会計処理すること。

例題6－1

　当社（決算日3月31日）は，前期分とあわせて2期分の財務諸表を開示している。当期（20X2年度）に，正当な理由による自発的な会計方針の変更として，通常の販売目的で保有する棚卸資産（商品）の評価方法を総平均法から先入先出法に変更した。

　下記の資料に基づき，先入先出法を遡及適用することによる前期（20X1年度）の利益剰余金期首残高への累積的影響額を求めなさい。

［**資　料**］……………………………………………………………………………

⑴　先入先出法を過去の期間のすべてに遡及適用することは可能である。

⑵　前期（20X1年度）における当該商品の増減について，総平均法を適用した場合と先入先出法を遡及適用した場合のそれぞれの金額は，次のとおりで

ある。なお，払出高は，すべて販売されたものである。

（単位：千円）

	20X1年度 期首残高	20X1年度 仕入高	20X1年度 払出高	20X1年度 期末残高
総平均法 （従来の方法）	9,800	127,000	118,000	18,800
先入先出法を 遡及適用した場合	13,100	127,000	116,500	23,600

(3) 収益性の低下に基づく簿価の切下げについては，考慮しないものとする。また，税金の計算および税効果会計についても考慮しないものとする。

☺解答へのアプローチ

　商品に対して，総平均法を適用した場合の前期（20X1年度）期首残高9,800千円と，先入先出法を遡及適用した場合の前期（20X1年度）期首残高13,100千円との差額が，会計方針の変更によって，これより前の期間の費用（売上原価）とならず，財務諸表の表示期間より前の利益計算に影響を与える金額となる。この金額が，前期（20X1年度）の利益剰余金期首残高への累積的影響額である。

[解　答]‥‥‥‥‥‥‥‥‥‥‥‥‥‥‥‥‥‥‥‥‥‥‥‥‥‥‥‥‥‥‥‥‥

　3,300千円（前期（20X1年度）の利益剰余金期首残高を増加させる累積的影響額）

基本問題 6－1

　当社（決算日3月31日）は，前期分とあわせて2期分の財務諸表を開示している。下記の資料に基づき，次の各問に答えなさい。

問1　下記の損益計算書（一部）の（　①　）～（　⑬　）に記入すべき金額を答えなさい。

問2　先入先出法を遡及適用することによる20X2年度の利益剰余金期首残高への累積的影響額を求めなさい。

[資　料]‥‥‥‥‥‥‥‥‥‥‥‥‥‥‥‥‥‥‥‥‥‥‥‥‥‥‥‥‥‥‥‥‥

(1)　当社は，当期（20X3年度）より，正当な理由による自発的な会計方針の変更として，通常の販売目的で保有する棚卸資産（商品）の評価方法を総平均法から先入先出法に変更した。先入先出法を過去の期間

のすべてに遡及適用することは可能である。

(2) 棚卸資産（商品）の受入れと払出しに関する資料は，次のとおりである。なお，20X1年度期首における前期繰越数量は1,000個，総平均法を適用していたときの単価は1,200千円，先入先出法を適用した場合の単価は1,220千円となる。

20X1年度				20X2年度				20X3年度			
取引日	摘要	数量(個)	単価(千円)	取引日	摘要	数量(個)	単価(千円)	取引日	摘要	数量(個)	単価(千円)
5月12日	仕入	1,600	1,250	4月18日	仕入	4,500	1,400	5月10日	仕入	1,000	1,550
8月25日	売上	2,000	1,700	8月10日	売上	2,600	1,880	8月23日	売上	1,800	1,980
11月5日	仕入	3,000	1,500	1月17日	売上	2,400	1,900	11月16日	仕入	2,500	1,490
2月19日	売上	2,800	1,850	2月15日	仕入	1,200	1,525	2月17日	売上	2,700	1,950

(3) 前期（20X2年度）における遡及適用前の損益計算書（2期分）は，次のとおりである。

損益計算書(一部)　　　　　　　（単位：千円）

	20X1年度	20X2年度
売　上　高	8,580,000	9,448,000
売　上　原　価		
期首商品棚卸高	1,200,000	1,100,000
当期商品仕入高	6,500,000	8,130,000
合　　　　計	7,700,000	9,230,000
期末商品棚卸高	1,100,000	2,130,000
差　　　引	6,600,000	7,100,000
売　上　総　利　益	1,980,000	2,348,000
・・・	・・・	・・・

(4) 棚卸資産（商品）について，収益性の低下に基づく簿価の切下げは考慮しないものとし，棚卸減耗は生じていないものとする。また，税金の計算および税効果会計についても考慮しないものとする。

損益計算書（一部）　　　　　　　　　（単位：千円）

	20X2年度	20X3年度
売　上　高	9,448,000	（⑦　　　）
売　上　原　価		
期首商品棚卸高	（①　　　）	（⑧　　　）
当期商品仕入高	（②　　　）	（⑨　　　）
合　　　計	（③　　　）	（⑩　　　）
期末商品棚卸高	（④　　　）	（⑪　　　）
差　　　引	（⑤　　　）	（⑫　　　）
売　上　総　利　益	（⑥　　　）	（⑬　　　）
・・・	・・・	・・・

➡ 解答は231ページ

❸ 原則的な取扱いが実務上不可能な場合

「基準」では，過去の情報が収集・保存されていない等の理由によって，過去の期間のすべてに遡及適用を行うことが実務上不可能な場合についても想定されている（「基準」第8項を参照のこと）。そのような場合の取扱いについて示すと，次のとおりである（「基準」第9項）。

① 当期の期首時点において，過去の期間のすべてに新たな会計方針を遡及適用した場合の累積的影響額は算定できるが，表示期間のいずれかの期間に与える影響額が算定できない場合には，遡及適用が実行可能な最も古い期間（これが当期となることを含む）の期首時点での累積的影響額を算定し，当該期首残高から新たな会計方針を適用する。

② 当期の期首時点において，過去の期間のすべてに新たな会計方針を遡及適用した場合の累積的影響額が算定できない場合には，期首以前の実行可能な最も古い日から将来にわたり新たな会計方針を適用する。

基本問題 6-2

次の（　　）内に適切な語句を記入しなさい。

(1) 会計方針の変更とは，従来採用していた一般に（　①　）と認められた会計方針から他の一般に（　①　）と認められた会計方針に変更することをいう。

(2) 会計基準等の改正に伴う会計方針の変更の場合であって，会計基準等に特定の（　②　）が定められていない場合には，原則として新たな会計方針を過去の期間のすべてに（　③　）する。

(3) 新たな会計方針を（　③　）する場合に，財務諸表の表示期間より前の期間に関する（　③　）による（　④　）は，原則として，表示する財務諸表のうち，最も古い期間の（　⑤　）の資産，負債および純資産の額に反映する。

(4) 会計方針を変更する場合に，当期の期首時点において，過去の期間のすべてに新たな会計方針を（　③　）した場合の（　④　）を算定することが実務上不可能な場合には，期首以前の実行可能な（　⑥　）から将来にわたって新たな会計方針を適用する。

➡ 解答は233ページ

3 表示方法の変更

❶ 原則的な取扱い

　財務諸表の作成にあたって採用した表示の方法についても，いったん採用した方法をみだりに変更することは認められない。ただし，財務諸表の表示方法を定めた会計基準または法令等の改正によって表示方法を変更することや，会計事象等をより適切に反映するために表示方法を変更することは認められる（「基準」第13項）。

　表示方法を変更した場合には，当期の財務諸表と併せて表示する過去の財務諸表に対しても新たな表示方法を適用すれば，財務諸表全般についての比較可能性を高めることになる。「基準」では，表示方法を変更した場合，原則として表示する過去の財務諸表について，新たな表示方法に従い**財務諸表の組替え**を行うものとされている（「基準」第14項）。

 word

　★**財務諸表の組替え**：新たな表示方法を過去の財務諸表に遡って適用していたかのように表示を変更すること。

122

❷ 原則的な取扱いが実務上不可能な場合

「基準」では，表示方法の変更についても，会計方針の変更と同様に，原則的な取扱いが実務上不可能な場合の取扱いが定められている。当期の財務諸表と併せて表示する過去の財務諸表のうち，表示方法の変更に関する原則的な取扱いが実務上不可能な場合には，財務諸表の組替えが実行可能な最も古い期間から新たな表示方法を適用するものとされる（「基準」第15項）。

例題6－2

当社（決算日3月31日）は，前期分とあわせて2期分の財務諸表を開示している。次の資料に基づき，下記の貸借対照表（一部）の ① ～ ② に記入すべき金額を答えなさい。

[資　料]……………………………………………………………………………

(1) 当社は，当期（20X2年度）より，従来，「投資その他の資産」の「その他」に含めていた「長期貸付金」の金額的な重要性が増したため，これを独立掲記する表示方法の変更を行った。

(2) 前期（20X1年度）の「投資その他の資産」における「その他」の額は9,200千円であり，これには「長期貸付金」6,800千円が含まれていた。また，「投資その他の資産」の合計額は53,500千円であった。

(3) 当期（20X2年度）の「投資その他の資産」の諸項目の額および合計額は，下記の貸借対照表（一部）に記載してあるとおりである。

当期（20X2年度）における貸借対照表（一部）

（単位：千円）

	20X1年度	20X2年度
資産の部		
固定資産		
投資その他の資産		
・・・	・・・	・・・
長期貸付金	①	7,300
その他	②	2,200
投資その他の資産合計	53,500	55,800
・・・	・・・	・・・

4 会計上の見積りの変更

❶ 原則的な取扱い

　財務諸表の作成にあたっては，回収不能債権に対する貸倒見積額の算出のように，会計上の見積りが必要となる。この会計上の見積りに関しては，過去の財務諸表作成時に入手可能な情報に基づいて適切な見積りを行っていたが，当期における状況の変化によって，その見積りを変更することがある。

　会計上の見積りの変更は，新しい情報によってもたらされるものである。そのため，会計上の見積りの変更によって生じる影響については，過去に遡って認識するものではなく，むしろ将来に向けて認識すべきものといえる。

　「基準」では，会計上の見積りの変更について，その変更が変更期間のみに影響する場合には，当該変更期間に会計処理を行い，その変更が将来の期間にも影響する場合には，将来にわたり会計処理を行うものとされる（「基準」第17項）。

例題6−3

　当社は，前期の決算において，B社に対する債権800,000円（貸倒懸念債権に該当する）について，当該債権に係る担保の処分見込額等に基づき貸倒引当金180,000円を計上した。しかし，当期の決算にあたり，新たに入手可能となった情報に基づき当該債権に対する貸倒見積額を算出したところ，その金額は

145,000円であった。よって，当期の決算において行う仕訳を示しなさい。なお，当社は，差額補充法によって貸倒引当金を設定している。

(ツ)解答へのアプローチ

　会計上の見積りの変更によって生じる影響のうち，当期のみに影響を与えるものについては，当該影響のすべてを当期において認識する。

[解　答]...

(借)貸 倒 引 当 金　　　　35,000　　(貸)貸倒引当金戻入　　　　35,000

- 会計上の見積りの変更による影響額

　前期の貸倒見積額180,000円 − 当期の貸倒見積額145,000円＝35,000円

❷ 従来の前期損益修正項目に関する取扱い

　従来，過年度における引当金過不足修正額などの項目は，前期損益修正として特別損益に表示すべきとされていた（「企業会計原則注解」注12を参照）。

　しかし，「基準」では，従来の前期損益修正に該当する項目のうち，それが過去の見積り誤りに起因するものである場合には，後述する過去の誤謬に該当するものとして取り扱われている。一方，過去に適切な見積りを行っていたが，当期における状況の変化によって見積りを変更したときの差額や見積りと実績との差額については，その性質に応じて営業損益または営業外損益として認識するものとされる（「基準」第55項）。

　また，固定資産の耐用年数の変更等については，従来認められていた臨時償却が廃止され，当期以降の費用配分に影響させる方式（**プロスペクティブ方式**）のみが認められている（「基準」第57項）。

応用 word

★**プロスペクティブ方式**：固定資産の耐用年数の変更等によって生じる影響額を，その変更期間で一時に認識する（これを「キャッチ・アップ方式」という）のではなく，当期以降の費用配分に影響させる方法のこと。

　取得原価3,600,000円（耐用年数8年，残存価額をゼロとする）の機械装置について，定額法による減価償却を行っている。3年間償却後，第4年度において新たに得られた情報に基づき，従来の耐用年数8年を6年に見直す会計上の見積りの変更を行った。よって，第4年度の決算における減価償却に関する仕訳を示しなさい。

😊 **解答へのアプローチ**

　固定資産の耐用年数の変更等については，従来認められていた臨時償却が廃止されており，プロスペクティブ方式を適用する。

[解　答]..

（借）減 価 償 却 費　　　750,000　（貸）減価償却累計額　　　750,000

- 第3年度の期末の減価償却累計額

　取得原価3,600,000円÷8年×3年＝1,350,000円

- 第4年度の期首の帳簿価額

　取得原価3,600,000円－減価償却累計額1,350,000円＝2,250,000円

- 第4年度以降の各期の減価償却費

　帳簿価額2,250,000円÷3年＝750,000円

❸ 会計方針の変更と会計上の見積りの変更との区別が困難な場合

　定額法，定率法，生産高比例法などの減価償却方法は，会計方針の1つとして位置づけられている（「企業会計原則注解」注1－2を参照）。このため，正当な理由によって減価償却方法を変更する場合，その変更は，会計方針の変更として位置づけられることになる。ただし，減価償却方法の変更は，固定資産に具現化された経済的便益の消費パターンについての見積りの変更を伴うものと考えることもできる。

　「基準」では，上述した減価償却方法の変更のように，会計方針の変更を会計上の見積りの変更と区別することが困難な場合については，会計上の見積りの変更と同様に取り扱い，遡及適用は行わないものとされている（「基準」第19項および第20項）。

　取得原価1,800,000円（耐用年数8年，残存価額を取得原価の10％とする）の備品について，定率法（償却率：年25.0％）による減価償却を行っている。3年間償却後，第4年度において減価償却方法を従来の定率法から定額法に変更する会計方針の変更を行った。よって，第4年度の決算において計上すべき当該備品の減価償却費を計算しなさい。

➡ 解答は233ページ

5 誤謬の訂正

❶ 誤謬の意義

　会計上の**誤謬**とは，原因となる行為が意図的であるか否かにかかわらず，財務諸表作成時に入手可能な情報を使用しなかったことによる，またはこれを誤用したことによる，次のような誤りをいう（「基準」第4項(8)）。

① 　財務諸表の基礎となるデータの収集または処理上の誤り

② 　事実の見落としや誤解から生じる会計上の見積りの誤り

③ 　会計方針の適用の誤りまたは表示方法の誤り

❷ 過去の誤謬の取扱い

　従来，過去の誤謬については，それを前期損益修正項目として当期の特別損益で修正するという取扱いが定められていた（「企業会計原則注解」注12を参照）。しかし，「基準」によると，過去の財務諸表における誤謬が発見された場合には，当該誤謬に関する**修正再表示**が求められる。修正再表示の方法を示すと，次のとおりである（「基準」第21項）。

① 　表示期間より前の期間に関する修正再表示による累積的影響額は，表示する財務諸表のうち，最も古い期間の期首の資産，負債および純資産の額に反映する。

② 　表示する過去の各期間の財務諸表には，当該各期間の影響額を反映する。

★**修正再表示**：過去の財務諸表における誤謬の訂正を財務諸表に反映すること。

例題6-5

　当社は，前期分とあわせて２期分の財務諸表を開示している。次の資料に基づき，下記の株主資本等変動計算書（一部）の（　①　）～（　②　）に記入すべき金額を答えなさい。なお，マイナスの場合は金額の前に△を付すこと。

〔資　料〕‥‥‥‥‥‥‥‥‥‥‥‥‥‥‥‥‥‥‥‥‥‥‥‥‥‥‥‥‥‥‥‥‥‥‥‥‥

(1)　当社が20X1年度期首に取得した機械装置（取得原価50,000千円）については，耐用年数８年，残存価額をゼロとする定額法で減価償却を行うはずだったが，前期（20X4年度）まで残存価額を取得原価の10%として算定した減価償却費を計上してきたことが判明した。

(2)　前期（20X4年度）および当期（20X5年度）の繰越利益剰余金の期首残高については，下記の株主資本等変動計算書（一部）に記載しているとおりである。

(3)　税金の計算および税効果会計については考慮しないものとする。

株主資本等変動計算書(一部)　　　　　　　　　　　　（単位：千円）

	20X4年度	20X5年度
株　主　資　本		
・・・	・・・	・・・
繰越利益剰余金		
当期首残高	1,550,230	2,187,525
誤謬の訂正による累積的影響額	（①　　　　）	―
遡及処理後当期首残高	（②　　　　）	―
・・・	・・・	・・・

😊**解答へのアプローチ**

　過去の誤謬を訂正する前に行われた減価償却によると，20X3年度期末における機械装置の減価償却累計額は16,875千円（＝（取得原価50,000千円－残存価額5,000千円）÷８年×３年）となる。また，誤謬の訂正を反映した減価償却に

よると，20X3年度期末における機械装置の減価償却累計額は18,750千円（＝取得原価50,000千円÷8年×3年）となる。これらの差額が，本来であれば20X4年度より前の期間に計上すべきであった費用（減価償却費）の不足額であり，20X4年度期首の繰越利益剰余金を減少させる累積的影響額である。

［解　答］……………………………………………………………………………

　① △1,875千円　　②　1,548,355千円

第 **7** 章

本支店会計

1 本支店会計における内部利益の控除

❶ 本支店合併財務諸表の意義

　支店独立会計制度が採用されている場合であっても，外部報告目的のために作成される財務諸表は，企業全体を会計単位とするものでなければならない。そのため，決算にあたって，本店と支店の財務諸表は1つに統合される。便宜上，このような財務諸表を本支店会計の立場から**本支店合併財務諸表**と呼んでいる。

　本支店合併財務諸表を作成するための一連の手続については，本検定簿記講義シリーズの『検定簿記講義2級商業簿記』で解説されているとおりであ

るが，本章では，本支店間の商品取引において内部利益が付加されている場合の本支店合併財務諸表の作成方法について学習する。

基 本 word

> ★**支店独立会計制度**：本店から独立した会計帳簿を支店に設定し，その会計帳簿に支店の取引のすべてを記録し，期末に支店独自の財務諸表を作成する方法。これに対して，本店の会計帳簿に支店の取引を記録する方法を本店集中会計制度という。

❷ 内部利益の付加

　本支店間の商品取引において，本店・支店それぞれの業績を明らかにするために，商品の原価に一定の利益を付加した**振替価格**を用いることがある。原価に付加された一定の利益を**内部利益**というが，本支店間の商品取引において内部利益が付加されている場合には，企業外部との商品取引とは区別するために，本店では**支店へ売上勘定**を，支店では**本店から仕入勘定**を設けて取引を記帳する。

例題7−1

　次の取引について，本店と支店それぞれの仕訳を示しなさい。

　本店は支店に商品200,000円（原価）を送付し，支店はこれを受け取った。なお，本店は，支店に商品を送付する際に，原価に10%の利益を付加した振替価格を用いている。

😊解答へのアプローチ

　本支店間の商品取引で振替価格が用いられている場合には，本店では「支店へ売上勘定」を，支店では「本店から仕入勘定」を用いて仕訳する。なお，本支店間の取引によって企業内部における債権・債務が生じた場合には，本店では「支店勘定」を，支店では「本店勘定」を用いて処理する。

本店	（借）	支　　　　店	220,000	（貸）	支店へ売上	220,000
支店	（借）	本店から仕入	220,000	（貸）	本　　　　店	220,000

❸ 内部利益の控除

　決算日において，内部利益が付加された商品が企業外部に販売されておらず，在庫となっている場合には，この内部利益は未実現利益である。

　独立採算制を採用している場合には，内部利益が発生していても，本店および支店独自の決算では，これを控除する必要はない。しかし，企業全体としての本支店合併財務諸表を作成する際には，未実現利益である内部利益は控除しなければならない。内部利益の控除に関する手順は次のとおりである。

① 売上原価の計算にあたって，期末商品棚卸高に付加された内部利益を控除する。

② 期末商品棚卸高に付加された内部利益は，貸借対照表上の商品の金額から控除する。

③ 期末商品棚卸高に付加された内部利益は，翌期には販売されて「実現利益」になるので，翌期首に戻し入れる（翌期末の決算整理において戻入れが行われることもある）。

　たとえば，支店において，本店から仕入れた商品のうち990,000円が決算日（3月31日）時点で在庫となっており，また，本支店間の商品取引では原価に10％の利益を付加した振替価格が用いられていたとする。この場合における内部利益控除のための本店の仕訳を示すと，以下のとおりである。

132

3月31日　（借）　繰延内部利益戻入　90,000　（貸）　損　　　　　益　90,000

↓

> 期首繰越商品に付加された内部
> 利益の控除＝内部利益の実現

　なお，期末商品棚卸高に付加された内部利益は，次の式によって計算できる。

$$内部利益＝内部利益を含む期末商品棚卸高 \times \frac{利益付加率}{1＋利益付加率}$$

基本問題 7-1

　下記の資料に基づいて，次の各問の金額を計算しなさい。

［資料1］‥‥‥‥‥‥‥‥‥‥‥‥‥‥‥‥‥‥‥‥‥‥‥‥‥‥‥‥‥‥‥

	本　　店	支　　店
期首商品棚卸高	280,000円	120,000円
		（このうち本店からの仕入84,000円）
期末商品棚卸高	250,000円	143,000円
		（このうち本店からの仕入108,000円）
売　　　　上	5,500,000円	2,200,000円
支 店 へ 売 上	960,000円	―
仕　　　　入	3,800,000円	430,000円
本 店 か ら 仕 入	―	960,000円

［資料2］‥‥‥‥‥‥‥‥‥‥‥‥‥‥‥‥‥‥‥‥‥‥‥‥‥‥‥‥‥‥‥

　本店から支店に送付する商品には原価の20％の利益が付加されている。

問1　本店および支店それぞれ独自の売上総利益

問2　内部利益控除後の期首商品棚卸高と期末商品棚卸高

問3　本支店合併損益計算書を作成したときの売上総利益

⇒ 解答は234ページ

2 本支店合併財務諸表の作成

❶ 本支店合併財務諸表の作成手順

本支店合併財務諸表は，おおむね次の手順に従って作成される。

① 本支店がそれぞれ残高試算表を作成する。

② 本支店とも通常の期末決算整理を行う。支店の損益勘定で確定した純利益は，支店において「本店勘定」の貸方に振り替えられ，本店ではこれを「支店勘定」の借方へ記入する。

③ 内部利益を控除する。棚卸資産（商品）に含まれている内部利益は，前節で説明した方法で控除する。

❷ 本支店合併損益計算書の作成

本支店合併損益計算書を作成するにあたっては，次の2点に注意する。

① 本支店間（または支店相互間）の取引による内部売上（たとえば「支店へ売上」）と内部仕入（たとえば「本店から仕入」）は相殺し，損益計算書には表示しない。同様に，本支店間で授受された利息や賃貸料も相殺する。

② 期首商品棚卸高と期末商品棚卸高は，内部利益を直接控除した金額を記載する。したがって，内部利益控除および繰延内部利益のような科目は，本支店合併損益計算書に表示されない。

例題7−2

次の資料に基づいて，本店と支店の損益勘定を完成し，本支店合併損益計算書（報告式・区分式）を作成しなさい。

（注1） 本店の損益勘定は，本店固有の損益を計算したあとに中間締切りを行い，次に支店の純損益を振り替え，本支店全体の損益を計算すること。

（注2） 本支店合併損益計算書は，経常損益計算の区分まで表示すること。

[**資料1**]　決算整理前残高試算表　　　　　　　　　　　（単位：千円）

借方科目	本　店	支　店	貸方科目	本　店	支　店
現 金 預 金	111,000	55,000	買　掛　金	25,000	3,400
売　掛　金	45,000	37,000	借　入　金	100,000	—
繰 越 商 品	51,000	20,000	貸 倒 引 当 金	200	100
備　　　品	78,000	40,000	繰 延 内 部 利 益	900	—
建　　　物	100,000	150,000	備品減価償却累計額	28,000	19,000
支　　　店	252,000	—	建物減価償却累計額	15,000	8,500
仕　　　入	700,000	100,000	資　本　金	300,000	—
本 店 か ら 仕 入	—	253,000	利 益 準 備 金	53,100	—
営　業　費	122,000	129,100	繰越利益剰余金	8,000	—
支 払 利 息	4,500	—	本　　　店	—	252,000
			売　　　上	680,000	501,000
			支 店 へ 売 上	253,000	—
			受 取 利 息	300	100
	1,463,500	784,100		1,463,500	784,100

[**資料2**]　決算整理事項

(1)　期末手許商品棚卸高は，次のとおりである。

　　　　本店　　　45,000千円

　　　　支店　　　45,000千円（このうち，33,000千円は本店から仕入）

　　なお，本店から支店に送付する商品には，原価の10％の利益が付加され

　ている。

(2)　備品および建物の減価償却費を次のとおり計上する。

　　　　本店　　備品：8,000千円　　建物：3,000千円

　　　　支店　　備品：4,000千円　　建物：5,000千円

(3)　貸倒引当金は，本支店とも期末売掛金残高に対して3％を設定する（差

　　額補充法）。

(4)　支店への期末投資額に対して，2％の利子を賦課する。

😊解答へのアプローチ

　①決算整理に基づき本店損益勘定の本店固有の部分と支店損益勘定を完成

させてから，②支店の損益を本店損益勘定に振り替えて本店損益勘定を完成

し，③本支店合併損益計算書を作成する。

なお，本支店それぞれ独自の損益を計算するときは，内部利益の控除および内部売上と内部仕入の相殺は行わない。

[解 答]‥‥‥‥‥‥‥‥‥‥‥‥‥‥‥‥‥‥‥‥‥‥‥‥‥‥‥‥‥‥‥‥‥‥‥‥‥‥

（本店）	損	益	（単位：千円）
繰 越 商 品	51,000	売　　　　　上	680,000
仕　　　　　入	700,000	支 店 へ 売 上	253,000
営 業 費	122,000	繰 越 商 品	45,000
減 価 償 却 費	11,000	受 取 利 息	5,340
貸倒引当金繰入	1,150		
支 払 利 息	4,500		
当 期 純 利 益	93,690		
	983,340		983,340
内 部 利 益 控 除	3,000	当期純利益（本店）	93,690
繰 越 利 益 剰 余 金	120,540	支 店 （ 利 益 ）	28,950
		繰 延 利 益 戻 入	900
	123,540		123,540

（注）仕入勘定で売上原価を計算したときは，仕入706,000千円となる。

（支店）	損	益	（単位：千円）
繰 越 商 品	20,000	売　　　　　上	501,000
仕　　　　　入	100,000	繰 越 商 品	45,000
本 店 か ら 仕 入	253,000	受 取 利 息	100
営 業 費	129,100		
減 価 償 却 費	9,000		
貸倒引当金繰入	1,010		
支 払 利 息	5,040		
本店（当期純利益）	28,950		
	546,100		546,100

（注）仕入勘定で売上原価を計算したときは，仕入75,000千円となる。

136

本支店合併損益計算書

（単位：千円）

Ⅰ	売上高		1,181,000
Ⅱ	売上原価		
	1　期首商品棚卸高	70,100	
	2　当期商品仕入高	800,000	
	合　計	870,100	
	3　期末商品棚卸高	87,000	783,100
	売上総利益		397,900
Ⅲ	販売費及び一般管理費		
	1　営業費	251,100	
	2　減価償却費	20,000	
	3　貸倒引当金繰入	2,160	273,260
	営業利益		124,640
Ⅳ	営業外収益		
	1　受取利息		400
Ⅴ	営業外費用		
	1　支払利息		4,500
	経常利益		120,540

＊本支店合併損益計算書：「本店から仕入勘定」と「支店へ売上勘定」は相殺消去する。

＜決算整理事項＞（仕訳単位：千円）

1　貸倒引当金　本店：45,000千円×0.03＝1,350千円

支店：37,000千円×0.03＝1,110千円

2　「本店勘定」は，本店から支店への投資額を意味するから，その残高をもとに利子を計算する。

「本店勘定」の残高252,000千円×0.02＝5,040千円

本店：（借）支　　　　店　5,040　（貸）受　取　利　息　5,040

支店：（借）支　払　利　息　5,040　（貸）本　　　　店　5,040

＊本支店合併損益計算書：上記の仕訳によって計上される受取利息と支払利息は，内部損益であるから消去する。

3　本支店合併損益計算書の作成にあたって控除すべき内部利益を計算する。この例題では，期末に支店が保有する商品に含まれる内部利益を控除する。

33,000千円×0.1/1.1＝3,000千円

（借）内　部　利　益　控　除　3,000　（貸）繰　延　内　部　利　益　3,000

7

本支店会計

支店の期首商品棚卸高20,000千円に含まれる内部利益は，残高試算表の貸方に「繰延内部利益」900千円と表示されている。

❸ 本支店合併貸借対照表の作成

本支店合併貸借対照表を作成するにあたっては，次の２点に注意する。

① 「支店勘定」と「本店勘定」は相殺消去し，本支店合併貸借対照表には表示しない。

② 商品に含まれる内部利益は直接控除し，本支店合併貸借対照表に繰延内部利益のような科目は表示しない。

基本問題 7－2

次の資料に基づいて，本支店合併損益計算書（報告式・区分式）と本支店合併貸借対照表（勘定式・略式でよい）を作成しなさい。

[資料１] 本支店決算整理前残高試算表

(単位：千円)

借方科目	本　店	支　店	貸方科目	本　店	支　店
現 金 預 金	53,250	27,700	買 掛 金	74,000	12,700
売 掛 金	11,800	6,500	貸 倒 引 当 金	200	100
繰 越 商 品	16,000	8,000	繰 延 内 部 利 益	500	—
有 価 証 券	50,000	—	減価償却累計額	31,500	16,200
備 品	70,000	30,000	資 本 金	100,000	—
支 店	49,200	—	繰越利益剰余金	6,650	—
仕 入	250,000	67,800	本 店	—	49,200
本 店 か ら 仕 入	—	31,200	売 上	290,000	110,000
営 業 費	33,000	15,800	支 店 へ 売 上	31,200	—
営 業 外 費 用	2,300	1,200	営 業 外 収 益	1,500	—
	535,550	188,200		535,550	188,200

[資料２] 決算整理事項

(1) 期末商品棚卸高の内訳は，次のとおりである。

- 本店18,000千円　商品Ａ：単価10千円×1,800個＝18,000千円
- 支店 9,920千円　商品Ａ：単価12千円×600個＝7,200千円（本店から仕入）

138

商品B：単価36千円×20個＝720千円（本店から仕入）

商品C：単価25千円×80個＝2,000千円

　各商品の期末における正味売却価額（単価）は，商品A 11千円，商品B 25千円，商品C 32千円である。商品評価損は売上原価に算入する。

　なお，本店から支店へ発送する商品には，原価の20％の利益が付加されている。

(2)　備品の減価償却費は，次のとおり計上する。

　　　本店　12,600千円　　　支店　5,400千円

(3)　貸倒引当金は，期末売掛金残高に対して3％を設定する。

(4)　有価証券はすべて売買目的で保有する上場株式であり，その内訳は次のとおりである。

	取得原価	期末時価
甲 社 株 式	15,000千円	14,500千円
乙 社 株 式	23,000千円	23,800千円
丙 社 株 式	12,000千円	11,500千円

(5)　本店の営業費につき，火災保険料の前払分が1,000千円，家賃の未払分が800千円ある。

➡ 解答は235ページ

第 **8** 章

企業結合・事業分離会計

学習のポイント

1. 企業結合や事業分離はどのような取引なのかを理解し，わが国の会社法のもとではどのような類型があるかを把握する。
2. 「取得」に適用されるパーチェス法による一連の処理を習得する。
3. のれんおよび負ののれんの処理方法の違いを整理する。
4. 持分プーリング法は廃止されたが，「持分の結合」という考え方は理解する必要がある点に注意する。
5. 事業分離における分離元企業の会計処理方法が，投資の継続・清算という概念によって区別されることを理解し，それぞれの処理方法を習得する。

1 企業結合と事業分離

　今日，多くの企業が経営規模の拡大や事業分野の多角化などを目的として，企業結合や事業分離を行っている。企業会計基準第21号「企業結合に関する会計基準」(以下，「結合基準」) によれば，**企業結合**とは，ある企業（またはある企業を構成する事業）と他の企業（または他の企業を構成する事業）とが1つの報告単位に統合されることをいう（「結合基準」第5項）。他方，企業会計基準第7号「事業分離等に関する会計基準」(以下，「分離基準」) によれば，**事業分離**とは，ある企業を構成する事業を他の企業に移転することをいう（「分離基準」第4項）。

　すなわち，企業結合や事業分離は，企業そのものや企業の一部を構成している事業を結合・分離する取引であり，いわゆるM&Aやスピンアウトとい

った取引がこれに当たる。

> ★**企業**：会社および会社に準ずる事業体をいう（「結合基準」第4項）。なお，「会社」には法律上いくつかの形態が存在するが，本章では株式会社を指す言葉として用いている。
> ★**事業**：企業活動を行うために組織化され，有機的一体として機能する経営資源をいう（「結合基準」第6項）。

2 組織再編行為の類型

　企業結合や事業分離は，さまざまな手法によって達成しうる。わが国の会社法制下では，企業結合や事業分離といった取引は組織再編行為と呼ばれ，主として以下のような手法が認められている。なお，このほか営業譲渡や営業譲受も企業結合・事業分離に含められる。企業結合会計・事業分離会計は，それらの取引を対象とするが，会計処理方法は法的形式ではなく**経済的実態**を重視して定められている。すなわち，法律上は異なる組織再編であっても，経済的実態が同じものには同じ会計処理方法が適用されるということである。

図表8−1 組織再編行為の類型

	吸収型再編	新設型再編
合　　併	吸収合併	新設合併
株式交換・株式移転	株式交換	株式移転
会社分割	吸収分割	新設分割

❶ 吸収合併と新設合併

　合併とは，2つ以上の会社の法人格が合一されることをいい，吸収合併では合併により消滅する会社の権利義務の全部を合併後存続する会社が承継する。他方，新設合併では，合併によって消滅する会社の権利義務の全部を合併により設立される会社が承継する。

❷ 株式交換と株式移転

株式交換とは，会社がその発行済株式の全部を既存の他の会社に取得させることをいい，**株式移転**では新たに設立される会社に取得させることとなる。このとき，株式全部を保有する会社が完全親会社となり，株式全部を保有される既存の会社が完全子会社となる。

❸ 吸収分割と新設分割

会社分割とは，既存の会社の事業を2つ以上の会社に分割することをいい，吸収分割では分割される事業に関する権利義務を既存の他の会社が承継する。他方，新設分割では，当該権利義務を分割により設立される会社が承継する。

3 「取得」とパーチェス法

企業結合では，ある企業が他の企業（または他の企業を構成する事業）に対する支配を獲得することを「**取得**」という（「結合基準」第9項）。ここでいう**支配**とは，ある企業（または企業を構成する事業）の活動から便益を享受するために，その企業（または事業）の財務および経営方針を左右する能力を有していることをいう（「結合基準」第7項）。たとえば，A社がB社に対する支配を獲得すれば（「取得」すれば），B社の経営活動をA社の意のままに操ることができるようになる。

共同支配企業の形成および共通支配下の取引以外の企業結合は，その経済的実態が「取得」であるとみなされ，**パーチェス法**によって会計処理される。

> ★**共同支配企業**：複数の独立した企業により共同で支配される企業をいう（「結合基準」第11項）。共同支配企業の形成は，いずれの投資企業も支配を獲得したとは認められないため，「取得」に該当しない。
> ★**共通支配下の取引**：結合当事企業のすべてが，企業結合の前後で同一の株主により最終的に支配され，かつ，その支配が一時的ではない場合の企業結合をいう（「結合基準」第16項）。たとえば，親子会社での合併や子会社同士の合併などが該当し，企業結合の前後で最終的な支配従属関係に変化がないため，「取得」に該当しない。

　パーチェス法は，被取得企業から受け入れる資産および負債の取得原価を，対価として交付する現金や株式等の時価とする方法であり，①**取得企業の決定**，②**取得原価の算定**および③**取得原価の配分**という一連の手続からなる。

❶ 取得企業の決定

　「取得」とされた企業結合においては，結合当事企業のうち，いずれが**取得企業**（支配を獲得する企業）であり，いずれが**被取得企業**（支配を獲得される企業）であるかを決定する（「結合基準」第18項）。企業の財務および経営方針を左右する能力を獲得するには，その企業の意思決定機関（株主総会や取締役会）を支配する必要がある。たとえば，ある企業の発行済株式のすべてを購入すれば，その企業の株主総会を支配することができる。この考え方は，企業会計基準第22号「連結財務諸表に関する会計基準」（以下，「連結基準」）で採用されているものだが，同基準が対象とする企業集団の形成も企業結合の一類型であるため，「結合基準」にも同じ考え方が取り入れられている（連結会計については，第9章参照）。

　ただし，「連結基準」の考え方によってもどの企業が取得企業であるかが明確にならない場合がある。その際には，以下の要素を考慮して取得企業の決定が行われる（「結合基準」第19項～第22項）。

　①　主な対価が，現金その他の資産の引渡しまたは負債の引受けの場合
　　　現金等を引き渡し，負債を引き受ける企業が取得企業となる。

② 主な対価が，株式の交付の場合

　株式を交付する企業が取得企業となる。ただし，逆取得の場合も考えられるため，結合当事企業の総体としての株主の相対的議決権比率などの要素を総合的に勘案する必要がある。

③ 対価の種類のほかにも，結合当事企業の相対的な規模（総資産額，売上高あるいは純利益）や企業結合を最初に提案した企業（3社以上の結合の場合）といった要素も考慮して，取得企業が決定される。

応用 word

> ★**逆取得**：対価を交付する企業と取得企業が一致しない現象をいう。たとえば吸収合併では，株式を交付する存続会社が取得企業となる。しかし，存続会社が合併に際して交付する株式の数が，合併前の発行済株式総数を上回ると，合併後の存続会社の株主総会は，消滅会社の株主によって支配されてしまうこととなり，株式を交付していない消滅会社が取得企業となってしまう。

❷ 取得原価の算定

　被取得企業（または取得した事業）の取得原価は，原則として，取得の対価（支払対価）となる財の企業結合日における時価で算定する（「結合基準」第23項）。なお，支払対価の種類によって算定方法はさらに区別される。また，取得関連費用（外部のアドバイザー等に支払った特定の報酬・手数料等）は，発生した事業年度の費用として処理する（「結合基準」第26項）。

① 現金の場合

　支払った現金の額が取得原価となる。

② 現金以外の資産の引渡し，負債の引受けまたは株式の交付の場合

　支払対価の時価と被取得企業（または事業）の時価のうち，より高い信頼性をもって測定可能な時価を取得原価とする。なお，市場価格のある取得企業の株式が支払対価の場合には，原則として企業結合日における株価によって，支払対価の時価とする（「結合基準」第24項）。

★**企業結合日**：被取得企業（または取得した事業）に対する支配が取得企業に移転した日をいい，企業結合日の属する事業年度は企業結合年度という。

★**時価**：公正な評価額のこと。通常，それは観察可能な市場価格をいい，市場価格が観察できない場合には，合理的に算定された価額をいう（「結合基準」第14項）。わが国では，会計基準の国際的コンバージェンスの観点から，企業会計基準第30号「時価の算定に関する会計基準」（以下，「時価算定基準」）において，「公正価値」と整合的な測定値としての「時価」が導入されている。「時価算定基準」によれば，時価とは「算定日において市場参加者間で秩序ある取引が行われると想定した場合の，当該取引における資産の売却によって受け取る価格または負債の移転のために支払う価格をいう」（第5項）とされる。ただし，「時価算定基準」は企業結合には適用されない点に留意する必要がある（第3項）。

　合併や株式交換のように支払対価として株式が交付される場合，取得企業は被取得企業の株式と交換に自社の株式を交付することになる（逆取得を除く）。取得原価は，交付株式数に株価を乗じることで計算されるが，そのためには，交付株式数を決定するための比率が算定される（合併比率や交換比率などと呼ばれる）。この比率は1株当たりの企業評価額に基づいて計算されるが，企業評価額の算定方法は法令等によって定められているわけではない。以下では，主要な企業評価額の算定方法を紹介しておく。各方法で算定した金額に限らず，複数の方法で算定した企業評価額の平均値を用いるという**折衷法**もある。

① 純資産法

　企業の純資産の金額を企業評価額とする。純資産簿価を用いる場合と純資産時価を用いる場合がある。

② 収益還元価値法

　下式のように，企業の平均利益を資本還元した価値を企業評価額とする。

$$純資産額 \times 平均利益率 \div 資本還元率$$

③ 割引キャッシュ・フロー法

　企業が将来にわたって生み出すフリー・キャッシュ・フローの割引現在価

値総額を企業評価額とする。

④ **株式市価法**

株価を発行済株式数に乗じた金額を企業評価額とする。

応用 word

> ★**フリー・キャッシュ・フロー**：企業の営業活動から獲得された資金額から，運転資本や設備投資などの企業活動の継続に必要となる資金額を控除した残額。株主や債権者といった投資者に対して配当金や利息を支払うための資金源ともなる。

❸ **取得原価の配分**

取得原価は，被取得企業から受け入れた資産および引き受けた負債のうち企業結合日時点において識別可能なもの（**識別可能資産および負債**）の企業結合日時点の時価を基礎として，当該資産および負債に対して企業結合日以後1年以内に配分する（「結合基準」第28項）。

応用 word

> ★**仕掛研究開発**：研究開発費は発生時に全額を費用とすることとされているが，被取得企業の仕掛研究開発が識別可能な資産であるとして取得原価が配分された場合，費用ではなく資産が計上されることとなる。

取得原価が受け入れた資産および引き受けた負債に配分された純額を上回る場合には，その超過額は**のれん**として会計処理し，下回る場合には**負ののれん**として会計処理する（「結合基準」第31項）。

> 識別可能資産および負債の時価　＜　取得原価　→　のれん
> 識別可能資産および負債の時価　＞　取得原価　→　負ののれん

例題8－1

　甲株式会社（以下，甲社）による乙株式会社（以下，乙社）の吸収合併に関する下記の資料に基づいて，①取得企業を決定し，②取得原価を計算するとともに，③取得企業が行う仕訳を示しなさい。

[**資　料**] ···

1．甲社は20X1年度の期首に乙社を吸収合併することとした。合併比率は甲社：乙社＝1：0.5とし，合併に際して交付する株式はすべて新たに発行する。増加資本は全額資本金とする。

2．合併前の発行済株式総数は，甲社が3,000株，乙社が4,000株（いずれもすべて議決権付株式）であった。

3．企業結合日における甲社および乙社の株価は，甲社が@5,000円，乙社が@2,800円であった。

4．合併直前の乙社の貸借対照表は以下のとおりであった。

（単位：千円）

資　産	金　額	負債・純資産	金　額
流 動 資 産	4,000	負　　　債	4,900
固 定 資 産	5,900	資　本　金	3,000
繰 延 資 産	500	資 本 剰 余 金	1,200
		利 益 剰 余 金	1,300
	10,400		10,400

※識別可能資産および負債の時価は以下のとおりである。

（単位：千円）

流 動 資 産	4,500	固 定 資 産	6,600
繰 延 資 産	0	負　　　債	4,900

5．資料より判明しない事項はすべて無視すること。

① 取得企業の決定

　取得企業の判定は，甲社および乙社の株主が合併後の甲社に対して有する，相対的な議決権比率によって行う。

② 取得原価の計算

　甲社が乙社株主に交付する株式数と企業結合日における甲社株価を用いればよい。

③ 取得企業の仕訳

　パーチェス法では，被取得企業である乙社の識別可能資産および負債を時価で受け入れ，取得原価との差額をのれんまたは負ののれんとして処理する。また，合併など株式の発行を伴う企業結合では，取得原価相当額を増加資本として処理する。その内訳は契約の内容等によって異なるため，問題文の指示をよく読むこと。

[解　答]‥‥‥‥‥‥‥‥‥‥‥‥‥‥‥‥‥‥‥‥‥‥‥‥‥‥‥‥‥‥‥‥‥

① 取得企業の決定

　甲社が乙社株主に交付する株式数は，合併比率を用いて以下のように計算する。

　　　乙社発行済株式4,000株×合併比率0.5＝2,000株

　したがって，合併後の甲社に対して，甲社株主と乙社株主が保有する株式数は，それぞれ甲社株主3,000株と乙社株主2,000株となる。よって両株主の合併後甲社に対する議決権比率は，甲社株主60％：乙社株主40％となり，甲社が取得企業となる。

② 取得原価の計算

　　　交付株式2,000株×甲社株価＠5千円＝10,000千円

③ 取得企業の仕訳（単位：千円）

(借)	流 動 資 産	4,500	(貸)	負　　　　債	4,900
	固 定 資 産	6,600		資　本　金	10,000
	の　れ　ん	3,800			

※のれんは貸借差額によって計算し，貸方に差額が生じれば負ののれんとなる。

4 のれんと負ののれんの会計処理

❶ のれんの会計処理

　被取得企業の識別可能資産および負債の時価を取得原価が上回れば，のれんが計上される。被取得企業に同業他社の平均を上回る収益力があり，この超過収益力に対して対価が支払われれば，識別可能資産および負債の時価を取得原価が上回ることとなる。つまり，のれんはこの超過収益力が資産として計上されたものである。

　企業結合によって取得企業が獲得した超過収益力は，競争の進展によってその価値が減少していくものと考えられることから，のれんには償却手続が必要となる。具体的には，20年以内のその効果の及ぶ期間にわたって，定額法その他合理的な方法により規則的に償却する。ただし，のれんの金額に重要性が乏しい場合には，当該のれんが生じた事業年度の費用として処理することができる（「結合基準」第32項）。また，資産計上されたのれんは減損会計の対象となる（詳しくは第5章を参照）。

　なお，のれんは貸借対照表上，無形固定資産の区分に表示し，のれんの当期償却額は販売費及び一般管理費の区分に表示する（「結合基準」第47項）。

❷ 負ののれんの会計処理

　被取得企業の識別可能資産および負債の時価を取得原価が下回る，すなわち負ののれんが生じる状況は，通常は起こりにくい。そこで負ののれんが生じると見込まれる場合には，まずすべての識別可能資産および負債が把握されているか，また，それらに対する取得原価の配分が適切に行われているかどうかを見直す。そのうえで負ののれんが生じる場合には，発生した事業年度の利益として処理し（「結合基準」第33項），特別利益に表示する（「結合基準」第48項）。

　東京商事株式会社（以下，東京商事）は，神田流通株式会社（以下，神田流通）を吸収合併することにした。取得企業の判定の結果，東京商事が取得企業となった。次の資料に基づき，下記の各問に答えなさい。

[資　料]‥‥‥‥‥‥‥‥‥‥‥‥‥‥‥‥‥‥‥‥‥‥‥‥‥‥‥‥‥‥‥

1．合併比率の計算上，東京商事の1株当たり企業評価額は1,500円と算定された。被取得企業となる神田流通の1株当たり企業評価額は，簿価純資産額と収益還元価値の平均値とする。収益還元価値計算上の平均利益率は，純資産簿価に対して10%，資本還元率は8%とする。また，神田流通の発行済株式総数は，5,000株であった。

2．企業結合日における東京商事の株価は@1,800円であった。

3．合併直前の神田流通の貸借対照表は以下のとおりであった。

（単位：円）

資　産	金　額	負債・純資産	金　額
流 動 資 産	4,000,000	諸　負　債	8,000,000
固 定 資 産	8,000,000	資　本　金	2,500,000
		資 本 剰 余 金	800,000
		利 益 剰 余 金	700,000
	12,000,000		12,000,000

　※固定資産の時価は8,700,000円であり，その他の資産および負債は，帳簿価額と時価が一致していた。

4．合併に際して東京商事は新たに株式を発行して，神田流通の株主に交付する。これに伴い増加する資本のうち，2分の1は資本剰余金とする。

5．資料より判明しない事項はすべて無視すること。

問1　合併比率を計算し，以下の空欄を埋めなさい。

　　　　　東京商事：神田流通＝1：（　　　　　）

問2　合併に際して必要となる仕訳を示しなさい。

問3　仮に企業結合日における東京商事の株価が@1,550円だった場合に，合併に際して必要となる仕訳を示しなさい。

➡ 解答は237ページ

5 「持分の結合」と持分プーリング法

　従来わが国では，企業結合の経済的実態には「取得」のほかに**持分の結合**があるとされてきた。「持分の結合」とは，いずれの結合当事企業も他の企業に対する支配を獲得したとは合理的に判断できない企業結合である。「持分の結合」には，支配の獲得を前提とするパーチェス法ではなく，**持分プーリング法**と呼ばれる処理方法が適用されてきた。持分プーリング法では，すべての結合当事企業の資産，負債および資本がそれぞれの適切な帳簿価額で結合後企業に引き継がれる。国際的な会計基準では，すでに持分プーリング法は廃止されており，会計基準のコンバージェンスを達成すべく現在は持分プーリング法が廃止されている（「結合基準」第70項）。

　わが国では，「持分プーリング法」という名称こそ用いられないものの，共同支配企業の形成の会計処理では，持分プーリング法と同様の処理が実施される（「結合基準」第38項および第39項）。

6 分離元企業の会計処理

　会社分割などの事業分離では，当該企業を構成する事業を移転する企業（**分離元企業**）とその事業を受け入れる企業（**分離先企業**）が当事企業となる。分離先企業にとっては，当該取引は事業の結合に当たるため，「結合基準」に規定されているパーチェス法による処理が行われる。他方，分離元企業の会計処理については，「分離基準」で規定されている。

❶ 投資の清算

　分離元企業の会計処理は，移転した事業に対する投資が清算されたとみるか継続しているとみるかで区別される。この**投資の継続・清算**という概念は会計上の利益計算において観念的に用いられている考え方でもある。事業投資の成果に対する事前の期待が，資金の流入等によって事実へと転化すれば，投資企業はそれまで負担していた成果の変動性（事業投資のリスク）から解放されることとなる。この場合，投資は清算されたものとみなされる。

事業分離によって移転した事業に関する投資が清算されたとみる場合には，受取対価となる財の時価と，移転事業にかかる株主資本相当額（資産および負債の移転直前の適正な帳簿価額による差額から，評価・換算差額等および新株予約権を控除した額をいう）との差額を移転損益として認識するとともに，改めて当該受取対価の時価にて投資を行ったものとして処理する（「分離基準」第10項(1)）。

　たとえば，現金など移転した事業と明らかに異なる資産を対価として受け取る場合には，移転した事業に対する投資が清算されたとみなされる。

❷ 投資の継続

　他方，分離元企業の継続的関与（分離元企業が，移転した事業または分離先企業に対して，事業分離後も引き続き関与すること）があり，それが重要であるために事業分離前と変わらず事業投資のリスクを負っている場合には，投資は継続していると考えられる。

　移転した事業に関する投資がそのまま継続しているとみる場合，移転損益を認識せず，その事業を分離先企業に移転したことにより受け取る資産の取得原価は，移転した事業に係る株主資本相当額に基づいて算定される（「分離基準」第10項(2)）。

　たとえば，分離先企業の株式を対価に受け取った結果，分離先企業が分離元企業の子会社や関連会社となる場合，分離元企業は当該株式を通じて移転した事業に引き続き関与していることから，当該事業に関する投資が継続しているとみなされる。

例題 8 − 2

A株式会社（以下，A社）はa1事業とa2事業の２つの事業部門を有していたが，吸収分割によってa1事業をB株式会社（以下，B社）に移転することとした。そこで以下の資料に基づいて，①B社が子会社となる場合と，②B社が子会社および関連会社のいずれにもならない場合の，A社の仕訳をそれぞれ示しなさい。

[資　料] ••

１．吸収分割におけるA社の受取対価はB社の議決権付株式1,000株（株価は@80千円）であった。

２．分割直前のA社の貸借対照表は以下のとおりであった。

（単位：千円）

資　　産	金　　額	負債・純資産	金　　額
a1 事 業 資 産	200,000	a1 事 業 負 債	140,000
a2 事 業 資 産	60,000	a2 事 業 負 債	35,000
		資　　本　　金	60,000
		資 本 剰 余 金	5,000
		利 益 剰 余 金	20,000
	260,000		260,000

※各事業の資産および負債の時価は以下のとおりである。

（単位：千円）

a1事業資産	210,000	a1事業負債	140,000
a2事業資産	75,000	a2事業負債	35,000

３．資料より判明しない事項はすべて無視すること。なお，B社がA社の子会社および関連会社とならない場合には，A社はB社株式をその他有価証券として保有する。

① 分離先企業が子会社となる場合

　会社分割の結果，B社がA社の子会社となれば，A社はB社の支配を通じてa1事業に継続的関与を有することとなる。このように移転した事業に対する投資が継続している場合には，A社において移転損益は認識されない。

② 分離先企業が子会社および関連会社とならない場合

　B社がA社の子会社および関連会社のいずれにも該当しない場合，A社のa1事業に対する投資の継続は断たれ，清算されたものとみなされる。したがって，A社において移転損益が認識されることとなる。

［解　答］

① 分離先企業が子会社となる場合（単位：千円）

(借) a1 事 業 負 債　　140,000　　(貸) a1 事 業 資 産　　200,000
　　 子 会 社 株 式　　　60,000

　(a) 移転事業にかかる株主資本相当額：以下の式より60,000千円

　　 a1事業資産簿価200,000千円－a1事業負債簿価140,000千円＝60,000千円

　(b) 受取対価の取得原価：(a)の額に基づくため，60,000千円

② 分離先企業が子会社および関連会社とならない場合（単位：千円）

(借) a1 事 業 負 債　　140,000　　(貸) a1 事 業 資 産　　200,000
　　 投 資 有 価 証 券　　80,000　　　　 移 転 利 益　　　20,000

　(a) 移転事業にかかる株主資本相当額：60,000千円

　(b) 受取対価の取得原価：B社株価@80千円×1,000株＝80,000千円

※移転損益は貸借差額によって計算し，貸方に差額が生じれば移転利益（特別利益に表示）となり，借方に差額が生じれば移転損失（特別損失に表示）となる。

基本問題 8-2

　甲事業と乙事業を営むA株式会社（以下，A社）は，吸収分割によって乙事業をB株式会社（以下，B社）に移転することとした。次の資料に基づき，A社およびB社のそれぞれで必要になる仕訳を示しなさい。

[資　料]..

1. 吸収分割は20X1年4月1日に実施され，分割によってB社は新株15万株を発行する。吸収分割契約によれば，B社における増加資本の内訳は，資本金および資本準備金をそれぞれ100,000千円ずつ増額し，残額はその他資本剰余金とする。

2. 事業分離日におけるB社の株価は，@2,000円である。

3. 会社分割直前のA社の貸借対照表は以下のとおりであった。なお，乙事業資産の時価は400,000千円であり，乙事業負債の時価は帳簿価額と一致していた。

A社	貸借対照表		（単位：千円）
資　産	金　額	負債・純資産	金　額
甲事業資産	800,000	甲事業負債	150,000
乙事業資産	360,000	乙事業負債	120,000
		資　本　金	600,000
		資本準備金	200,000
		利益準備金	50,000
		その他利益剰余金	40,000
	1,160,000		1,160,000

4. B社は分割前の時点で300万株を発行しており，吸収分割によってB社はA社の子会社にも関連会社にもならない。A社は吸収分割によって取得したB社株式をその他有価証券に分類する。

5. 資料より判明しない事項はすべて無視すること。

⇒ 解答は238ページ

第9章

連結会計

学習のポイント

1. 連結財務諸表の意義と目的，構成を理解する。

2. 連結財務諸表作成のための一般原則と一般基準を整理する。

3. 以下の一連の手続を習得する。
   - 子会社の資産および負債の評価
   - 資本連結
   - 支配獲得後に生じた子会社の剰余金の処理
   - 債権と債務の相殺消去
   - 連結会社相互間の取引高の相殺消去
   - 未実現損益の消去

4. 子会社株式の追加取得や一部売却があった場合の処理を習得する。

5. 連結財務諸表固有の一時差異が生じた場合の税効果会計の方法を習得する。

6. 持分法における一連の手続を習得する。

7. 各種連結財務諸表の様式を把握するとともに連結キャッシュ・フロー計算書の作成方法を習得する。

1 連結財務諸表の意義と目的

　企業会計基準第22号「連結財務諸表に関する会計基準」（以下，「連結基準」）によれば，**連結財務諸表**とは，支配従属関係にある2つ以上の企業からなる企業集団を単一の組織体とみなして，親会社が当該企業集団の財政状態，経営成績およびキャッシュ・フローの状況を総合的に報告するために作成する

財務諸表である（「連結基準」第1項）。

　企業は経営規模の拡大や多角化などを目的として企業結合を行うが，その1つに株式取得による支配の獲得を通じた企業集団の形成がある。法的には独立した法人である複数の企業が，経済的には一体となって活動する場合に企業集団となる。企業集団として営む経済活動の実態は，個々の企業が作成する単体の財務諸表（**個別財務諸表**という）では十分に反映できない。また，親子会社間の取引を利用した不正が行われていても，個別財務諸表では当該不正に適切に対処できない場合がある。そこで，企業集団の経済的実態を開示すべく作成開示されるのが連結財務諸表である。

 図表9−1　企業集団と連結財務諸表

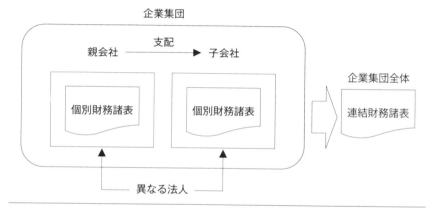

企業集団

親会社　　—支配→　　子会社

企業集団全体

個別財務諸表　　個別財務諸表　　連結財務諸表

異なる法人

基本 word

★**親会社と子会社**：親会社とは他の企業の財務および営業または事業の方針を決定する機関（株主総会その他これに準ずる機関をいう。以下，**意思決定機関**という）を支配している企業をいい，**子会社**とは，当該他の企業をいう（「連結基準」第6項）。親会社および連結される子会社をまとめて，**連結会社**という（「連結基準」第8項）。

9 連結会計

157

2 連結財務諸表作成のための基本的事項

❶ 親会社説と経済的単一体説

　連結財務諸表作成にあたっての基本的考え方を**連結基礎概念**といい，代表的な連結基礎概念に**親会社説**と**経済的単一体説**がある。

　親会社説は，親会社株主の観点から連結財務諸表を作成する考え方であり，経済的単一体説は企業集団全体の観点から作成する考え方である。いずれの考え方においても，単一の指揮下にある企業集団全体の資産・負債と収益・費用を連結財務諸表に表示するという点では変わりはないが，資本に関しては，以下のように異なっている。

　親会社説…連結財務諸表を親会社の財務諸表の延長線上に位置づけて，親会社の株主持分のみを反映させる。

　経済的単一体説…連結財務諸表を親会社とは区別される企業集団全体の財務諸表と位置づけて，企業集団を構成するすべての会社の株主持分を反映させる。

　「連結基準」では，連結財務諸表が提供する情報は主として親会社の投資者を対象とするものであると考えられるとともに，親会社説による処理方法が企業集団の経営をめぐる現実感覚をより適切に反映すると考えられたことから，基本的には親会社説の立場を踏襲してきた。しかしながら，近年では国際的な会計基準とのコンバージェンスの観点から，経済的単一体説と整合的な取扱いが増えている。

❷ 連結財務諸表の構成と作成手順の概要

　連結財務諸表は，以下の財務諸表によって構成されている。

① 連結貸借対照表

　企業集団の**財政状態**を報告する。

② 連結損益計算書および連結包括利益計算書

　企業集団の一会計期間における**経営成績**を報告する。なお，企業会計基準第25号「包括利益の表示に関する会計基準」（以下，「包括利益基準」）第11項によれば，連結損益計算書と連結包括利益計算書の作成は，2つの計算書に

分けて作成する方式（2計算書方式）と，連結損益及び包括利益計算書という単一の計算書で作成する方式（1計算書方式）のいずれかによることとされる。

③ 連結株主資本等変動計算書

連結貸借対照表の純資産の部を構成する各項目の一会計期間における変動額のうち，主として親会社の株主に帰属する部分にあたる**株主資本の変動事由**を報告する。

④ 連結キャッシュ・フロー計算書

企業集団の一会計期間における**キャッシュ・フローの状況**を報告する。

 word

> ★**包括利益**：ある企業の特定期間の財務諸表において認識された**純資産の変動額**のうち，当該企業の純資産に対する**持分所有者との直接的な取引によらない部分**をいう。持分所有者には当該企業の株主や新株予約権の所有者のほか，子会社の非支配株主（親会社以外の子会社の株主）も含まれる（「包括利益基準」第4項）。損益計算書で計算される当期純利益との関係は下式に示したとおりその他の包括利益に属する項目を含むか否かである。
>
> > **包括利益＝当期純利益＋その他の包括利益**
>
> ★**その他の包括利益**：包括利益のうち当期純利益に含まれない部分であり，連結財務諸表においては親会社株主に係る部分と非支配株主に係る部分が含まれる（「包括利益基準」第5項）。内訳項目としては，その他有価証券評価差額金，繰延ヘッジ損益，為替換算調整勘定，退職給付に係る調整額等がある（「包括利益基準」第7項）。

いずれの連結財務諸表も，親会社および子会社の個別財務諸表を合算し，さらに連結修正仕訳を加味することで作成される。なお，在外子会社を連結するにあたっては，外貨によって作成された個別財務諸表を邦貨に換算替えする手続も必要となる。大まかな手続の流れは図表9－2のとおりである。

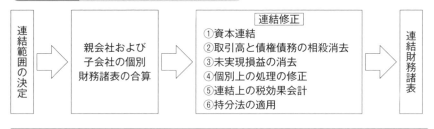

図表9-2 連結財務諸表作成手続の流れ

連結範囲の決定 ⇒ 親会社および子会社の個別財務諸表の合算 ⇒

連結修正
①資本連結
②取引高と債権債務の相殺消去
③未実現損益の消去
④個別上の処理の修正
⑤連結上の税効果会計
⑥持分法の適用

⇒ 連結財務諸表

3 一般原則と一般基準

　具体的な手続の説明を始める前に，連結財務諸表作成の前提となる一般原則および一般基準に触れておく。

❶ 一般原則

　連結財務諸表作成における一般原則には，①**真実性の原則**，②**個別財務諸表基準性の原則**，③**明瞭性の原則**および④**継続性の原則**がある。

① 真実性の原則

　連結財務諸表は，企業集団の財政状態，経営成績およびキャッシュ・フローの状況に関して**真実な報告**を提供するものでなければならない（「連結基準」第9項）。この原則は，「企業会計原則」における一般原則と同じ趣旨のものである。なお，連結財務諸表の作成にあたっても，個別財務諸表と同様，**重要性の原則**の適用がある。

 word

> ★**連結上の重要性の原則**：連結の範囲の決定，子会社の決算日が連結決算日と異なる場合の仮決算の手続，連結のための個別財務諸表の修正，子会社の資産および負債の評価，のれんの処理，未実現損益の消去，連結財務諸表の表示等に関して適用され，利害関係者の判断を誤らせない限り，本来の厳密な処理や表示方法によらないことができる。

② 個別財務諸表基準性の原則

　連結財務諸表は，企業集団に属する親会社および子会社が一般に公正妥当

160

と認められる企業会計の基準に準拠して作成した個別財務諸表を基礎として作成しなければならない（「連結基準」第10項）。この原則には(a)連結財務諸表は個別財務諸表を基礎として作成されなければならないという意味と、(b)基礎となる個別財務諸表自体が一般に公正妥当と認められる企業会計の基準に準拠して作成されなければならないという2つの意味がある。したがって、親会社および子会社の個別財務諸表が、減価償却の過不足、資産・負債の過大・過小計上などによって連結会社の財政状態等を適正に示していない場合には、連結財務諸表の作成上これを適正に修正して連結決算を行う。

しかし、近年、会計基準の国際的コンバージェンスの観点から連結財務諸表上と個別財務諸表上とで取扱いの異なる項目が生じはじめた。たとえば、退職給付に関して、数理計算上の差異および過去勤務費用については、連結上では全額退職給付債務または年金資産の金額に反映させることが求められ、費用処理されない部分はその他の包括利益に含めて計上される。個別上ではこれらの金額は未認識項目として扱われることから、連結上とは処理が異なっている（詳しくは第3章を参照）。このように、一般に公正妥当と認められる企業会計の基準に準拠して作成された個別財務諸表を基礎としていても、連結財務諸表上では異なる処理が採用される場合がある。

③ 明瞭性の原則

連結財務諸表は、企業集団の状況に関する判断を誤らせないよう、利害関係者に対し必要な財務情報を明瞭に表示するものでなければならない（「連結基準」第11項）。真実性の原則同様、「企業会計原則」における一般原則と同じ趣旨のものであり、また**重要性の原則**の適用がある。

④ 継続性の原則

連結財務諸表作成のために採用した基準および手続は、毎期継続して適用し、みだりにこれを変更してはならない（「連結基準」第12項）。真実性の原則および明瞭性の原則同様、「企業会計原則」における一般原則と同じ趣旨のものである。

❷ 一般基準

　連結財務諸表を作成する前提事項に関する基準として，①連結の範囲の決定，②連結決算日に関する修正および③親子会社の会計処理の原則および手続の統一の３点について規定されている。

① 連結の範囲

　連結財務諸表は親会社および子会社の個別財務諸表を合算して作成されるものであるから，その作成の前提として「子会社」に該当する企業，すなわち親会社によって支配されている企業の判定を行い連結の範囲を画定しなければならない。子会社の判定基準は**支配力基準**と呼ばれており，他の企業の意思決定機関を支配しているか否かを実質的に判断する基準である。支配力基準によれば，ある企業と他の企業との間に以下のような関係がある場合には，（意思決定機関を支配していないことが明らかな場合を除き）当該他の企業は子会社となる（「連結基準」第7項）。

(i)　ある企業が他の企業の議決権の過半数を自己の計算において所有している場合。

(ii)　ある企業が他の企業の議決権の40％以上50％以下を自己の計算において所有するとともに，以下のいずれかの要件を充たす場合。

　(a)　ある企業と緊密な関係があることにより，同一の内容の議決権を行使すると認められる者および同一内容の議決権行使に同意している者が所有している議決権を加えることで，過半数を占めている。

　(b)　ある企業の役員や使用人である者（またはこれらであった者）で，他の企業の方針決定に影響を与えられる者が，当該他の企業の取締役会等の構成員の過半数を占めている。

　(c)　ある企業が，他の企業の重要な財務および営業等の方針決定を支配する契約等が存在する。

　(d)　他の企業の資金調達額の総額の過半について融資を行っている（緊密な関係を有する者の融資額を加えて過半になる場合を含む）。

　(e)　その他他の企業の意思決定機関を支配していることが推測される事実が存在する。

(iii)　ある企業が他の企業の議決権を自己の計算において所有していなくと

も，(ii)の(a)を充たしたうえで，(b)〜(e)のいずれかを充たしている場合。

　ただし上記を充たしていても，他の企業が更生会社や破産会社等であって，かつ，有効な支配従属関係が存在しないと認められる場合には，当該他の企業は子会社に該当しない。

応 用 word

> ★**自己の計算において**：行為の経済的効果が実質的に自己に帰属するという意味。行為の法的効果（権利義務）の帰属を意味する「自己の名において」ではないため，親会社自身が子会社の議決権付株式の過半数を所有していない場合でも，支配従属関係は成立する。

　親会社は，原則としてすべての子会社を連結の範囲に含める（「連結基準」第13項）。ただし，子会社のうち以下に該当するものは，非連結子会社として連結の範囲に含められない（(iii)については，含めないことができる）。

(i)　支配が一時的であると認められる企業。

(ii)　(i)以外の企業であって，連結することにより利害関係者の判断を著しく誤らせるおそれのある企業。

(iii)　資産や売上高等を考慮して，連結の範囲から除外しても企業集団に関する合理的な判断を妨げない程度に重要性の乏しい企業。

② 連結決算日

　連結財務諸表の作成を行う連結会計期間は1年とし，親会社の会計期間と一致させて，親会社の決算日を連結決算日とする。子会社の決算日が連結決算日と異なる場合には，子会社は連結決算日において正規の決算に準ずる合理的な手続により決算を行う（「連結基準」第15項および第16項）。ただし，決算日の差異が3カ月を超えない場合には，追加の手続を実施せず，子会社の正規の決算を基礎とすることができる。

③ 親会社および子会社の会計処理の原則および手続

　同一環境下で行われた同一の性質の取引等について，親会社および子会社が採用する会計処理の原則および手続は，原則として統一する（「連結基準」第17項）。

4 連結財務諸表の主要な作成手続

連結財務諸表の作成のための主要な手続は，以下のとおりである。

(1) 子会社の資産および負債の評価

(2) 資本連結

 ① 投資と資本の相殺消去

 ② 非支配株主持分への振替

(3) 債権と債務の相殺消去

(4) 連結会社相互間の取引高の相殺消去

(5) 未実現損益の消去

❶ 子会社の資産および負債の評価 (「連結基準」第20項～第22項)

親会社は，**支配獲得日**（親会社が子会社の支配を獲得した日）において子会社の資産および負債のすべてを支配獲得日の時価により評価する方法（**全面時価評価法**）により評価する。子会社の資産および負債の時価による評価額とそれらの個別貸借対照表上の金額との差額（以下，**評価差額**）は，子会社の資本とする。

たとえば親会社が子会社の発行している議決権付株式をすべて購入した場合，その購入日が支配獲得日となる。通常どのような資産であっても，購入時点では購入日における時価が存在しており，時価に見合った対価を支払うことで，企業は当該資産を購入することができる。親会社が購入した子会社の株式は，外形上は単なる金融資産だが，その内容は子会社の資本に対する請求権である。子会社株式は株式購入日の時価（取得原価）で親会社の貸借対照表に計上されているが，その内容である子会社の資本は，子会社の資産および負債の帳簿価額を基礎としている。そこで，続く資本連結に先立って子会社の資産および負債を時価に置き換えることで，親会社が保有する子会社株式と子会社の資本の双方が支配獲得日の時価で対応することとなる。

かつて時価評価の方法については，全面時価評価法のほかに，**部分時価評価法**の適用が認められていた。前者は親会社が子会社を支配した結果，子会社が企業集団に含まれることになった事実を重視する方法であり，後者は親

会社が投資を行った際の親会社の持分を重視する方法である。しかし，企業結合会計におけるパーチェス法では，全面時価評価法が前提とされたことから，「連結基準」の公表時に全面時価評価法に一本化された。

　なお，支配獲得日や株式の取得日・売却日が子会社の決算日以外の日である場合には，当該日の前後いずれかの決算日に支配獲得，取得・売却が行われたものとみなして処理することができる。

基 本 word

★**部分時価評価法**：子会社の資産および負債のうち，親会社の持分に相当する部分について株式の取得日ごとに当該日における時価により評価し，非支配株主の持分に相当する部分については，子会社の個別貸借対照表上の金額による方法。なお，部分時価評価法は完全に廃止されたわけではなく，持分法の適用にあたっては，部分時価評価法が維持されている。

例題9－1

　株式会社P社（以下，P社）は，株式会社S社（以下，S社）の発行済株式1,000株のうち700株（70％）を現金購入してS社を子会社とした。以下の資料に基づいて，①全面時価評価法によった場合と，②部分時価評価法によった場合の，S社の修正後貸借対照表をそれぞれ作成しなさい。

[資　料]……………………………………………………………………………………

　1．支配獲得日におけるS社の貸借対照表は以下のとおりであった。

貸 借 対 照 表　　　（単位：千円）

資　産	金　額	負債・純資産	金　額
現 金 預 金	4,000	仕 入 債 務	26,000
売 上 債 権	30,000	借 入 金	24,000
棚 卸 資 産	12,000	資 本 金	10,000
土　　　地	16,000	利 益 剰 余 金	20,000
建　　　物	18,000		
	80,000		80,000

　2．棚卸資産の時価は11,500千円である。

9
連結会計

165

3. 土地には5,000千円の時価上昇が，建物には1,500千円の時価下落が生じている。

4. 借入金の時価は，23,000千円まで下落していた。

5. 資料より判明しない事項はすべて無視すること。

① 全面時価評価法

全面時価評価法では，子会社の資産および負債のすべてを支配獲得日の時価により評価する。時価評価によって生じる差額は，評価差額としてまとめ，子会社の資本とする。

② 部分時価評価法

部分時価評価法では，子会社の資産および負債のうち，親会社の持分に相当する部分（本問では70％分）について株式の取得日ごとに当該日における時価により評価を行う。非支配株主持分に相当する部分（本問では30％分）については，子会社の個別貸借対照表上の金額を用い，時価評価は行われない。

[解　答]

① 全面時価評価法

修正後貸借対照表　　（単位：千円）

資　産	金　額	負債・純資産	金　額
現 金 預 金	4,000	仕 入 債 務	26,000
売 上 債 権	30,000	借 入 金	23,000
棚 卸 資 産	11,500	資 本 金	10,000
土　　　　地	21,000	評 価 差 額	4,000
建　　　　物	16,500	利 益 剰 余 金	20,000
	83,000		83,000

時価評価のための修正仕訳は以下のとおりである。問題文より，棚卸資産と借入金については，簿価と時価の差額を計算する必要がある。

（借）土　　　地　　5,000　（貸）棚 卸 資 産　　　　500
　　　借 入 金　　1,000　　　　建　　　物　　1,500
　　　　　　　　　　　　　　　　評 価 差 額　　4,000

166

② 部分時価評価法

修正後貸借対照表　　（単位：千円）

資　産	金　額	負債・純資産	金　額
現　金　預　金	4,000	仕　入　債　務	26,000
売　上　債　権	30,000	借　　入　　金	23,300
棚　卸　資　産	11,650	資　　本　　金	10,000
土　　　　　地	19,500	評　価　差　額	2,800
建　　　　　物	16,950	利　益　剰　余　金	20,000
	82,100		82,100

　時価評価のための修正仕訳は以下のとおりである。部分時価評価法では，資産および負債の簿価と時価の差額のうち，親会社の持分部分だけが時価評価されるため，全面時価評価法で処理される差額のうちP社が取得した70％分だけが処理されることとなる。

(借)	土			地	3,500	(貸)	棚	卸	資	産	350
	借	入		金	700		建			物	1,050
							評	価	差	額	2,800

❷ 資本連結

　資本連結とは，親会社の子会社に対する投資とこれに対応する子会社の資本とを相殺消去し，消去差額が生じる場合には当該差額をのれん（または負ののれん）として計上するとともに，子会社の資本のうち親会社に帰属しない部分を非支配株主持分に振り替える一連の手続をいう。

① 投資と資本の相殺消去（「連結基準」第23項～第25項)

　(a)親会社の子会社に対する投資と，これに対応する(b)子会社の資本は相殺消去する。(a)の金額は支配獲得日の時価を用いる。また(b)は，子会社の個別貸借対照表上の純資産の部における株主資本，評価・換算差額等（連結上では，「その他の包括利益累計額」として表示される）および前述の「評価差額」からなる。

　相殺消去にあたり差額が生じる場合には，借方差額をのれんとして無形固定資産に計上し，貸方差額を負ののれんとして発生時の利益として処理する。資産として計上されたのれんは20年以内のその効果の及ぶ期間にわたって，

定額法その他合理的な方法によって償却される。

　親会社の子会社に対する投資とこれに対応する子会社の資本は，企業集団の観点からみれば内部取引（親会社による子会社への資金の拠出）によって生じた項目である。連結会社の個別財務諸表を単純合算すれば，内部取引は同じ取引を借方と貸方それぞれに計上していることになるため，これを消去する必要がある。

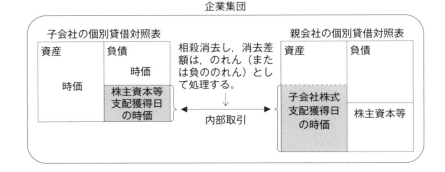

図表9－3　投資と資本の相殺消去のイメージ

② 非支配株主持分への振替え（「連結基準」第26項）

　子会社の資本のうち親会社に帰属しない部分は，**非支配株主持分**とする。

> ★**非支配株主持分**：子会社の資本のうち，**非支配株主**に帰属する部分のこと。非支配株主持分は連結貸借対照表の純資産の部において，**株主資本とは区分**して表示する。非支配株主持分の金額は，基本的に「子会社の資本×非支配株主持分比率」によって計算される。
> ※　従来の「少数株主」から「非支配株主」へと改称されたのは，他の企業の議決権の過半数を所有していない株主であっても親会社となりうることから，より正確な表現を用いることとしたためである（「連結基準」第55－2項）。

株式会社P社（以下，P社）は，20X1年3月31日に株式会社S社（以下，S社）の発行済株式の100％を13,000千円で現金購入してS社を子会社とした。以下の資料に基づいて，各問に答えなさい。

[資　料]···

1. 20X1年3月31日におけるP社およびS社の貸借対照表は以下のとおりであった（両社とも決算日は毎年3月31日である）。

貸借対照表 （単位：千円）

資　　産	P 社	S 社	負債・純資産	P 社	S 社
流 動 資 産	20,000	13,000	流 動 負 債	10,000	5,000
固 定 資 産	8,000	4,000	固 定 負 債	5,000	2,000
子会社株式	13,000	—	資　本　金	20,000	7,000
			利益剰余金	6,000	3,000
	41,000	17,000		41,000	17,000

2. P社のS社株式取得日におけるS社の資産および負債の時価は，すべて貸借対照表上の金額と一致していた。

3. のれんは発生年度の翌年度より20年にわたり，毎期均等額を償却する。

4. 資料より判明しない事項はすべて無視すること。

問1　20X1年3月31日における連結貸借対照表を作成しなさい。

問2　20X2年3月31日に必要となるのれんの償却仕訳を示しなさい。

問3　仮にP社の取得比率が70％で，S社株式の取得原価が9,000千円であった場合の資本連結仕訳を示しなさい。

😊解答へのアプローチ

問1　連結貸借対照表の作成

連結貸借対照表の作成のため，P社およびS社の個別貸借対照表を合算し，資本連結を行う。問題文より，本問ではS社の資産および負債の時価評価は不要であり，また100％取得であることから，非支配株主持分への振替えも不要である。したがって，必要となるのはP社の投資（子会社株式）とS社の資本（資本金および利益剰余金）の相殺消去のみである。

問2　のれんの償却

　問題の指示に従って償却する。のれんの取得原価は問1より計算する。

問3　非支配株主が存在する場合の資本連結

　P社の取得比率（持分比率）が100％未満の場合，S社には非支配株主が存在することになる。本問では非支配株主の持分比率が30％となるから，S社の資本のうち30％分は非支配株主持分に振り替える。P社の持分である70％分は問1同様，投資と資本の相殺消去を行う。

［解　答］··

問1　連結貸借対照表

連 結 貸 借 対 照 表 　　（単位：千円）

資　　産	金　　額	負債・純資産	金　　額
流　動　資　産	33,000	流　動　負　債	15,000
固　定　資　産	12,000	固　定　負　債	7,000
の　　れ　　ん	3,000	資　　本　　金	20,000
		利　益　剰　余　金	6,000
	48,000		48,000

　P社とS社の個別貸借対照表を単純合算したものが以下である。

単 純 合 算 貸 借 対 照 表 　　（単位：千円）

資　　産	金　　額	負債・純資産	金　　額
流　動　資　産	33,000	流　動　負　債	15,000
固　定　資　産	12,000	固　定　負　債	7,000
子　会　社　株　式	13,000	資　　本　　金	27,000
		利　益　剰　余　金	9,000
	58,000		58,000

　色の異なる部分が内部取引となっている。このP社による投資とS社の資本を相殺消去するにはそれぞれを貸借逆に記入すればよい。よって必要となる修正仕訳は以下のとおりである。消去差額をのれん（または負ののれん）として処理するのを忘れないよう留意すること。

（借）資　　本　　金　　7,000　　（貸）子　会　社　株　式　　13,000
　　　利　益　剰　余　金　　3,000
　　　の　　れ　　ん　　3,000

問2　のれんの償却

（借）の れ ん 償 却　　　150　（貸）の　　れ　　ん　　150

　問1よりのれんの取得原価は3,000千円であるから，20X2年3月31日におけるのれんの償却額は3,000千円÷20年＝150千円である。

問3　非支配株主が存在する場合の資本連結

（借）	資　本　金	7,000	（貸）	子 会 社 株 式	9,000
	利 益 剰 余 金	3,000		非支配株主持分	3,000
	の　れ　ん	2,000			

以下の2つの仕訳を合算した仕訳と考えるとわかりやすい。

・P社持分（70%）→投資と資本の相殺消去

（借）	資　本　金	4,900	（貸）	子 会 社 株 式	9,000
	利 益 剰 余 金	2,100			
	の　れ　ん	2,000			

資本金：7,000千円×70％＝4,900千円　利益剰余金：3,000千円×70％＝2,100千円

・非支配株主持分（30%）→非支配株主持分への振替え

| （借） | 資　本　金 | 2,100 | （貸） | 非支配株主持分 | 3,000 |
| | 利 益 剰 余 金 | 900 | | | |

資本金：7,000千円×30％＝2,100千円　利益剰余金：3,000千円×30％＝900千円

　ここまでの手続をまとめると，子会社の資本は図表9－4のように処理される。

図表9－4　資本連結による子会社資本の処理

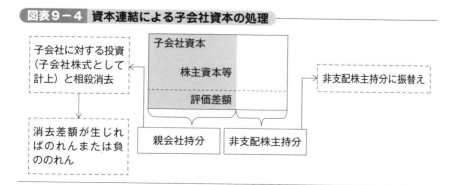

支配獲得日における子会社の資本は，資本連結によって全額が投資と相殺消去されるか非支配株主持分へ振り替えられた。他方，支配獲得日後に生じた子会社の利益剰余金およびその他の包括利益累計額のうち，親会社に帰属する部分はそのまま連結財務諸表上も利益剰余金およびその他の包括利益累計額として処理され，非支配株主に帰属する部分は非支配株主持分として処理される。なお，子会社に欠損が生じた場合で，当該欠損のうち子会社の非支配株主持分に割り当てられる額が当該非支配株主の負担すべき額を超える場合には，当該超過額は親会社が負担する。その後，子会社に利益が計上されたときは，親会社が負担した欠損が回収されるまで，その利益の金額を親会社の持分に加算する。

例題9－3

　株式会社P社（以下，P社）は，株式会社S社（以下，S社）の発行済株式の60％を過年度より保有している。以下の資料に基づいて，2計算書方式による当期の連結損益計算書（税金等調整前当期純利益以降）を作成しなさい。

[資　料]
1．P社およびS社の当期の損益計算書（一部）は以下のとおりであった。

（単位：千円）

損益計算書（一部）	P社	S社
税引前当期純利益	120,000	80,000
法　人　税　等	70,000	50,000
当　期　純　利　益	50,000	30,000

2．連結修正の結果，のれん償却が3,000千円生じている。
3．資料より判明しない事項はすべて無視すること。

解答へのアプローチ

　支配獲得日後に生じた子会社の利益剰余金のうち，非支配株主に帰属する部分は非支配株主持分へと振り替える。具体的には，「子会社の当期純利益の非支配株主持分比率相当を振り替える」という方法で行う。なお，のれん償却は販売費及び一般管理費の区分に計上されるため，結果として当期純利益が減少す

る。しかしのれんは親会社に帰属する部分しか計上されないため，非支配株主には償却負担がない（非支配株主持分へ振り替える利益の金額に影響しない）。

[解　答]‥‥‥‥‥‥‥‥‥‥‥‥‥‥‥‥‥‥‥‥‥‥‥‥‥‥‥‥‥‥‥‥‥‥‥‥‥‥‥

連結損益計算書（一部）　　　（単位：千円）

税金等調整前当期純利益	197,000
法人税等	120,000
当期純利益	77,000
非支配株主に帰属する当期純利益	12,000
親会社株主に帰属する当期純利益	65,000

　連結損益計算書では「税引前当期純利益」ではなく「税金等調整前当期純利益」という名称が用いられる点に注意すること。従来，連結損益計算書における当期純利益は，親会社株主に帰属する部分のみとされ，非支配株主に帰属する純利益は連結純利益の表示上，控除項目として扱われていた。しかし，平成25年の「連結基準」の改正により，連結純利益には，「非支配株主に帰属する当期純利益」も含まれることとなった。そして，連結包括利益の表示方法として2計算書方式を採用している場合には，解答のとおり「当期純利益」から「非支配株主に帰属する当期純利益」を減額して，「親会社株主に帰属する当期純利益」が表示される（「連結基準」第39項）。なお，1計算書方式を採用している場合には，「当期純利益」の直後に「親会社株主に帰属する当期純利益」および「非支配株主に帰属する当期純利益」を付記する。連結包括利益の表示方法については後述する。

　解答上必要となる連結修正仕訳は以下のとおり。

・当期純利益の振替え

（借）非支配株主に帰属する当期純損益　12,000　（貸）非支配株主持分　　　　12,000
※S社当期純利益30,000千円×非支配株主持分比率40％＝12,000千円

　当期純損失を非支配株主に振り替える仕訳は，上記と貸借が逆になる。「非支配株主に帰属する当期純損益」は当期純利益の振替え以外の連結修正仕訳にも用いられ，修正の結果借方残高となった場合には，「非支配株主に帰属する当期純利益」（貸方残高の場合には「非支配株主に帰属する当期純損失」）として表示する。

- のれんの償却

(借) の れ ん 償 却　　　3,000　(貸) の 　 れ 　 ん　　　3,000

　　本問では税金等調整前当期純利益から表示されているため，上記ののれん償却は，P社およびS社の税引前当期純利益を単純合算した金額から控除している。

　「包括利益基準」（第16−2項）にもあるとおり，現行制度上，連結財務諸表においてのみ包括利益の表示が求められている。包括利益の表示方法には2計算書方式と1計算書方式があるが，いずれも連結損益計算書で算定される「当期純利益」を起点として，「その他の包括利益累計額」を加減することで包括利益を表示する方法である（具体的な表示形式については，**8**連結財務諸表の様式を参照）。前述のとおり，その他の包括利益は包括利益のうち当期純利益に含まれなかった項目をいい，下記の4項目が該当する。それぞれの項目が生じる仕組みや考え方については，括弧内に示した該当章を参照されたい。

① その他有価証券評価差額金（第1章）

　期末におけるその他有価証券の時価評価の結果として生じた評価差額。

② 繰延ヘッジ損益（第1章）

　ヘッジ会計の方法として繰延ヘッジを適用した場合の，ヘッジ手段に係る評価差額。

③ 為替換算調整勘定（第2章）

　在外子会社の財務諸表項目に対して適用する換算レートが異なることから生じる，換算差額。

④ 退職給付に係る調整額（第3章）

　当期に生じた数理計算上の差異および過去勤務費用のうち，費用処理されなかった額。

　当期以前の期間にその他の包括利益として計上した項目が，当期純利益の構成要素となった場合（たとえば，前期に計上したその他有価証券評価差額金が，当期に行われた売却取引によって，投資有価証券売却損益として当期純利益に含められた場合），当該項目は，**組替調整額**としてその他の包括利益の内訳項目ごとに注記することとされる（「包括利益基準」第9項）。

基本問題 9-1

　株式会社P社（以下，P社）は，20X0年3月31日に株式会社S社（以下，S社）の支配を獲得してS社を子会社としている。以下の資料に基づいて，20X0年3月期の連結貸借対照表を作成しなさい。

[資　料]

1．P社は20X0年3月31日にS社の発行済株式の80％を取得し，子会社株式として取得原価で計上している。

2．S社の資産および負債は全面時価評価法によって評価する。

3．のれんは発生年度の翌年度より10年にわたって毎期均等額を償却する。

4．20X0年3月31日におけるP社およびS社の貸借対照表は以下のとおりであった（両社とも決算日は毎年3月31日である）。

貸　借　対　照　表　　　　（単位：千円）

資　産	P社	S社	負債・純資産	P社	S社
流 動 資 産	50,000	22,000	流 動 負 債	15,000	12,000
固 定 資 産	38,000	8,000	固 定 負 債	18,000	7,000
子会社株式	12,000	—	資 本 金	50,000	8,000
			利益剰余金	17,000	3,000
	100,000	30,000		100,000	30,000

　※　S社の流動資産の時価は21,000千円，固定資産の時価は11,000千円であった。他方，負債の時価は，すべて貸借対照表上の金額と一致していた。

5．連結修正によって新たに生じた項目は，個別貸借対照表上の項目に含めずに，新たに独立の項目を設けること。

6．資料より判明しない事項はすべて無視すること。

⇒ 解答は240ページ

❸ 債権と債務の相殺消去

① 基本的事項

　連結会社相互間の債権と債務は，相殺消去する（「連結基準」第31項）。たとえば，親会社が子会社に金銭の貸付を行った場合，親会社の貸借対照表には「貸付金」が，子会社の貸借対照表には「借入金」が，同額計上される。こ

175

のように連結会社相互間の内部取引によって生じた債権債務を相殺消去することで，企業集団外部との取引によって生じた債権債務のみを，連結貸借対照表上に表示することが可能となるのである。

　なお，連結会社相互間の内部取引とそこから生じる債権債務には，おおむね図表9－5のようなものがあげられる。対応する債権と債務が相殺消去の対象となるが，債権の消去については，それに伴う貸倒引当金の減額修正も必要となる。

図表9－5 連結会社間の内部取引と債権債務

内 部 取 引	債 　 権	債 　 務
商 品 売 買	受取手形・売掛金	支払手形・買掛金
固定資産等の売買	未収金	未払金
資金の貸付・返済	貸付金	借入金
社債の発行・償還	有価証券等※	社 　 債
経 過 勘 定	前払費用・未収収益	前受収益・未払費用

※　連結会社の発行する社債券を保有する場合，保有目的によって分類が異なる。なお，売買目的有価証券に分類されるなど一時所有と認められる場合には，相殺消去の対象としないことができる。

例題9－4

　株式会社P社（以下，P社）は，株式会社S社（以下，S社）を子会社として支配している。以下の資料に基づいて，当期の連結貸借対照表における各項目の金額を計算しなさい。

［資　料］……………………………………………………………………………

1．当期末におけるP社およびS社の貸借対照表（一部）は以下のとおりである。

貸 借 対 照 表　　　　　　（単位：千円）

資　　　産	P社	S社	負債・純資産	P社	S社
⋮	⋮	⋮	支　払　手　形	5,000	4,000
受　取　手　形	10,000	5,000	買　　掛　　金	4,000	3,000
売　　掛　　金	6,000	7,000	未　払　費　用	800	400
貸 倒 引 当 金	△ 480	△ 360	⋮	⋮	⋮
未　収　収　益	1,000	300	長 期 借 入 金	30,000	20,000
⋮	⋮	⋮	⋮	⋮	⋮
長 期 貸 付 金	20,000	10,000			

9

連結会計

2．P社は当期よりS社に対して商品販売を開始しており，受取手形のうち2,000千円と売掛金のうち1,000千円は，それぞれS社に対する売上債権である。S社の仕入債務には同額のP社に対する債務が含まれている。

3．P社の長期貸付金とS社の長期借入金は，連結会社間融資によって生じたものであり，両社の未収収益および未払費用の中には，当該長期貸付金・長期借入金にかかる経過利息が250千円含まれている。

4．P社およびS社ともに，売上債権の期末残高に対して毎期3％の貸倒引当金を計上している。

5．資料より判明しない事項はすべて無視すること。

😊解答へのアプローチ

　P社およびS社の貸借対照表上の各項目を単純合算したうえで，連結会社相互間の債権と債務を相殺消去し，必要な貸倒引当金の修正を行う。

［解　答］‥‥‥‥‥‥‥‥‥‥‥‥‥‥‥‥‥‥‥‥‥‥‥‥‥‥‥‥‥‥‥‥‥‥‥

（単位：千円）

受　取　手　形	13,000	支　払　手　形	7,000
売　　掛　　金	12,000	買　　掛　　金	6,000
貸 倒 引 当 金	△　750	未　払　費　用	950
未　収　収　益	1,050	長 期 借 入 金	30,000
長 期 貸 付 金	10,000		

　解答上必要となる連結修正仕訳は以下のとおりである。債権債務本体の相殺消去から，派生的に必要となる貸倒引当金の修正や，経過勘定の相殺消去を忘

177

れないよう注意すること。なお，問題文より当期から売上債権が生じていることが判明するため，修正する貸倒引当金の相手勘定は，全額貸倒引当金繰入となる。

（借）	支 払 手 形	2,000	（貸）	受 取 手 形	2,000
（借）	買 掛 金	1,000	（貸）	売 掛 金	1,000
（借）	貸 倒 引 当 金	90	（貸）	貸倒引当金繰入	90

（受取手形2,000千円＋売掛金1,000千円）× 3 ％＝90千円

| （借） | 長 期 借 入 金 | 20,000 | （貸） | 長 期 貸 付 金 | 20,000 |
| （借） | 未 払 費 用 | 250 | （貸） | 未 収 収 益 | 250 |

② 連結会社振出手形の割引

連結会社が振り出した手形は相殺消去の対象となるが，受け取った手形が割引に付された場合，企業集団の観点からすると手形を担保にした借入れが行われていることとなる。そこで，連結上は手形の割引高を借入金として，また手形売却損を支払利息として表示すべく，以下のような形式の修正仕訳が必要となる。

| （借） | 支 払 手 形 | ××× | （貸） | 借 入 金 | ××× |
| （借） | 支 払 利 息 | ××× | （貸） | 手 形 売 却 損 | ××× |

図表 9 － 6　企業集団内部での手形振出と外部への割引

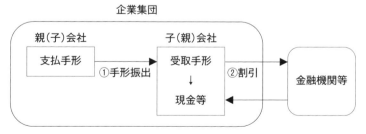

※　①と②を一連の取引として見れば，手形借入に等しい。このため，連結貸借対照表の表示上，手形割引高を支払手形から借入金へと振り替える必要がある。

❹ 連結会社相互間の取引高の相殺消去

　連結会社相互間における商品の売買その他の取引にかかる項目は，相殺消去する（「連結基準」第35項）。連結会社間で行われる取引，すなわち内部取引にはさまざまな種類があるが，債権と債務のようなストック項目の相殺消去とは異なり，「取引高」というフロー項目の相殺消去であるため，対象となる取引高は損益計算書に記載されている場合もあれば，株主資本等変動計算書に記載されている場合もある。また，現金等の授受が伴う取引であれば，キャッシュ・フロー計算書にも記載されていることとなる。さしあたり以下では連結損益計算書および連結株主資本等変動計算書の作成に関する内部取引高の相殺消去について説明する。

① 連結会社間の営業取引

　連結会社間で行われた商品や製品の売買，役務授受といった営業取引高は，連結会社の損益計算書において**売上高**と**売上原価**（厳密には売上原価を構成する当期仕入高）に含めて表示されている。したがって，相殺消去仕訳は以下のようになる。

（借）売　　上　　高　　×××　（貸）売　上　原　価　　×××
　　　　　　　　　　　　　　　　　　（当　期　仕　入　高）

　なお，連結会社間で商品未達や代金決済未達などがあった場合には，それらを適切に処理したうえで，相殺消去する必要がある。

　・商品未達の場合

（借）棚　卸　資　産　　×××　（貸）買　　掛　　金　　×××

　販売側の連結会社が出荷基準を採用して売上の計上を行っている場合には，仕入側の連結会社に未達の商品について，修正仕訳が必要となる。上記の仕訳は未達商品を受け入れる仕訳と，当該未達商品を貸借対照表上の**棚卸資産**に含める仕訳の合算である。貸方項目は取引の内容によって異なる。

　・代金決済未達の場合

（借）現　金　預　金　　×××　（貸）売　　掛　　金　　×××
　貸方項目は取引の内容によって異なる。

② 利息の授受

　連結会社間での資金の貸し借りに伴って生じた利息は，連結会社の損益計

算書において**受取利息**と**支払利息**に含めて表示されている。したがって，相殺消去仕訳は以下のようになる。

（借）受 取 利 息　×××　（貸）支 払 利 息　×××

　なお，利息のように継続的に授受される項目には，経過勘定が伴うことが多いため，その相殺消去も忘れずに行うこと。

③　配当金の授受

　子会社から親会社に対して，利益剰余金を源泉に支払われた配当金も，内部取引高として相殺消去の対象となる。ただし，親会社が受け取った配当金と子会社が支払った配当金は，計上される財務諸表が異なる。

　親会社の受取配当金：損益計算書の**受取配当金**（営業外収益）

　子会社の支払配当金：株主資本等変動計算書の**剰余金の配当**（利益剰余金の当期変動額）

　さらに非支配株主に対しても配当金の支払いが行われていた場合，配当額だけ非支配株主持分が減少することとなる。連結株主資本等変動計算書では，非支配株主に支払われた配当額だけ**非支配株主持分当期変動額**に振り替えることとなる。

（借）受 取 配 当 金　×××　（貸）剰 余 金 の 配 当　×××
　　　　非支配株主持分当期変動額　×××

　「剰余金の配当」が貸方に記入されるのは，配当自体が利益剰余金の減少という借方要素であり，これを修正していることによる。

　連結株主資本等変動計算書の作成を前提とした場合，非支配株主持分に関わる修正は，「当期変動額」の修正なのか「当期首残高」の修正なのかを明らかにする必要があるため，上記のように修正仕訳で用いる項目名も区別する。最終的な修正の結果は，「当期末残高」を通じて，連結貸借対照表に非支配株主持分として表示される。なお，この区別は非支配株主持分だけでなく，純資産の部を構成する各項目を修正する際には，利益剰余金を構成する親会社株主に帰属する当期純損益に関する修正を除いて共通的に必要となる。

例題9−5

　株式会社P社（以下，P社）は，株式会社S社（以下，S社）の発行済株式の70％を過年度より保有している。以下の資料に基づいて，当期の連結株主資本等変動計算書（利益剰余金および非支配株主持分）を作成しなさい。

[資　料]‥‥‥‥‥‥‥‥‥‥‥‥‥‥‥‥‥‥‥‥‥‥‥‥‥‥‥‥‥‥‥‥‥‥‥

1．P社およびS社の当期の株主資本等変動計算書（利益剰余金）は以下のとおりであった。

（単位：千円）

利益剰余金	P 社	S 社
当期首残高	80,000	50,000
当期変動額		
剰余金の配当	△10,000	△8,000
当期純利益	15,000	15,000
当期変動額合計	5,000	7,000
当期末残高	85,000	57,000

2．非支配株主持分の当期首残高は，40,500千円である。

3．資料より判明しない事項はすべて無視すること。

☺解答へのアプローチ）

　「利益剰余金」とまとめられているため，利益準備金や任意積立金の積立のような利益剰余金内部での金額移動はすべて省略されている。連結株主資本等変動計算書の作成にあたっては，個別の株主資本等変動計算書を単純合算したうえで，期首残高と当期純利益の振替えおよび配当金にかかる修正仕訳を行う。

[解　答]‥‥‥‥‥‥‥‥‥‥‥‥‥‥‥‥‥‥‥‥‥‥‥‥‥‥‥‥‥‥‥‥‥‥‥

（単位：千円）

連結株主資本等変動計算書	利益剰余金	非支配株主持分
当期首残高	115,000	40,500
当期変動額		
剰余金の配当	△10,000	
親会社株主に帰属する当期純利益	19,900	
当期変動額合計	9,900	2,100
当期末残高	124,900	42,600

解答からわかるように，連結株主資本等変動計算書上では，「剰余金の配当」として表示されるのは親会社の支払配当金のみとなる。なお，解答上必要となる連結修正仕訳は以下のとおりである。

- 当期首残高の振替え

(借)　利益剰余金当期首残高　　15,000　（貸）　非支配株主持分当期首残高　　15,000

　　S社当期首残高50,000千円×非支配株主持分比率30％＝15,000千円

「非支配株主持分当期首残高」はすでに問題文から明らかなため，上記の仕訳については「利益剰余金当期首残高」の修正分のみを考慮すればよい。

- 当期純利益の振替

(借)　非支配株主に帰属する当期純損益　　4,500　（貸）　非支配株主持分当期変動額　　4,500

　　S社当期純利益15,000千円×非支配株主持分比率30％＝4,500千円

本問では損益計算書の連結は行われないため，単純合算したP社およびS社の「当期純利益」合計から借方の「非支配株主に帰属する当期純損益」を控除することで，「親会社株主に帰属する当期純利益」を表示する。

- 配当金の修正

(借)　受　取　配　当　金　　5,600　（貸）　剰　余　金　の　配　当　　8,000

　　　非支配株主持分当期変動額　　2,400

　　　　P社受取額：8,000千円×70％＝5,600千円

　　　　非支配株主受取額：8,000千円×30％＝2,400千円

上記と同じ理由から，借方の受取配当金は「当期純利益」の合計額から控除する。

❺ 未実現損益の消去

① 基本的事項

連結会社相互間の取引によって取得した棚卸資産，固定資産その他の資産に含まれる未実現損益は，その全額を消去する。ただし，未実現損失については，売手側の帳簿価額のうち回収不能と認められる部分は消去しない（「連結基準」第36項）。売手側の子会社に非支配株主が存在する場合には，未実現損益は，親会社と非支配株主の持分比率に応じて，親会社の持分と非支配株主持分に配分する（「連結基準」第38項）。

親（子）会社から子（親）会社へ商品や固定資産の売却が行われた場合，その他の取引先に売却するのと同じように，原価に利益を上乗せして売却が行われることがある。しかし，企業集団の観点からすればこの売買は内部取引であるため相殺消去の対象となる。さらに取引対象の商品などが売却先の連結会社に保有されていれば，貸借対照表に記載される。内部取引はなかったこととされる以上，対象となった資産の金額は取得原価を基礎として計上されなければならない。この点，取引高を消去するのみでは，内部取引で付加された利益の金額だけ計上額が過大になってしまう（損失が生じていた場合には，資産計上額が過小になってしまう）。そこで，連結財務諸表の作成上，連結会社相互間の取引によって取得した資産に含まれる未実現損益は，その全額を消去することが求められる。

図表9−7 連結会社間での資産売却と未実現損益（商品の場合）

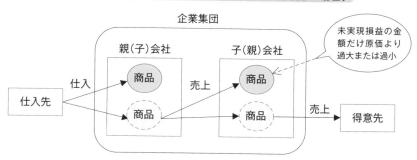

※ 企業集団の観点からみれば，連結会社が手許に保有している 商品 は，いずれも企業集団の棚卸資産として，原価で計上されていなければならない。子（親）会社の 商品 に含まれる未実現損益は消去する必要がある。他方，子（親）会社の 商品 は企業集団外部へ売却されており，親（子）会社が付加した利益も実現していることから，消去する必要はない。

 word

★**ダウン・ストリーム**：親会社から子会社にむけて行われた売却のこと。親会社が付加した未実現損益は全額が消去され，その金額はすべて親会社持分に負担させる（全額消去・親会社負担方式）。

★**アップ・ストリーム**：非支配株主が存在する子会社から親会社にむけて行われた売却のこと。子会社が付加した未実現損益は全額が消去され，親会社と非支配株主の持分比率に応じて，親会社持分と非支配株主持分に負担させる（全額消去・持分按分負担方式）。

② 棚卸資産の未実現損益

(i) 期末棚卸資産に含まれる未実現損益の消去

　連結会社が期末に保有する棚卸資産に未実現損益が含まれる場合，過大または過小となっているのは，損益計算書上の**売上原価**（の構成要素である**期末商品棚卸高**）と貸借対照表上の**棚卸資産**である。そこで，これらに含まれる未実現損益を消去する。

- 期末棚卸資産に含まれる未実現利益の消去

（借）　売　上　原　価　×××　（貸）　棚　　卸　　資　　産　×××
　　　（期末商品棚卸高）

　アップ・ストリームの場合には，非支配株主持分への負担仕訳も必要となる。子会社に計上された利益の消去を非支配株主に負担させるため，当期純利益の振替えとは貸借逆の仕訳となる。なお，下記の仕訳は連結株主資本等変動計算書の作成を前提としているが，作成が不要な場合には借方を「非支配株主持分」としてよい。

（借）　非支配株主持分当期変動額　×××　（貸）　非支配株主に帰属する当期純損益　×××

(ii) 期首棚卸資産に含まれる未実現損益の消去

　前期末の棚卸資産に含まれていた未実現損益は，当期首においても含まれていることになる。連結財務諸表は連結会社の帳簿ではなく，財務諸表を基礎として作成されるものであり，連結修正も連結会社の帳簿に反映されることはない。すなわち，過年度の連結修正は引き継がれることはなく，当年度に改めて同じ内容の連結修正を行うこととなる。ただ，過年度の損益計算書項目については，当年度においては株主資本等変動計算書の**利益剰余金当期首残高**を用いて修正することになる。

（借）　利益剰余金当期首残高　×××　（貸）　棚　　卸　　資　　産　×××

　貸方の棚卸資産は当年度の**売上原価**（の構成要素である**期首商品棚卸高**）に含められており，企業集団外部に販売されて実現したものと考えられる。

このため，上記の仕訳に加えて，以下の修正仕訳が必要となる。

（借）棚　卸　資　産　×××（貸）売　上　原　価　×××
　　　　　　　　　　　　　　　　　　（期首商品棚卸高）

貸方の**売上原価**は，未実現利益の額だけ過大となっている期首商品棚卸高を減額する処理である。2つの仕訳を合算した以下の仕訳が連結修正仕訳となる。

・期首棚卸資産に含まれる未実現利益の消去

（借）利益剰余金当期首残高　×××（貸）売　上　原　価　×××

アップ・ストリームの場合の振替仕訳は，以下のようになる。

（借）非支配株主持分当期首残高　×××（貸）利益剰余金当期首残高　×××
　　　非支配株主に帰属する当期純損益　×××　　　　非支配株主持分当期変動額　×××

例題9－6

　株式会社P社（以下，P社）は，株式会社S社（以下，S社）の発行済株式の70％を過年度より保有している。以下の資料に基づいて，下記の各問に答えなさい。

[資　料]……………………………………………………………………………

1．P社はX0年度よりS社に対して利益率20％で商品販売を行っている。S社のX0年度およびX1年度における貸借対照表の棚卸資産の金額とそこに含まれるP社仕入商品の金額は，以下のとおりであった。

（単位：千円）

	X0年度	X1年度
棚卸資産	55,000	75,000
P社仕入商品	10,000	13,000

2．資料より判明しない事項はすべて無視すること。

問1　X0年度およびX1年度の連結財務諸表作成のための修正仕訳をそれぞれ示しなさい。なお，仕訳はまとめず別々に行ってよい。

問2　仮に商品売買に関するP社とS社の立場を逆転させた場合，問1と同様のことを答えなさい。

　未実現利益の金額は，P社仕入商品の金額に利益率を乗じて計算する。非支配株主の負担額は，消去される利益の金額に非支配株主持分比率を乗じる。

[解　答]‥‥‥‥‥‥‥‥‥‥‥‥‥‥‥‥‥‥‥‥‥‥‥‥‥‥‥‥‥‥‥‥‥

問1

X0年度

（借）売　上　原　価　　2,000　（貸）棚　卸　資　産　　2,000

　　X0年度分：P社仕入商品10,000千円×利益率20％＝2,000千円

X1年度

（借）利益剰余金当期首残高　　2,000　（貸）売　上　原　価　　2,000

（借）売　上　原　価　　2,600　（貸）棚　卸　資　産　　2,600

　　X1年度分：P社仕入商品13,000千円×利益率20％＝2,600千円

　P社からS社への販売，すなわちダウン・ストリームの場合には，非支配株主への負担は必要ない。なお，X1年度の修正においては，期首棚卸資産に含まれる未実現利益の消去仕訳も忘れずに行うこと。

問2

X0年度

（借）売　上　原　価　　2,000　（貸）棚　卸　資　産　　2,000

（借）非支配株主持分当期変動額　　600　（貸）非支配株主に帰属する当期純損益　　600

　　X0年度負担額；未実現利益2,000千円×非支配株主持分比率30％＝600千円

X1年度

（借）利益剰余金当期首残高　　2,000　（貸）売　上　原　価　　2,000

（借）売　上　原　価　　2,600　（貸）棚　卸　資　産　　2,600

（借）非支配株主持分当期首残高　　600　（貸）利益剰余金当期首残高　　600

　　　非支配株主に帰属する当期純損益　　600　　　　非支配株主持分当期変動額　　600

（借）非支配株主持分当期変動額　　780　（貸）非支配株主に帰属する当期純損益　　780

　　X1年度負担額：未実現利益2,600千円×非支配株主持分比率30％＝780千円

　S社からP社への販売，すなわちアップ・ストリームの場合には，消去した未実現利益を，持分比率に応じて非支配株主にも負担させる。解答では期首棚卸資産に含まれる未実現利益と，期末棚卸資産に含まれる未実現利益とで仕訳を

区別しているが，同一の項目を用いている箇所については，まとめて仕訳して
もよい。

③ 固定資産の未実現損益

(i) 非償却性固定資産に含まれる未実現損益の消去

連結会社間で行われた固定資産の売買によって生じた売却損益は，内部取
引によって生じた未実現損益である。連結会社が期末に保有する土地のよう
な非償却性固定資産に未実現損益が含まれる場合，貸借対照表上の固定資産
計上額が過大または過小となっている。また，損益計算書上の固定資産売却
損益は全額計上が認められない。なお，アップ・ストリームの場合には，消
去した未実現損益を，持分比率に応じて非支配株主にも負担させる。

(ii) 償却性固定資産に含まれる未実現損益の消去

建物や機械装置のような償却性固定資産に未実現損益が含まれる場合，売
却先の連結会社では過大または過小な帳簿価額に基づいて減価償却が実施さ
れている。このため，未実現損益の消去に伴って減価償却費の修正も必要と
なる。なお，アップ・ストリームの場合には，消去した未実現損益を，持分
比率に応じて非支配株主にも負担させる。

例題9−7

株式会社P社（以下，P社）は，株式会社S社（以下，S社）の発行済株式の
80％を過年度より保有している。以下の資料に基づいて，当期の連結財務諸表
作成のための修正仕訳を示しなさい。

[資　料]……………………………………………………………………………

1．P社は当期首にS社に対して帳簿価額20,000千円の土地を，25,000千円に
て現金売却した。S社は当期末現在当該土地を保有している。

2．S社は当期首にP社に対して取得原価10,000千円（減価償却累計額2,000
千円）の機械装置を，12,000千円にて現金売却した。P社は当該機械装置を
購入日より事業の用に供しており，耐用年数4年，残存価額をゼロとして，
定額法により減価償却している。

3．資料より判明しない事項はすべて無視すること。

　非償却性固定資産については，売却損益の消去を行えば足りるが，期首売却であるため，償却性固定資産の場合には減価償却の修正も必要となる。

[解　答]‥‥‥‥‥‥‥‥‥‥‥‥‥‥‥‥‥‥‥‥‥‥‥‥‥‥‥‥‥‥‥‥‥‥‥

　土地の未実現利益の消去（ダウン・ストリーム）

（借）　固 定 資 産 売 却 益　　5,000　（貸）　土　　　　　　　地　　5,000

　個別上の売却益：売却金額25,000千円－帳簿価額20,000千円＝売却益5,000千円

　機械装置の未実現利益の消去（アップ・ストリーム）

（借）　固 定 資 産 売 却 益　　4,000　（貸）　機　械　装　置　　4,000

　　　　減 価 償 却 累 計 額　　1,000　　　　　減 価 償 却 費　　1,000

（借）　非支配株主持分当期変動額　　600　（貸）　非支配株主に帰属する当期純損益　　600

　個別上の売却益：売却金額12,000千円－帳簿価額（10,000千円－2,000千円）

　　　　　　　　　＝売却益4,000千円

　減価償却費の修正：4,000千円÷4年＝1,000千円

　非支配株主負担額：（4,000千円－1,000千円）×非支配株主持分比率20％＝600千円

　S社では帳簿価額8,000千円であった機械装置だが，P社への売却を経て未実現利益4,000千円が上乗せされている。　さらにP社は過大となった帳簿価額12,000千円を前提として減価償却を実施していることから，減価償却費もあるべき2,000千円（8,000千円÷4年）から3,000千円（12,000千円÷4年）まで過大になっている。両者の差額1,000千円は未実現利益部分を減価償却したことによるものである（4,000千円÷4年）。上記の仕訳では「固定資産売却益」の借方記入によって消去された未実現利益の一部が，「減価償却費」の貸方記入によって実現している。

　　・機械装置および減価償却費に含まれる未実現利益の状況

機械装置：9,000千円	減価償却費：3,000千円
未実現利益　3,000千円	未実現利益　1,000千円
帳 簿 価 額　6,000千円	減価償却費　2,000千円

　P社の個別財務諸表上では未実現利益を含んだ金額で計上されているが，連結上では上図の未実現利益が消去され，売却前のあるべき機械装置および減価償却費の金額で表示される。

5 子会社株式の追加取得および一部売却と段階取得

すでに支配を獲得している子会社の株式をさらに追加で取得することや,その一部を売却することがある。また,複数回の株式購入によって子会社に対する支配を獲得する場合もある（段階取得という）。個別上では単なる株式の売買として処理されるこれらの取引に対して,連結財務諸表作成上,修正が必要となる。

❶ 子会社株式の追加取得

子会社の株式をさらに追加で取得した場合には,追加取得した株式に対応する持分を非支配株主持分から減額し,追加取得により増加した親会社の持分を追加投資額と相殺消去する。消去差額は資本剰余金とする（「連結基準」第28項）。

子会社の株式を追加で取得する場合,その取引相手は子会社の非支配株主であり,追加取得した分だけ親会社の持分が増加し,非支配株主の持分は減少する。このため非支配株主持分を減額するとともに,増加する親会社持分と追加投資額とを相殺消去する。

❷ 子会社株式の一部売却

子会社株式を一部売却した場合（親子会社間の支配従属関係が継続している場合に限る）には,売却株式に対応する持分を親会社持分から減額し,非支配株主持分を増額する。売却による親会社持分の減少額と投資の減少額との間に生じた差額は,資本剰余金とする（「連結基準」第29項）。

子会社の株式の一部を売却した後も子会社に対する支配が継続する場合,売却した分だけ親会社の持分が減少し,非支配株主の持分は増加する。このため非支配株主持分を増額するとともに,減少する親会社持分と投資の減少額との差額は資本剰余金とされる。また,一部売却によって親会社持分が減少しても,対応するのれんの未償却残高は消去しない。これらの取扱いは,国際的な会計基準と同様の会計処理を行うことで比較可能性の向上を図るべきという考えや,従来の処理がもたらした実務上の諸課題に最も簡潔に対応す

るために損益を計上する取引の範囲を狭めるべきという考えから，採用されたものである（「連結基準」第51－2項）。

　なお，子会社株式の追加取得や一部売却の修正の結果，資本剰余金が負の値となる場合には，連結会計年度末において，資本剰余金をゼロとし，当該負の値を利益剰余金から減額する（「連結基準」第30－2項）。

❸ 段階取得

　資本連結で説明したとおり，親会社の子会社に対する投資の金額は支配獲得日の時価を用いる。すなわち複数回の取引によって子会社株式を取得した場合，個別上では個々の購入取引における取得原価の累積額によって子会社株式を計上しつつ，連結財務諸表作成上は，すべてを支配獲得日の時価に評価替えして，原価の累積額との差額は段階取得に係る損益として処理する（企業会計基準第21号「企業結合に関する会計基準」第25項）。

　従来は連結上も取得原価の累積額が用いられていたが，会計基準の国際的コンバージェンスの観点から時価評価が必要となり，個別上の処理の修正が求められている。

応用問題 9－1

　株式会社P社（以下，P社）は，20X2年3月末現在，株式会社S社（以下，S社）を子会社として支配している。以下の資料に基づいて，20X2年3月期の連結貸借対照表，連結損益計算書（2計算書方式）および連結株主資本等変動計算書（利益剰余金の区分のみ）を作成しなさい。

［資　料］……………………………………………………………………………
1．S社の資産および負債は全面時価評価法によって評価する。
2．のれんは発生年度の翌年度より10年にわたって毎期均等額を償却している。
3．P社は20X0年3月31日にS社の発行済株式の60％を150,000千円で取得した。同日におけるS社の純資産の内訳は以下のとおりであった。またS社の土地の時価は100,000千円であったが，それ以外の資産および負債の時価はすべて簿価と一致していた。

資本金：100,000千円　利益剰余金：50,000千円

4．当期末におけるP社およびS社の貸借対照表は以下のとおりであった。なお，両社とも決算日は毎年3月31日であり，当期は20X1年4月1日から開始する1年間である。また，便宜的に評価勘定は貸方に表示している。

貸 借 対 照 表　　　　　　　　（単位：千円）

資　　　産	P 社	S 社	負債・純資産	P 社	S 社
現　金　預　金	95,000	96,000	支　払　手　形	100,000	90,000
受　取　手　形	150,000	110,000	買　　掛　　金	140,000	60,000
売　　掛　　金	130,000	60,000	借　　入　　金	150,000	110,000
棚　卸　資　産	160,000	90,000	貸倒引当金	8,400	5,100
貸　　付　　金	70,000	—	減価償却累計額	45,600	20,900
建　　　　　物	100,000	50,000	資　　本　　金	200,000	100,000
土　　　　　地	95,000	50,000	資 本 剰 余 金	85,000	—
子 会 社 株 式	200,000	—	利 益 剰 余 金	271,000	70,000
	1,000,000	456,000		1,000,000	456,000

※　P社およびS社ともに，ここ数年土地の売買は行っていない。

5．P社およびS社の当期の損益計算書は以下のとおりであった。なお，P社の営業外収益には，S社からの受取配当金が含まれている。

損 益 計 算 書　（単位：千円）

	P社	S社
売　　上　　高	950,000	550,000
売　上　原　価	700,000	400,000
売 上 総 利 益	250,000	150,000
販売費及び一般管理費	130,000	100,000
営　業　利　益	120,000	50,000
営　業　外　収　益	40,000	20,000
営　業　外　費　用	30,000	10,000
税引前当期純利益	130,000	60,000
法　人　税　等	60,000	40,000
当　期　純　利　益	70,000	20,000

6．P社およびS社の当期の株主資本等変動計算書（利益剰余金の区分のみ）は以下のとおりであった。

	P 社	S 社
当 期 首 残 高	241,000	60,000
当 期 変 動 額		
剰 余 金 の 配 当	△　40,000	△　10,000
当 期 純 利 益	70,000	20,000
合　　計	30,000	10,000
当 期 末 残 高	271,000	70,000

7．20X2年3月31日に，P社はS社の発行済株式20％を50,000千円で追加取得した。

8．P社は前期より，S社に対して利益率20％にて商品販売を行っている。当期のS社向け売上高は250,000千円であった。販売はすべて掛取引によっており，P社は出荷基準によって売上を計上している。各期末におけるS社の棚卸資産に含まれるP社より仕入れた商品は，以下のとおりである。ただし，当期末の棚卸資産には，P社が決算日付近にS社に出荷した商品10,000千円が含まれていない。

	前期末	当期末
P社仕入商品	50,000千円	50,000千円

9．当期末におけるP社の売上債権およびS社の仕入債務の各項目には，それぞれ以下に示したように内部取引によって生じた債権債務が含まれている。

P 社		S 社	
受 取 手 形	30,000千円	支 払 手 形	45,000千円
売 掛 金	30,000千円	買 掛 金	20,000千円

手形金額の不一致は，P社がS社振出手形のうち15,000千円を割引に付したことによる（手形売却損1,000千円は営業外費用に含まれている）。掛代金の不一致の原因については，各自で推定すること。

10. P社およびS社は，毎期売上債権の期末残高（手形割引高は除く）に

対して，3％の貸倒引当金を計上している（差額補充法による）。なお，前期末におけるS社向け売上債権の残高は45,000千円であった。

11. 連結修正によって新たに生じる項目については，可能な限り個別財務諸表上の項目に含めることとし，含めるべき適当な項目がない場合には独立項目として計上すること。また，資料より判明しない事項はすべて無視すること。

➡ 解答は241ページ

6 連結税効果会計

　個別財務諸表基準性の原則に従い，連結会社の個別財務諸表には，税効果会計が適用されている。すなわち，会計上と税務上の一時差異について，すでに調整が行われた状態の財務諸表が基礎となっている。しかしながら，連結財務諸表の作成手続過程で，個別上と連結上とで計上額に相違が生ずる資産および負債がある。これらは**連結財務諸表固有の一時差異**とされ，個別上のものとは別に，税効果会計を実施する必要がある。以下，主要な連結固有の一時差異について説明する。

❶ 子会社の資産および負債の時価評価により評価差額が生じた場合

　個別上では取得原価を基礎として計上されていた子会社の資産および負債が，全面時価評価法によって連結上は支配獲得日の時価で計上されることとなる。このとき評価差額が貸方に生じれば将来加算一時差異となり繰延税金負債が計上される。逆に借方に生じれば将来減算一時差異となり，繰延税金資産が計上される。なお，評価差額は子会社の資本として扱われる（収益や費用として扱われない）ため，法人税等調整額は用いずに評価差額から税効果額を控除する。

　株式会社P社（以下，P社）は，株式会社S社（以下，S社）の発行済株式
1,000株のうち800株を1株当たり100千円で現金購入し，S社を子会社とし
た。以下の資料に基づいて，資本連結仕訳を示しなさい。

［資　料］

1．支配獲得日におけるS社の株主資本の内訳は以下のとおりであった。

　　　資　本　金：50,000千円　　資本剰余金：10,000千円

　　　利益剰余金：20,000千円

2．S社の保有する資産および負債のうち，土地（簿価9,000千円）の支配獲
　　得日における時価が17,000千円に上昇していた。土地以外の資産および負
　　債は，すべて簿価と時価とが一致していた。全面時価評価法によって評価す
　　る。

3．税効果会計適用上の実効税率は30％とする。

4．資料より判明しない事項はすべて無視すること。

　☺️**解答へのアプローチ**

　解答として要求されているのは資本連結仕訳だが，これに先立ってS社の土
地を時価評価し，税効果を考慮する必要がある。

［解　答］

(借)	資　　本　　金	50,000	(貸)	子 会 社 株 式	80,000
	資 本 剰 余 金	10,000		非支配株主持分	17,120
	利 益 剰 余 金	20,000			
	評 価 差 額	5,600			
	の　　れ　　ん	11,520			

　子会社株式：800株×@100千円＝80,000千円

　時価評価および税効果の仕訳は以下のとおりである。土地の簿価と時価の差
額8,000千円に実効税率30％を乗じた2,400千円が税効果額となり，これを控除
した5,600千円が評価差額となる。本問の評価差額は評価益に相当するため，繰
延税金負債が計上される。

| （借） | 土 | 　　地 | 8,000 | （貸） | 繰延税金負債 | 2,400 |
| | | | | | 評 価 差 額 | 5,600 |

評価差額5,600千円を含めて，資本連結仕訳における非支配株主持分の金額は以下のように計算される。

非支配株主持分：（資本金50,000千円＋資本剰余金10,000千円

＋利益剰余金20,000千円＋評価差額5,600千円）

×非支配株主持分比率20％＝17,120千円

❷ 連結会社相互間の取引から生ずる未実現損益を消去した場合

売却元の連結会社においては売却損益に対する法人税等が計上されている。しかし，連結上は未実現損益として消去されるため，対応する税金だけが計上されたままになってしまう。企業集団の観点からすれば，内部取引された資産が企業集団外部に売却されることで未実現損益が実現するのであるから，対応する税金も実現した期に計上されるべきである。そこで，すでに売却元で計上されている法人税等の額を，未実現損益が実現するまで繰り延べる処理が必要となる。このため，未実現損益の消去にかかる税効果は，売却元の連結会社の売却年度の税率を用いて計算し，また税率変更があっても修正は不要である。なお，未実現利益の消去は将来減算一時差異を，未実現損失の消去は将来加算一時差異を，それぞれ発生させる。

例題9－9

例題9－6について，P社の実効税率を30％として問１と同様のことを答えなさい。

☺解答へのアプローチ

未実現利益に対応する税金を繰り延べることになるため，繰延税金資産を用いて連結税効果の処理を行うこととなる。

195

[解 答]···

X0年度

| （借）売上原価 | 2,000 | （貸）棚卸資産 | 2,000 |
| （借）繰延税金資産 | 600 | （貸）法人税等調整額 | 600 |

　税効果額：未実現利益2,000千円×実効税率30％＝600千円

　消去した未実現利益に対する法人税等の金額を，実現する期まで繰り延べる。

X1年度

（借）利益剰余金当期首残高	2,000	（貸）売上原価	2,000
（借）法人税等調整額	600	（貸）利益剰余金当期首残高	600
（借）売上原価	2,600	（貸）棚卸資産	2,600
（借）繰延税金資産	780	（貸）法人税等調整額	780

　税効果額：未実現利益2,600千円×実効税率30％＝780千円

　上から2つ目の税効果の仕訳は，期首棚卸資産に含まれる未実現利益の実現によって，前期末に繰り延べた法人税等の金額を当期に計上する仕訳である。なお，アップ・ストリームの場合には，税効果を考慮した後の残額について，持分比率に応じて非支配株主への負担を行うこととなる。

❸ 連結会社相互間の債権と債務の相殺消去により貸倒引当金を減額修正した場合

　連結会社に対する債権に貸倒引当金が設定されていれば，債権の消去によって対応する貸倒引当金の減額修正が必要となる。その結果個別上と連結上とでは資産の金額に差異が生じることとなる。個別上は損金として認められていた貸倒引当金が減額される場合，連結上では将来加算一時差異が生じるため，繰延税金負債の計上が必要となる。他方，個別上で貸倒引当金の一部の損金算入が認められていなかった場合，すでに個別上で税効果会計が適用され，繰延税金資産が計上されていることとなる。そこでこの場合には，個別上の繰延税金資産と同額の繰延税金負債を計上し，両者を相殺する処理を行う。

196

　株式会社P社（以下，P社）は，過年度より株式会社S社（以下，S社）を子会社として支配している。以下の資料より判明する範囲で，当期に必要となる連結修正仕訳を示しなさい。

[資　料]‥‥‥‥‥‥‥‥‥‥‥‥‥‥‥‥‥‥‥‥‥‥‥‥‥‥‥‥‥‥

1．P社は当期よりS社に対して商品販売を開始している。P社のS社に対する売掛金の期末残高は100,000千円となっていた。

2．P社は毎期売上債権の期末残高に対して3％の貸倒引当金を計上しているが，税務上の損金算入限度額は1％までであるため，P社の個別財務諸表上，損金算入限度超過額に対して税効果を認識している。

3．税効果会計適用上の実効税率は30％とする。

4．繰延税金資産の回収可能性に問題はない。また，資料より判明しない事項はすべて無視すること。

😊解答へのアプローチ

　売掛金と買掛金の相殺消去とともに，貸倒引当金を修正する。個別上，貸倒見積高のうち3分の1までは損金算入が認められており，残り3分の2については損金不算入として繰延税金資産が計上されている。このため税効果の処理にあたっては，これらを区別する必要がある。

[解　答]‥‥‥‥‥‥‥‥‥‥‥‥‥‥‥‥‥‥‥‥‥‥‥‥‥‥‥‥‥‥

（借）	買　掛　金	100,000	（貸）	売　掛　金	100,000
（借）	貸倒引当金	3,000	（貸）	貸倒引当金繰入	3,000
（借）	法人税等調整額	900	（貸）	繰延税金負債	900
（借）	繰延税金負債	600	（貸）	繰延税金資産	600

　繰延税金負債：100,000×3％×実効税率30％＝900

　繰延税金資産：100,000×2％×実効税率30％＝600

　繰延税金資産は，貸倒引当金の損金算入限度超過額（100,000千円×2％）に対して，P社の個別上計上されたものであり，連結決算によって新たに生じた繰延税金負債と相殺する。

7 持分法

❶ 持分法の意義と関連会社

　企業会計基準第16号「持分法に関する会計基準」（以下，「持分法基準」）によれば，非連結子会社および関連会社に対する投資については，原則として持分法を適用する。ただし，持分法の適用により，連結財務諸表に重要な影響を与えない場合には，持分法の適用会社としないことができる（「持分法基準」第6項）。

> ★**持分法**：投資会社が被投資会社の株主資本等および損益のうち投資会社に帰属する部分の変動に応じて，その投資の額を連結決算日ごとに修正する方法（「持分法基準」第4項）。子会社の連結は，財務諸表項目のすべてを親会社のものと合算したうえで必要な修正を加える方法（全部連結という）によったが，持分法は被投資会社の財政状態および経営成績のうち投資会社に帰属する部分のみを，貸借対照表の投資額と損益計算書の持分法による投資損益に反映させる方法である。このため，持分法は**一行連結**と呼ばれることもある。

　関連会社とは，企業が，出資，人事，資金，技術，取引等の関係を通じて，子会社以外の他の企業の財務および営業または事業の方針の決定に対して，重要な影響を与えることができる場合における当該子会社以外の他の企業をいう（「持分法基準」第5項）。親会社（投資会社）は子会社を支配するのに対して，関連会社に対しては重要な影響を与えるにとどまる。

　たとえば，ある企業と子会社以外の他の企業との間に以下のような関係がある場合には，（重要な影響を与えられないことが明らかな場合を除き）当該子会社以外の他の企業は関連会社となる（「持分法基準」第5-2項）。

(i) ある企業が子会社以外の他の企業の議決権の20％以上を自己の計算において所有している場合。

(ii) ある企業が子会社以外の他の企業の議決権の15％以上20％未満を自己の計算において所有するとともに，以下のいずれかの要件を充たす場合。

(a) ある企業の役員や使用人である者（またはこれらであった者）で，子会社以外の他の企業の方針決定に影響を与えられる者が，当該子会社以外の他の企業の代表取締役や取締役に就任している。

(b) 子会社以外の他の企業に対して重要な融資を行っている。

(c) 子会社以外の他の企業に対して重要な技術を提供している。

(d) 子会社以外の他の企業との間に重要な販売，仕入その他の営業上または事業上の取引がある。

(e) その他子会社以外の他の企業の方針決定に対して重要な影響を与えられることが推測される事実が存在する。

(iii) ある企業が自己の計算において所有している議決権（所有していない場合を含む）と，当該ある企業と緊密な関係があることにより，同一の内容の議決権を行使すると認められる者および同一内容の議決権行使に同意している者が所有している議決権とを加えることで，子会社以外の他の企業の議決権の20％以上を占めているときであって，かつ上記の(a)から(e)のいずれかを充たしている場合。

ただし，上記を充たしていても，子会社以外の他の企業が更生会社や破産会社等であって，かつ，方針決定に対して重要な影響を与えることができないと認められる場合には，当該子会社以外の他の企業は関連会社に該当しない。

❷ 持分法適用の手続

持分法の適用に際しては，被投資会社の財務諸表の適正な修正や資産および負債の評価に伴う税効果会計の適用等，原則として，連結子会社の場合と同様の処理を行う（「持分法基準」第8項）。

① 投資と資本

(a)投資会社の投資日における投資とこれに対応する(b)被投資会社の資本との間に差額がある場合には，当該差額はのれんまたは負ののれんとし，のれんは投資に含めて処理する（「持分法基準」第11項）。被投資会社の資産および負債は，部分時価評価法によって評価し，(b)には評価差額を含める。持分法では被投資会社の財務諸表を合算しないため，投資と資本の相殺消去は行

われず，のれんも計上されない。ただし，同様の計算を実施することで，投資勘定の中に含まれるのれん相当額を把握しておく必要がある。のれん相当額はのれんと同様に20年以内で償却を行い，負ののれんの場合には発生時に利益として処理する。

② 当期純損益の振替え

投資会社は，投資の日以降における被投資会社の当期純利益または当期純損失のうち投資会社の持分または負担に見合う額を算定して，投資の額を増加または減少させるとともに，持分法による投資損益として処理する（「持分法基準」第12項）。被投資会社が計上している当期純損益に投資会社の持分比率を乗じることで計算する。

③ 未実現損益の消去

投資の増減額の算定にあたっては，連結会社と持分法適用会社との間の取引にかかる未実現損益を消去するための修正を行う（「持分法基準」第13項）。ただし，連結の場合とは異なり，持分法では原則として投資会社の持分部分のみが消去の対象となる（部分消去・親会社負担方式）。

④ 配当金の修正

被投資会社から配当金を受け取った場合には，当該配当金に相当する額を投資の額から減額する（「持分法基準」第14項）。持分法では，のれん相当額を含めて，被投資会社の資本に対する持分額を投資勘定に反映していく。ゆえに純利益によって被投資会社の利益剰余金が増額すれば，その持分相当だけ投資額を増額させ，剰余金の配当によって利益剰余金が減少すれば，受け取った配当金額だけ投資額を減少させる必要がある。

⑤ 持分法による投資損益の表示

持分法の適用に伴って投資額を増減させた場合，基本的にはそれらを持分法による投資損益として処理することとなる。連結財務諸表上，持分法による投資損益は，営業外収益または営業外費用の区分に一括して表示する（「持分法基準」第16項）。

⑥ その他の包括利益

持分法適用会社におけるその他の包括利益に対する持分相当額は，連結包括利益計算書上，その他の包括利益の内訳項目として一括して区分表示する

（「包括利益基準」第7項）。なお，当期純損益の振替処理と同様に，その他の包括利益に対する持分額だけ，投資額を増減させる。

例題9-11

　株式会社P社（以下，P社）は，当期首に株式会社A社（以下，A社）の株式30％を15,000千円で取得してA社を関連会社とした。以下の資料に基づいて，当期の連結財務諸表作成のために必要となる持分法適用仕訳を示すとともに，連結貸借対照表上の関連会社株式の金額を計算しなさい。

[資　料]……………………………………………………………………………………

1. P社の株式取得時におけるA社の株主資本は，以下のとおりであった。なお，このほかに土地の含み益が2,500千円生じている。

　　　資本金：25,000千円　　利益剰余金：12,500千円

2. 当期中に，A社は利益剰余金を原資とした剰余金の配当を3,000千円実施した。またA社は12,000千円の当期純利益を計上した。A社の利益剰余金の増減要因はこれ以外にない。

3. のれん相当額については，当期より10年にわたり，毎期均等額を償却する。

4. 資料より判明しない事項はすべて無視すること。

☺ **解答へのアプローチ**

　本問では当期首に株式取得を行っているため，のれん相当額の償却が当期から開始される点に注意すること。また，持分法では，投資企業の持分相当のみが処理の対象となるため，仕訳における各種金額の計算上，投資企業の持分比率を考慮しなければならない。

[解　答]……………………………………………………………………………………

（借）関 連 会 社 株 式　　2,400　（貸）持分法による投資損益　　3,300
　　　受 取 配 当 金　　　　900

関連会社株式：17,400千円

　解答は，以下の各仕訳の合算である。

- のれん相当額の償却

(借)　持分法による投資損益　　　300　（貸）　関 連 会 社 株 式　　　300

のれん相当額：15,000千円 −（資本金25,000千円 ＋利益剰余金12,500千円

　　　　　　　＋評価差額2,500千円）×持分比率30％＝3,000千円（のれん）

償却額：3,000千円÷10年＝300千円

持分法では資本連結は行われないが，のれん相当額の償却額を計算するためには，資本連結と同様の計算手順を経る必要がある。なお，のれん相当額は投資勘定（関連会社株式）に含められているため，償却した分だけ関連会社株式を減額するとともに，同額を持分法による投資損益の借方に記入する。

- 当期純利益の振替え

(借)　関 連 会 社 株 式　　　3,600　（貸）　持分法による投資損益　　　3,600

当期純利益12,000千円×持分比率30％＝3,600千円

当期純利益の分だけA社の資本は増加する。これに応じて当期純利益の持分相当だけP社の関連会社株式を増額するとともに，同額を持分法による投資損益の貸方に記入する。

- 配当金の修正

(借)　受 取 配 当 金　　　900　（貸）　関 連 会 社 株 式　　　900

配当額3,000千円×持分比率30％＝900千円

A社からの受取配当金だけ，関連会社株式を減額する。以上を踏まえて，連結貸借対照表上の関連会社株式の金額は以下のように計算できる。

関連会社株式：取得原価15,000千円 ＋連結修正2,400千円＝17,400千円

8　連結財務諸表の様式

❶ 連結貸借対照表

連結貸借対照表の様式は，次に掲げるとおりである。便宜的に勘定形式で配置しているが，実際の報告様式では資産の部，負債の部，純資産の部という順で，縦に配置される。

連結貸借対照表

×2年×月×日

【資産の部】		【負債の部】	
流 動 資 産		流 動 負 債	
現 金 及 び 預 金	×××	支払手形及び買掛金	×××
受取手形及び売掛金	×××	借 　入 　金	×××
有 価 証 券	×××	⋮	⋮
棚 卸 資 産	×××	流 動 負 債 合 計	×××
⋮	⋮	固 定 負 債	
流 動 資 産 合 計	×××	長 期 借 入 金	×××
固 定 資 産		退職給付に係る負債	×××
有形固定資産		⋮	⋮
建 物 及 び 構 築 物	×××	固 定 負 債 合 計	×××
⋮	⋮	負 債 合 計	×××
有 形 固 定 資 産 合 計	×××	【純資産の部】	
無形固定資産		株 主 資 本	
の 　れ 　ん	×××	資 　本 　金	×××
⋮	⋮	資 本 剰 余 金	×××
無 形 固 定 資 産 合 計	×××	利 益 剰 余 金	×××
投資その他の資産		自 　己 　株 　式	△ ×××
関 連 会 社 株 式	×××	株 主 資 本 合 計	×××
⋮	⋮	その他の包括利益累計額	×××
投資その他の資産合計	×××	非支配株主持分	×××
固 定 資 産 合 計	×××	純 資 産 合 計	×××
資 　産 　合 　計	×××	負 債 純 資 産 合 計	×××

　個別の貸借対照表とは異なり，純資産の部において，「評価・換算差額等」が「その他の包括利益累計額」に変更され，非支配株主持分の区分が追加されている。また，資本剰余金および利益剰余金はまとめられ，それぞれの内訳は表示されない。

❷ 連結損益計算書および連結包括利益計算書

　企業集団の業績開示のための書類には，連結損益計算書と連結包括利益計算書の2種類がある。これらは，連結損益計算書と連結包括利益計算書の2つの計算書に分けて作成する方式（**2計算書方式**）と，連結損益及び包括利益計算書という単一の計算書にまとめて作成する方式（**1計算書方式**）のいずれかによって作成される。2つの方式の違いは，税金等調整前当期純利益より下の区分の表示方法にある。そこでまず，税金等調整前当期純利益までの表示形式を確認する。

連結損益計算書

×1年×月×日から×2年×月×日まで

売　　上　　高	×××
売　上　原　価	×××
売 上 総 利 益	×××
販売費及び一般管理費	×××
営　業　利　益	×××
営 業 外 収 益	
受　取　利　息	×××
持分法による投資利益	×××
⋮	⋮
営業外収益合計	×××
営 業 外 費 用	
支　払　利　息	×××
持分法による投資損失	×××
⋮	⋮
営業外費用合計	×××
経　常　利　益	×××
特　別　利　益	
負ののれん発生益	×××
段階取得に係る差益	×××
特 別 利 益 合 計	×××
特　別　損　失	
段階取得に係る差損	×××
税金等調整前当期純利益	×××

次に税金等調整前当期純利益以下の表示形式であるが，各方式に従って以下のように表示される。末尾においては，包括利益の内訳が付記される。

【2計算書方式】

〈連結損益計算書〉

⋮	⋮
税金等調整前当期純利益	×××
法人税等	×××
当期純利益	×××
非支配株主に帰属する当期純利益	×××
親会社株主に帰属する当期純利益	×××

〈連結包括利益計算書〉

当期純利益	×××
その他の包括利益：	
その他有価証券評価差額金	×××
繰延ヘッジ損益	×××
為替換算調整勘定	×××
退職給付に係る調整額	×××
持分法適用会社に対する持分相当額	×××
その他の包括利益合計	×××
包括利益	×××
（内訳）	
親会社株主に係る包括利益	×××
非支配株主に係る包括利益	×××

【1計算書方式】

〈連結損益及び包括利益計算書〉

⋮	⋮
税金等調整前当期純利益	×××
法人税等	×××
当期純利益	×××
（内訳）	
親会社株主に帰属する当期純利益	×××
非支配株主に帰属する当期純利益	×××
その他の包括利益：	
その他有価証券評価差額金	×××
繰延ヘッジ損益	×××
為替換算調整勘定	×××
退職給付に係る調整額	×××
持分法適用会社に対する持分相当額	×××
その他の包括利益合計	×××
包括利益	×××
（内訳）	
親会社株主に係る包括利益	×××
非支配株主に係る包括利益	×××

❸ 連結株主資本等変動計算書

　連結株主資本等変動計算書は，連結貸借対照表の純資産の部における株主資本その他の項目の増減を表示する。表示は純資産の各項目を横に並べる形式により作成するが，縦に並べる様式によることもできる。個別の株主資本等変動計算書とは異なり，資本剰余金および利益剰余金は内訳に細分化されない。このため，資本準備金および利益準備金の「剰余金の配当に伴う積立て」といった同じ区分内での金額の振替えは表示されない。連結損益計算書で算定される当期純損益は，利益剰余金の変動事由として表示する。また，個別の株主資本等変動計算書における「評価・換算差額等」は，連結上で新たに生じる項目とともに，連結株主資本等変動計算書上の「その他の包括利益累計額」において内訳別に表示される。

図表9－8　「評価・換算差額等」と「その他の包括利益累計額」

	株主資本等変動計算書	連結株主資本等変動計算書
表示区分	評価・換算差額等	その他の包括利益累計額
表示項目の内訳	その他有価証券評価差額金	その他有価証券評価差額金
	繰延ヘッジ損益	繰延ヘッジ損益
	―	為替換算調整勘定
	―	退職給付に係る調整累計額

　株主資本以外の各項目は，当期首残高，当期変動額および当期末残高に区分し，当期変動額は純額で表示する（ただし，主な変動事由ごとにその金額を表示することもできる）。以下は縦に並べる形式によって作成した場合の連結株主資本等変動計算書である。

連結株主資本等変動計算書

株主資本
資本金	当期首残高		×××
	当期変動額	新株の発行	×××
	当期末残高		×××
資本剰余金	当期首残高		×××
	当期変動額	新株の発行	×××
	当期末残高		×××

利益剰余金	当期首残高		×××
	当期変動額	剰余金の配当	△×××
		親会社株主に帰属する当期純利益	×××
	当期末残高		×××
自己株式	当期首残高		△×××
	当期変動額	自己株式の取得	△×××
	当期末残高		△×××
株主資本合計	当期首残高		×××
	当期変動額		×××
	当期末残高		×××

その他の包括利益累計額

その他有価証券評価差額金	当期首残高	×××
	当期変動額（純額）	×××
	当期末残高	×××
繰延ヘッジ損益	当期首残高	×××
	当期変動額（純額）	×××
	当期末残高	×××
為替換算調整勘定	当期首残高	×××
	当期変動額（純額）	×××
	当期末残高	×××
退職給付に係る調整累計額	当期首残高	×××
	当期変動額（純額）	×××
	当期末残高	×××
その他の包括利益累計額合計	当期首残高	×××
	当期変動額	×××
	当期末残高	×××

株式引受権	当期首残高	×××
	当期変動額（純額）	×××
	当期末残高	×××
新株予約権	当期首残高	×××
	当期変動額（純額）	×××
	当期末残高	×××
非支配株主持分	当期首残高	×××
	当期変動額（純額）	×××
	当期末残高	×××

純資産合計	当期首残高	×××
	当期変動額	×××
	当期末残高	×××

❹ 連結キャッシュ・フロー計算書

　連結キャッシュ・フロー計算書は，企業集団の一会計期間におけるキャッシュ・フローの状況を，営業活動，投資活動，財務活動の3つの区分に分けて報告する。連結キャッシュ・フロー計算書の作成方法には，原則法および簡便法の2通りの方法がある。

① 原則法

　各連結会社が作成した個別のキャッシュ・フロー計算書を単純合算し，連結会社間取引によって生じた内部取引高（商品代金の決済や剰余金の配当など）を相殺消去する。

② 簡便法

　各連結会社のキャッシュ・フロー計算書を作成せずに，連結貸借対照表，連結損益計算書および連結包括利益計算書，連結株主資本等変動計算書から得られるデータに，その他必要なキャッシュ・フロー情報を加味して連結キャッシュ・フロー計算書を作成する。個別のキャッシュ・フロー計算書を作成するのと同様の手続を，企業集団ベースで実施する方法といえる。

連結キャッシュ・フロー計算書の表示形式は，以下のとおりである。

連結キャッシュ・フロー計算書

Ⅰ	営業活動によるキャッシュ・フロー	
	営業収入	×××
	商品の仕入支出	△×××
	人件費支出	△×××
	その他の営業支出	△×××
	小　計	×××
	利息及び配当金の受取額	×××
	利息の支払額	△×××
	法人税等の支払額	△×××
	営業活動によるキャッシュ・フロー	×××
Ⅱ	投資活動によるキャッシュ・フロー	
	有価証券の取得による支出	△×××
	⋮	⋮
	連結範囲の変更を伴う子会社株式の取得	△×××
	連結範囲の変更を伴う子会社株式の売却	×××
	⋮	⋮
	投資活動によるキャッシュ・フロー	△×××
Ⅲ	財務活動によるキャッシュ・フロー	
	短期借入による収入	×××
	⋮	⋮
	親会社による配当金の支払額	△×××
	非支配株主への配当金の支払額	△×××
	⋮	⋮
	財務活動によるキャッシュ・フロー	×××
Ⅳ	現金及び現金同等物に係る換算差額	×××
Ⅴ	現金及び現金同等物の増加額	×××
Ⅵ	現金及び現金同等物の期首残高	×××
Ⅶ	現金及び現金同等物の期末残高	×××

上記の様式は営業活動によるキャッシュ・フローの区分を直接法（主要な取引ごとにキャッシュ・フローを総額表示する方法）によって作成したものであるが，間接法（税金等調整前当期純利益に非資金損益項目，営業活動に係る資産および負債の増減，投資活動および財務活動によるキャッシュ・フローの区分に含まれる損益項目を加減して表示する方法）によって作成した場合には，以下のようになる（小計欄まで）。

Ⅰ	営業活動によるキャッシュ・フロー	
	税金等調整前当期純利益	×××
	減価償却費	×××
	のれん償却額	×××
	引当金の増加額	×××
	受取利息及び受取配当金	△×××
	⋮	⋮
	持分法による投資利益	△×××
	⋮	⋮
	売上債権の増加額	△×××
	棚卸資産の減少額	×××
	仕入債務の増加額	×××
	⋮	⋮
	小　　　計	×××

応用問題 9－2

　国産加工食品の卸売業を営んでいる当企業集団に関する以下の資料に基づいて，各問に答えなさい。

問1　当期の連結キャッシュ・フロー計算書を作成しなさい。なお，営業活動によるキャッシュ・フローは直接法によって作成すること。

問2　仮に間接法によった場合の営業活動によるキャッシュ・フローの区分を作成しなさい。

[資　料] ‥‥‥‥‥‥‥‥‥‥‥‥‥‥‥‥‥‥‥‥‥‥‥‥‥‥‥‥‥‥‥‥‥‥‥‥

1．前期末および当期末の連結貸借対照表

連結貸借対照表　　　　　（単位：千円）

資　　産	前期末	当期末	負債・純資産	前期末	当期末
現 金 預 金	20,000	30,000	仕 入 債 務	40,000	44,000
売 上 債 権	50,000	53,000	借 入 金	20,000	35,000
有 価 証 券	10,000	20,000	未払法人税等	10,000	11,000
棚 卸 資 産	40,000	42,000	賞 与 引 当 金	6,000	7,000
固 定 資 産	30,000	35,000	資 本 金	30,000	30,000
			利 益 剰 余 金	40,000	47,000
			非支配株主持分	4,000	6,000
	150,000	180,000		150,000	180,000

2．当期の連結損益計算書（2計算書方式）

連結損益計算書（単位：千円）

売 　 上 　 高	200,000
売 　 上 　 原 　 価	120,000
売 上 総 利 益	80,000
販売費及び一般管理費	60,000
営 業 利 益	20,000
受 取 利 息 配 当 金	3,000
支 払 利 息	2,000
税金等調整前当期純利益	21,000
法 人 税 等	11,000
当 期 純 利 益	10,000
非支配株主に帰属する当期純利益	2,000
親会社株主に帰属する当期純利益	8,000

3．売上原価の内訳は，商品の仕入代金のみである。

4．当期中に親会社は利益剰余金を原資として1,000千円の配当金を現金
　で支払った。子会社は剰余金の配当を行っていない。

5．当期中に固定資産20,000千円を購入し，代金は小切手を振り出して
　支払った。固定資産の減少は減価償却による。

6. 売上および仕入はすべて売上債権および仕入債務を通じて行っており，代金の決済は現金および当座預金によっている。

7. 販売費及び一般管理費の中には，人件費40,000千円，減価償却費（各自推定）が計上されている。これら以外はすべて現金支出費用であった。

8. 現金及び預金の内訳は，現金と当座預金のみである。

9. 有価証券は，資金の範囲には含めない。また前期末および当期末において評価差額は生じていない。

10. 借入金に関して，期中の借入額は60,000千円である。

11. 解答上，キャッシュ・フローの減少項目には金額の前に「△」を付すこと。また，資料より判明しない事項はすべて無視すること。

➡ 解答は244ページ

9 その他の連結情報

❶ 中間連結財務諸表

　有価証券報告書の提出会社には，半期に一度，中間連結財務諸表の作成開示が求められる。中間連結財務諸表には，中間連結貸借対照表，中間連結損益及び包括利益計算書（2計算書方式による場合には，中間連結損益計算書と中間連結包括利益計算書），中間連結キャッシュ・フロー計算書が含まれる。

　中間連結財務諸表は，連結会社が一般に公正妥当と認められる企業会計の基準に準拠して作成した，中間個別財務諸表を基礎として作成しなければならない。中間連結財務諸表の作成は，中間特有の会計処理（一定の要件を満たす原価差異の繰延処理と，見積実効税率を用いた税金費用の計算）を除き，原則として年度の連結財務諸表の作成にあたって採用する会計方針に準拠しなければならない。ただし，当該中間連結財務諸表の開示対象期間に係る企業集団の財政状態，経営成績およびキャッシュ・フローの状況に関する財務諸表利用者の判断を誤らせない限り，簡便的な会計処理によることができる。

❷ セグメント情報

　セグメント情報とは，企業の構成単位に関して開示される一定の財務情報である。セグメント情報の開示は，財務諸表の利用者が，企業の過去の業績を理解し，将来のキャッシュ・フローの予測を適切に評価できるように，企業が行うさまざまな事業活動の内容や経営環境に関して，適切な情報を提供するものでなければならない。

　情報開示のための単位であるセグメントは，企業の構成単位であることに加えて，(a)収益を稼得し費用が発生する事業活動に関連し，(b)企業の最高経営意思決定機関がその構成単位に対する資源配分の決定や経営成績の定期的検討を行い，かつ(c)分離された財務情報を入手できるという要件を充たすものをいう（事業セグメント）。

　企業は事業セグメント（あるいは複数の事業セグメントを集約したもの）の中から，売上高や資産額といった一定の量的基準に基づいて，報告セグメントを決定しなければならない。開示されるセグメント情報としては(a)報告セグメントの概要，(b)報告セグメントの利益（または損失），資産，負債およびその他の重要な項目の額ならびにその測定方法に関する事項，(c)(b)の金額の合計とこれに対応する財務諸表計上額との再調整に関する事項がある。

1級　商業簿記・会計学 下巻
基本問題／応用問題　解答・解説

基本問題 1-1

（ア）修正受渡日基準　（イ）価格の変動リスク　（ウ）権利を喪失

（エ）買い戻す権利および義務　（オ）当期の損益　（カ）時価

解 説

（ア）修正受渡日基準

- 保有目的ごとに採用できる。
- 約定日から受渡日までの期間が通常より長い場合は，先渡契約としての権利・義務を認識する。

（ウ）権利を喪失

- オプションの権利行使期間の経過，時効による債権の消滅や債権者による債権放棄等が該当する。

（オ）当期の損益

- 対価としての受払額は，譲渡の対価に，新たに発生した金融資産と金融負債をそれぞれ加減した額である。
- 金融資産の一部が消滅の認識要件を充たした場合には，消滅部分の帳簿価額は，全体の時価に対する消滅部分と残存部分の時価の比率により，按分して計算する。

基本問題 1-2

(1)　売買目的有価証券に分類される社債

　時価の変動により利益を得ることを目的として保有する社債は，時価評価し，評価差額は当期の損益として処理する。

(2)　満期保有目的の債券に分類される社債

　満期まで保有する意図をもって保有する社債は，取得原価をもって貸借対照表価額とする。ただし，債券を債券金額より低い価額または高い価額で取得した場合において，取得価額と社債金額との差額の性格が金利の調整と認められるときは，償却原価法に基づいて算定された価額をもって貸借対照表価額とし，貸借対照表価額に加減する金額は，受取利息に含めて処理する。

(3)　その他有価証券に分類される社債

　売買目的有価証券，満期保有目的の債券以外の社債は，時価評価し，評価

差額は洗替方式に基づき，次のいずれかの方法により処理する。

① 評価差額の合計額を純資産の部に計上する（全部純資産直入法）。

② 時価が取得原価を上回る銘柄に係る評価差額（評価益）は純資産の部に計上し，時価が取得原価を下回る銘柄に係る評価差額（評価損）は当期の損失として処理する（部分純資産直入法）。

(4) 時価が著しく下落した場合（有価証券の減損）

満期保有目的の債券ならびにその他有価証券に分類される社債について時価が著しく下落したときは，回復する見込みがあると認められる場合を除き，時価をもって貸借対照表価額とし，評価差額は当期の損失として処理しなければならない。

基本問題 1－3

ヘッジ会計の具体的な会計処理では，「繰延ヘッジ」と「時価ヘッジ」という２つの方法が認められているが，前者が原則であり，後者はその他有価証券をヘッジ対象とする場合にのみ採用することができる。「繰延ヘッジ」は，時価評価されているヘッジ手段にかかる損益または評価差額を，ヘッジ対象にかかる損益が認識されるまで純資産の部において繰り延べる方法である。なお，純資産の部に計上されるヘッジ手段にかかる損益または評価差額に対しては，税効果会計を適用しなければならない。

「時価ヘッジ」は，ヘッジ対象の相場変動等を損益に反映させることができるヘッジ対象（「その他有価証券」のみが該当）の場合に限り，ヘッジ対象の損益とヘッジ手段の損益とを同一の会計期間に損益計算書で認識する方法である。

ヘッジ会計の要件が充たされなくなったときには，ヘッジ会計の要件が充たされていた間のヘッジ手段にかかる損益または評価差額は，ヘッジ対象にかかる損益が認識されるまで純資産の部において引き続き繰り延べる。

ヘッジ会計は，ヘッジ対象が消滅したときに終了し，純資産の部において繰り延べられているヘッジ手段にかかる損益または評価差額は当期の損益として処理しなければならない。

　テンポラル法では，換算する項目の性質に着目して適用する為替相場を選択するが，貨幣・非貨幣法によれば，貨幣項目と非貨幣項目とに2つに区分することによって，異なる為替相場を適用する。

　貨幣・非貨幣法によって非貨幣項目と分類された，たとえば棚卸資産のように，基本的には取得時の為替相場で換算することが適切であっても，低価法の適用により期末時価（正味売却価額）が付された場合には，当該時価が付された事実を考慮すると決算時の為替相場によって換算することが合理的であると考えられる。しかし，非貨幣項目に分類されることによって，決算時の為替相場を適用することが排除されてしまうことになる。これに対し，テンポラル法は項目の属性に着目して適切な為替相場による換算を行うため，合理的な換算結果が得られる。

　その一方で，たとえば在外子会社の財務諸表項目について適切な為替相場を適用するためには，数多くの在外子会社の個々の取引ごとに為替相場を記録し，その記録を累積する必要があること。また，決算に際して，これらの為替相場による換算を1つひとつ行う必要があることから，実務的な負担が著しく増大することになる。大きな企業グループでは，子会社の数が1,000社を超える場合もあり，また，在外子会社を売却または買収する事例も増えたことから，より，為替相場の変動の影響を反映させる必要があるとの考え方が強まり，在外子会社の換算にかかる基本的な考え方が，テンポラル法から決算日レート法に変更されている。

（ア）円決済が完了

（イ）円貨による

（ウ）原価計算手続

（エ）利益計算

（オ）減価償却費の計算

応用問題 2－1

① （借）材　料　仕　入　　　100,000　（貸）買　　掛　　金　　　100,000

1,000ドル×@100円/ドル＝100,000円

② （借）為　替　差　損　　　　3,000　（貸）買　　掛　　金　　　　3,000

1,000ドル×（@103－@100）円/ドル＝3,000円

外貨建取引を行ってから，為替予約を行うまでの為替相場の変動部分（直々差額）を当期の損益として処理する。

（借）買　　掛　　金　　　　1,500　（貸）前　受　収　益　　　　1,500

1,000ドル×（@101.5－@103）円/ドル＝1,500円

為替予約相場と為替予約を行ったときの直物為替相場との差額（直先差額）を計上する。

この時点で，買掛金の金額は101,500円（1,000ドル×@101.5円/ドル）になる。

③ （借）前　受　収　益　　　　　500　（貸）為　替　差　益　　　　　500

（1,000ドル×（@101.5－@103）円/ドル）×1/3＝500円

直先差額のうち，当期に帰属する部分を配分計算する。

④ （借）買　　掛　　金　　　101,500　（貸）現　金　預　金　　　101,500

（借）前　受　収　益　　　　1,000　（貸）為　替　差　益　　　　1,000

為替予約に基づいて，輸入代金の決済を行う。また，直先差額の残額を当期に配分する。

解　説

外貨建取引のあとに為替予約を締結したため，直々差額と直先差額が発生する。

直々差額3,000円＝（予約時の直物為替相場@103円/ドル－外貨建取引時の直物為替相場@100）×1,000ドル

直先差額1,500円＝（予約相場@101.5円/ドル－予約時の直物為替相場@103円/ドル）×1,000ドル

外貨建取引を行ったときの直物為替相場は1ドル100円であり，3月1日に5月末の買掛金の決済期日を決済日とする為替予約を締結したため，最終的な買掛金の支払いは101,500円（予約相場@101.5×1,000ドル）に抑えるこ

とができた。このケースで為替予約を行わなかった場合には，決済日の為替相場でドルを調達しなければならないため，104,000円（決済日の直物為替相場@104×1,000ドル）支払う必要があった。

基本問題 2－3

財務諸表項目	決算整理後残高試算表（単位：ドル）		換算レート	残高試算表（単位：千円）		損益計算書（単位：千円）		貸借対照表（単位：千円）	
現　　　　金	2,000		100	200				200	
売　掛　金	4,000		100	400				400	
棚 卸 資 産	10,000		95	950				950	
有形固定資産	45,000		150	6,750				6,750	
買　掛　金		5,000	100		500				500
長 期 借 入 金		10,000	100		1,000				1,000
本　　　店		42,000	150		6,300				6,300
売　上　高		40,000	95		3,800	3,800			
売 上 原 価	26,000		95	2,470		2,470			
人　件　費	4,000		95	380		380			
減価償却費	5,000		150	750		750			
その他費用	1,000		95	95		95			
計	97,000	97,000		11,995	11,600				
為 替 換 算 益					395	⟹ 395			
当 期 純 利 益						500			500
合　　　計				11,995	11,995	4,195	4,195	8,300	8,300

（注）適切な換算レートにより換算した結果，円貨表示残高試算表で求められた貸借差額を損益計算書において当期の損益として処理する。

解説

　外貨表示の残高試算表は，外貨金額で貸借は一致している。このため，すべての項目を同じ為替相場で換算した場合には円貨表示でも貸借は一致する。しかし，実際には項目ごとに異なった為替相場を適用するため，円貨表示の残高試算表で貸借の差額が発生する。この差額が，為替換算差額であり，当期の損益として処理する。

　なお，在外支店の外貨建財務諸表が与えられた場合には，財務諸表を決算整理後残高試算表に組み替えて換算を行う必要がある。

基本問題 2−4

財務諸表項目	決算整理後残高試算表（単位：ドル）		換算レート	残高試算表（単位：千円）		損益計算書（単位：千円）		貸借対照表（単位：千円）	
現　　　金	2,000		100	200				200	
売　掛　金	4,000		100	400				400	
棚　卸　資　産	10,000		100	1,000				1,000	
有形固定資産	45,000		100	4,500				4,500	
買　掛　金		5,000	100		500				500
長期借入金		10,000	100		1,000				1,000
資　本　金		20,000	150		3,000				3,000
利益剰余金		22,000	120		2,640				2,640
売　上　高		40,000	95		3,800		3,800		
売　上　原　価	26,000		95	2,470		2,470			
人　件　費	4,000		95	380		380			
減価償却費	5,000		95	475		475			
その他費用	1,000		95	95		95			
計	97,000	97,000		9,520	10,940				
為替換算調整勘定				1,420				1,420	
当期純利益						380			380
				10,940	10,940	3,800	3,800	7,520	7,520

（注）適切な換算レートにより換算した結果，円貨表示残高試算表で求められた貸借差額を貸借対照表において為替換算調整勘定として処理する。

解説

　在外子会社の資産および負債項目は決算時の為替相場で換算する。また，収益および費用は期中平均相場で換算する。純資産のうち，資本金については子会社設立時の為替相場で換算し，その後，獲得した利益剰余金については，各年度における換算結果を累積する（本問では，累積した円貨額が1ドル120円で換算した数値と同額になると条件設定している）。

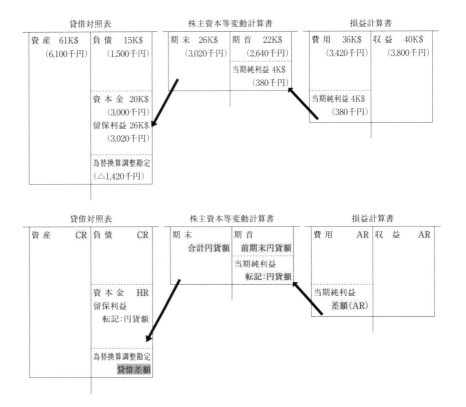

貸借対照表

資産 61K$	負債 15K$
(6,100千円)	(1,500千円)
	資本金 20K$
	(3,000千円)
	留保利益 26K$
	(3,020千円)
	為替換算調整勘定
	(△1,420千円)

株主資本等変動計算書

期末 26K$	期首 22K$
(3,020千円)	(2,640千円)
	当期純利益 4K$
	(380千円)

損益計算書

費用 36K$	収益 40K$
(3,420千円)	(3,800千円)
当期純利益 4K$	
(380千円)	

貸借対照表

資産 CR	負債 CR
	資本金 HR
	留保利益
	転記:円貨額
	為替換算調整勘定
	貸借差額

株主資本等変動計算書

期末	期首
合計円貨額	前期末円貨額
	当期純利益
	転記:円貨額

損益計算書

費用 AR	収益 AR
当期純利益	
差額(AR)	

応用問題 2−2

（ア）決算時の為替相場

（イ）取得時の為替相場

（ウ）期中平均相場

（エ）純資産の部

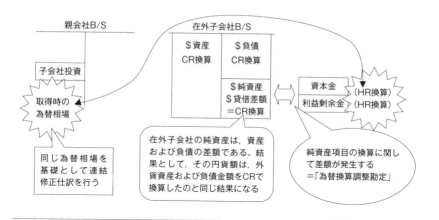

在外子会社の貸借対照表項目の換算に適用する為替相場

図中のテキスト:

親会社B/S

子会社投資

取得時の為替相場

同じ為替相場を基礎として連結修正仕訳を行う

在外子会社B/S

$資産 CR換算

$負債 CR換算

$純資産 $貸借差額 =CR換算

在外子会社の純資産は，資産および負債の差額である。結果として，その円貨額は，外貨資産および負債金額をCRで換算したのと同じ結果になる

資本金 （HR換算）

利益剰余金 （HR換算）

純資産項目の換算に関して差額が発生する ＝「為替換算調整勘定」

(注) 為替換算の仕組みを理解することで，換算する財務諸表項目1つひとつの計算ロジック（フロー）を正しく把握するだけでなく，残高チェック（ストック）により全体的な整合性についてまで確認することができるようになる。

基本問題 3-1

① × 退職給付水準を引き下げた場合の差額は過去勤務費用である。よって，発生の翌年度からではなく，発生した年度から費用処理する。

② × 未認識数理計算上の差異および未認識過去勤務費用があれば，退職給付引当金は退職給付債務と年金資産の差額にはならない。

③ × 割引率の計算には，長期期待運用収益率を反映させない。

④ ○

解 説

③ 割引率は，退職給付の支払見込期間に対応する国債等の利回りとなる。そこで，支払見込期間に対応する残存期間の国債等が存在しない場合には，存在する国債等の利回りを基礎にして対応する期間の割引率を補間法等により決定する。

（単位：万円）

（借）　退職給付引当金	200	（貸）　当 座 預 金	200
（借）　退 職 給 付 費 用	258	（貸）　退職給付引当金	258

期末の退職給付引当金：508万円

解説

　企業の年金資産拠出額は退職給付引当金の減額となるため仕訳が必要である。それに対し，年金資産からの退職給付支給額は，退職給付債務と年金資産を同額だけ減少させるため，退職給付引当金に変動がなく仕訳不要である。

　退職給付費用を計上する仕訳の金額は，以下のとおり計算できる。

　利息費用は，20X3年3月末の退職給付債務1,200万円×2％＝24万円

　期待運用収益は，20X3年3月末の年金資産700万円×3％＝21万円

　数理計算上の差異の費用処理額については，先に20X3年3月末の数理計算上の差異を計算する。これは，1,200万円－700万円－退職給付引当金450万円＝50万円（借方差異）となる。よって，50万円/10年＝5万円が処理額となる。

　この結果，退職給付費用は250万円＋24万円－21万円＋5万円＝258万円となる。退職給付引当金は，450万円－200万円＋258万円＝508万円である。

（単位：万円）

（借）　退職給付に係る調整累計額	50	（貸）　退職給付に係る負債	50
（借）　退 職 給 付 に 係 る 負 債	5	（貸）　退職給付に係る調整額	5

解説

　はじめの仕訳は，前期の連結修正仕訳を当期に開始仕訳として行ったものである。そのため，この「退職給付に係る調整累計額」は株主資本等変動計算書の当期首残高を調整する。後の仕訳は，当期の費用処理額を組替調整するための仕訳である。そこで，この「退職給付に係る調整額」はその他の包括利益となる。

　開始仕訳の50万円は過年度の連結修正仕訳にてその他の包括利益として処理した数理計算上の差異であるが，このうち5万円は当期の個別財務諸表に

おいて費用処理されている。そこで，組替調整によって過年度に計上したその他の包括利益を当期に戻すとともに，退職給付に係る負債を修正する。

基本問題 4-1

次のいずれかの基準を充たす場合，そのリース取引はファイナンス・リース取引となる。

現在価値基準：解約不能のリース期間におけるリース料総額の現在価値が，見積現金購入価額の概ね90％以上である場合。

経済的耐用年数基準：解約不能のリース期間が，リース物件の経済的耐用年数の概ね75％以上である場合。

ファイナンス・リース取引のうち，次のいずれかを充たせば所有権移転ファイナンス・リース取引となる。

① リース期間終了後またはリース期間の中途で所有権が移転する場合
② 割安購入選択権が与えられており行使されることが確実に予想される場合
③ リース物件が借手の用途に合わせた特別の仕様により製作または建設されており，その借手のみによって使用されることが明らかな場合

応用問題 4-1

借手が所有する物件を貸手に売却し，貸手から当該物件のリースを受ける取引をセール・アンド・リースバック取引という。ファイナンス・リース取引と判定された場合，資産の売却に伴う損益は，長期前払費用または長期前受収益として繰延処理し，その後，減価償却費の割合に応じて減価償却費に加減して損益に計上する。ただし，合理的な見積市場価額が帳簿価額を下回ることにより売却損失が生じた場合には，繰延処理せず売却時に一括して損失として計上する。

基本問題 4-2

① リース資産の取得原価　13,066,783円
② X1年度期末におけるリース債務の額　10,720,122円
③ X1年度期末における減価償却費の額　1,960,017円

解 説

リース料総額の現在価値は次のように求められる。

3,000,000円／（ 1 ＋0.05）＋3,000,000円／（ 1 ＋0.05）^{2}＋3,000,000円／（ 1 ＋0.05）^{3}

＋3,000,000円／（ 1 ＋0.05）^{4}＋（3,000,000円＋100,000円）／（ 1 ＋0.05）^{5}

＝13,066,783円

現在価値の金額　13,066,783円＞13,500,000円×90％

また，経済的耐用年数基準では，

5 年＞ 6 年×75％

となり，現在価値基準と経済的耐用年数基準によりファイナンス・リース取引と判定される。

見積現金購入価額　13,500,000円＞現在価値　13,066,783円であるため，現在価値額がリース資産の取得原価となる。

利息とリース債務の元本返済額の計算は次のとおりである。

（単位：円）

	リース料	利息額	元本返済額	リース債務残高
X1年度期首				13,066,783
X1年度期末	3,000,000	653,339	2,346,661	10,720,122
X2年度期末	3,000,000	536,006	2,463,994	8,256,128
X3年度期末	3,000,000	412,806	2,587,194	5,668,934
X4年度期末	3,000,000	283,447	2,716,553	2,952,381
X5年度期末	3,000,000	147,619	2,852,381	100,000

この取引は，所有権移転ファイナンス・リース取引であるため，リース資産の償却は，資産の耐用年数（ 6 年）にわたり，残存価額（10％）を見込んで行われる。

13,066,783円×（ 1 －0.1）×1/6＝1,960,017円

基本問題 4－3

① X2年度期首における借手の仕訳

（借）　現　金　預　金　28,500,000　　（貸）　機　　　　　械　32,000,000

　　　　減価償却累計額　 4,000,000　　　　　　長 期 前 受 収 益　　 500,000

226

（借）　リ　ー　ス　資　産　26,710,934　（貸）　リ　ー　ス　債　務　26,710,934

②　X2年度期末における借手の仕訳

（借）　リ　ー　ス　債　務　4,931,563　（貸）　現　金　預　金　6,000,000

　　　　支　払　利　息　1,068,437

（借）　減　価　償　却　費　5,342,187　（貸）　減価償却累計額　5,342,187

（借）　長　期　前　受　収　益　100,000　（貸）　減　価　償　却　費　100,000

解　説

　リース料総額の現在価値は次のように求められる。

　6,000,000円／（1＋0.04）＋6,000,000円／（1＋0.04）^{2}＋6,000,000円／（1＋0.04）^{3}

　　＋6,000,000円／（1＋0.04）^{4}＋6,000,000円／（1＋0.04）^{5}＝26,710,934円

　現在価値の金額　26,710,934円＞28,500,000円×90％

　また，経済的耐用年数基準では，

　5年＜7年×75％

となり，現在価値基準によりファイナンス・リース取引と判定される。

　条件から，この取引は所有権移転ファイナンス・リース取引に該当せず，所有権移転外ファイナンス・リース取引となる。

　貸手の購入価額　28,500,000円＞現在価値　26,710,934円であるため，現在価値額がリース資産の取得原価となる。

　利息とリース債務の元本返済額の計算は次のとおりである。

（単位：円）

	リース料	利息額	元本返済額	リース債務残高
X2年度期首				26,710,934
X2年度期末	6,000,000	1,068,437	4,931,563	21,779,371
X3年度期末	6,000,000	871,175	5,128,825	16,650,546
X4年度期末	6,000,000	666,022	5,333,978	11,316,568
X5年度期末	6,000,000	452,663	5,547,337	5,769,231
X6年度期末	6,000,000	230,769	5,769,231	0

　リース資産の減価償却は，リース期間にわたり，残存価額ゼロとして計算される。

26,710,934円×1/5＝5,342,187円

ファイナンス・リース取引に該当するセール・アンド・リースバック取引であるため，資産の売却に伴う利益は，長期前受収益として繰延処理し，その後，減価償却費の割合に応じて減価償却費に加減して損益に計上する。

X2年度期首の帳簿価額

32,000,000円－32,000,000円×1/8＝28,000,000円

売却益　28,500,000円－28,000,000円＝500,000円

1年当たりの減価償却の修正額　500,000円×1/5＝100,000円

基本問題 5－1

割引前将来キャッシュ・フローの総額3,840,000円は帳簿価額4,380,000円を下回っているので，減損損失の認識を行う。

解説

機械装置の割引前将来キャッシュ・フローの総額は，480,000円×8年＝3,840,000円である。また，機械装置の帳簿価額は，取得原価8,000,000円－減価償却累計額3,620,000円＝4,380,000円である。したがって，割引前将来キャッシュ・フローの総額3,840,000円は帳簿価額4,380,000円を下回っているので，減損損失の認識を行うと判定される。

基本問題 5－2

問1

資産グループについて，割引前将来キャッシュ・フローの総額15,500,000円は帳簿価額16,000,000円を下回っているので，減損損失の認識を行う。

問2

資産グループ全体の減損損失の金額	1,400,000円
土地の減損損失の金額	875,000円
建物の減損損失の金額	350,000円
備品の減損損失の金額	175,000円

問3

（借）減 損 損 失	1,400,000	（貸）土	地	875,000
		建	物	350,000
		備	品	175,000

（解　説）

問1

　減損損失の認識の判定は，資産グループから得られる割引前将来キャッシュ・フローの総額と帳簿価額を比較することによって行う。資産グループの割引前将来キャッシュ・フローの総額は15,500,000円であり，帳簿価額は10,000,000円＋4,000,000円＋2,000,000円＝16,000,000円である。割引前将来キャッシュ・フローの総額15,500,000円は帳簿価額16,000,000円を下回っているので，減損損失の認識は行うと判定される。

問2

　資産グループの正味売却価額は13,800,000円，使用価値は14,600,000円であるので，高いほうの金額である使用価値14,600,000円が回収可能価額となる。したがって，資産グループ全体の減損損失の金額は，帳簿価額16,000,000円－回収可能価額14,600,000円＝1,400,000円と計算される。

　また，減損損失の配分は，帳簿価額に基づいて各構成資産に比例的に配分する方法によるので，各構成資産の減損損失の金額は次のように計算される。

　　土地の減損損失＝1,400,000円×（10,000,000円÷16,000,000円）＝875,000円

　　建物の減損損失＝1,400,000円×（4,000,000円÷16,000,000円）＝350,000円

　　備品の減損損失＝1,400,000円×（2,000,000円÷16,000,000円）＝175,000円

基本問題 5-3

資産A	120,000円
資産B	0 円
共用資産C	30,000円

（解　説）

　共用資産Cの帳簿価額150,000円は，2：1の割合で配分されるので，資産Aと共用資産Cから構成される資産グループの帳簿価額は，400,000円＋

（150,000円×2／3）＝500,000円となる。また，資産Bと共用資産Cから構成される資産グループの帳簿価額は，300,000円＋（150,000円×1／3）＝350,000円となる。資産Aおよび資産Bはいずれも減損の兆候があるので，各資産グループについて，共用資産の帳簿価額を配分した後の帳簿価額に基づいて減損損失の認識の判定が行われる。

　資産Aと共用資産Cのグループについては，割引前将来キャッシュ・フローの総額390,000円は帳簿価額500,000円を下回っているので，減損損失の認識を行うことになり，帳簿価額500,000円−回収可能価額350,000円＝150,000円が減損損失として測定されることになる。この減損損失150,000円は，帳簿価額に基づき，次のように資産Aと共用資産Cに配分される。

　　資産Aの減損損失＝150,000円×（400,000円÷500,000円）＝120,000円

　　共用資産Cの減損損失＝150,000円×（100,000円÷500,000円）＝30,000円

　一方，資産Bと共用資産Cのグループについては，割引前将来キャッシュ・フローの総額360,000円は帳簿価額350,000円を上回っているので，減損損失の認識は行われない。

基本問題 5−4

　130,000円

解 説

　のれんに関して，より大きな単位でグルーピングを行う場合には，まずのれんを含まない資産グループごとに，減損の兆候の把握，減損損失の認識の判定，および減損損失の測定を行い，その後に，のれんを含むより大きな単位について減損会計を実施する。

　本問では，資産グループA，B，Cすべてに減損の兆候があり，減損損失の認識の判定が行われるが，このうち資産グループAおよびBについては，割引前将来キャッシュ・フローの総額は帳簿価額を上回っているので，減損損失の認識は行われない。一方，資産グループCについては，割引前将来キャッシュ・フローの総額220,000円は帳簿価額250,000円を下回っているので，減損損失の認識を行うことになり，帳簿価額250,000円−回収可能価額160,000円＝90,000円が減損損失として測定されることになる。

次に，のれんについて減損の兆候があるので，のれんを含むより大きな単位について減損会計が実施される。のれんを含むより大きな単位の帳簿価額は200,000円＋390,000円＋250,000円＋150,000円＝990,000円である。したがって，のれんを含むより大きな単位の割引前将来キャッシュ・フローの総額870,000円は帳簿価額990,000円を下回っているので，減損損失の認識を行うことになり，帳簿価額990,000円－回収可能価額770,000円＝220,000円が減損損失として測定されることになる。

のれんを加えることによって算定される減損損失の増加額は，より大きな単位の減損損失の金額220,000円－資産グループCの減損損失の金額90,000円＝130,000円である。この減損損失の増加額130,000円は，原則として，のれんの減損損失として配分することになる。

基本問題 6－1

問1　① 1,200,000　② 8,130,000　③ 9,330,000　④ 2,250,000

　　　⑤ 7,080,000　⑥ 2,368,000　⑦ 8,829,000　⑧ 2,250,000

　　　⑨ 5,275,000　⑩ 7,525,000　⑪ 745,000　⑫ 6,780,000

　　　⑬ 2,049,000

問2　100,000千円（20X2年度の利益剰余金期首残高を増加させる累積的影響額）

解説

問1　まず，棚卸資産（商品）に先入先出法を遡及適用した場合の20X1年度の期首商品棚卸高，当期商品仕入高，期末商品棚卸高の計算について示すと，下記のとおりである。

- 期首商品棚卸高

　　前期からの繰越分1,000個×@1,220千円＝1,220,000千円

- 当期商品仕入高

　　5月12日仕入分（1,600個×@1,250千円）＋11月5日仕入分（3,000個×@1,500千円）＝6,500,000千円

- 期末商品棚卸高

　　11月5日仕入分800個×@1,500千円＝1,200,000千円

231

※　8月25日には前期からの繰越分1,000個と5月12日仕入分
　　のうち1,000個の商品が払い出され，2月19日には5月12日仕
　　入分600個と11月5日仕入分のうち2,200個の商品が払い出さ
　　れることから，期末の棚卸高は11月5日仕入分800個の商品
　　となる。

　上記の計算から，先入先出法を遡及適用した場合の20X2年度の期首商品棚卸高は1,200,000千円となる。

　次に，棚卸資産（商品）に先入先出法を遡及適用した場合の20X2年度の当期商品仕入高と期末商品棚卸高の計算について示すと，下記のとおりである。

- 当期商品仕入高

　　4月18日仕入分（4,500個×@1,400千円）＋2月15日仕入分（1,200個×@1,525千円）＝8,130,000千円

- 期末商品棚卸高

　　4月18日仕入分（300個×@1,400千円）＋2月15日仕入分（1,200個×@1,525千円）＝2,250,000千円

　　※　8月10日には前期からの繰越分800個と4月18日仕入分の
　　うち1,800個の商品が払い出され，1月17日には4月18日仕入
　　分2,400個の商品が払い出されることから，期末の棚卸高は4
　　月18日仕入分300個と2月15日仕入分1,200個の商品となる。

　さらに，棚卸資産（商品）に先入先出法を遡及適用した場合の20X3年度の当期商品仕入高と期末商品棚卸高の計算について示すと，下記のとおりである。

- 当期商品仕入高

　　5月10日仕入分（1,000個×@1,550千円）＋11月16日仕入分（2,500個×@1,490千円）＝5,275,000千円

- 期末商品棚卸高

　　11月16日仕入分500個×@1,490千円＝745,000千円

　　※　8月23日には前期からの繰越分1,500個と5月10日仕入分
　　のうち300個の商品が払い出され，2月17日には5月10日仕

入分700個と11月16日仕入分のうち2,000個の商品が払い出されることから，期末の棚卸高は11月16日仕入分500個の商品となる。

なお，20X3年度の売上高の計算は，下記のとおりである。

　　　8月23日売上分（1,800個×@1,980千円）＋2月17日売上分（2,700個×@1,950千円）＝8,829,000千円

問2　損益計算書の20X2年度における期首商品棚卸高に関して，総平均法を適用していたときの1,100,000千円と先入先出法を遡及適用した場合の1,200,000千円との差額100,000千円が，遡及適用によって，20X2年度より前の期間の費用（売上原価）とならず，20X2年度の利益剰余金期首残高を増加させる累積的影響額となる。

基本問題 6－2

　① 公正妥当　② 経過的な取扱い　③ 遡及適用　④ 累積的影響額

　⑤ 期首　　　⑥ 最も古い日

解説

　会計方針の変更に関して，その分類や取扱いなどを理解しているかどうかを確認するための問題である。具体的には，「基準」第4項から第9項までの内容を問うている。

基本問題 6－3

　減価償却費　115,875円

解説

　固定資産の減価償却方法の変更については，会計上の見積りの変更と同様に取り扱い，遡及適用は行わない。したがって，第4年度の期首からは，残りの耐用年数である5年間にわたって定額法による減価償却を行う。

・第3年度期末の減価償却累計額

　　第1年度の減価償却費450,000円＋第2年度の減価償却費337,500円

　　＋第3年度の減価償却費253,125円＝1,040,625円

・第4年度期首の帳簿価額

取得原価1,800,000円 − 減価償却累計額1,040,625円 = 759,375円

- 第4年度以降の各期の減価償却費

 （第4年度期首の帳簿価額759,375円 − 残存価額180,000円）÷ 5 年
 = 115,875円

問1　本店の売上総利益：2,630,000円　支店の売上総利益：833,000円

問2　内部利益控除後の期首商品棚卸高：386,000円

　　　内部利益控除後の期末商品棚卸高：375,000円

問3　本支店合併損益計算書を作成したときの売上総利益：3,459,000円

（解　説）

　問1では，独立採算制を前提に，本店および支店独自の売上総利益（売上原価）を計算する。

本店独自の売上原価	期首商品棚卸高280,000円 + 仕入3,800,000円 − 期末商品棚卸高250,000円 = 3,830,000円
本店独自の売上高	売上5,500,000円 + 支店へ売上960,000円 = 6,460,000円
支店独自の売上原価	期首商品棚卸高120,000円 + 仕入430,000円 + 本店から仕入960,000円 − 期末商品棚卸高143,000円 = 1,367,000円
支店独自の売上高	売上2,200,000円

　問2では，支店の期首商品棚卸高と期末商品棚卸高に含まれる内部利益を控除し，本店の棚卸高と合計する。内部利益の計算は，次のとおりである。

期首分　$84,000円 \times \dfrac{0.2}{1 + 0.2} = 14,000円$

期末分　$108,000 \times \dfrac{0.2}{1 + 0.2} = 18,000円$

　以上を整理すると，問3で問われている売上総利益を計算するための必要なデータが得られる。

期首商品棚卸高　280,000円 + 120,000円 − 14,000円 = 386,000円

期末商品棚卸高　250,000円 + 143,000円 − 18,000円 = 375,000円

| 当期商品仕入高 | 3,800,000円 + 430,000円 = 4,230,000円 |
| 売上高 | 5,500,000円 + 2,200,000円 = 7,700,000円 |

基本問題 7-2

本支店合併損益計算書

自20X1年 4 月 1 日　至20X2年 3 月31日

（単位：千円）

I	売上高		400,000
II	売上原価		
1	期首商品棚卸高	23,500	
2	当期商品仕入高	317,800	
	合　計	341,300	
3	期末商品棚卸高	26,600	
	差　引	314,700	
4	商品評価損	100	314,800
	売上総利益		85,200
III	販売費及び一般管理費		
1	営業費	48,600	
2	減価償却費	18,000	
3	貸倒引当金繰入	249	66,849
	営業利益		18,351
IV	営業外収益		1,500
V	営業外費用		3,700
	経常利益		16,151
VI	特別利益		―
VII	特別損失		―
	当期純利益		16,151

本支店合併貸借対照表

20X2年 3 月31日　　　　　　　　（単位：千円）

現　金　預　金	80,950	買　　掛　　金	86,700
売　　掛　　金	18,300	未　払　費　用	800
貸倒引当金	△　549	資　　本　　金	100,000
有　価　証　券	49,800	繰越利益剰余金	22,801
商　　　　品	26,500		
前　払　費　用	1,000		
備　　　　品	100,000		
減価償却累計額	△65,700		
	210,301		210,301

解　説（仕訳単位：千円）

決算整理

① 収益性の低下による簿価の切下げ

	原価（単価）	正味売却価額（単価）	数量	評価損
商品A	10千円	11千円	2,400個	－
商品B	30千円	25千円	20個	100千円
商品C	25千円	32千円	80個	－

（借）商　品　評　価　損　　100　（貸）繰　越　商　品　　100

　　支店が保有する本店からの仕入商品には利益が付加されているが，本支店合併財務諸表の作成にあたっては，内部利益を控除した金額で原価と正味売却価額を比較する。したがって，商品Aに評価損は生じない。商品Cは他社からの仕入分である。

② 内部利益の控除

　　期末商品分　（7,200千円＋720千円）$\times \dfrac{0.2}{1+0.2}=1,320$千円

　＊期末商品棚卸高　18,000千円＋9,920千円－1,320千円＝26,600千円

　　　①で計算した商品評価損100千円があるため，貸借対照表上の「商品」は26,500千円となる。

　＊期首商品棚卸高　16,000千円＋8,000千円－500千円＝23,500千円

236

③　備品の減価償却費

　　本店　12,600千円

　　支店　5,400千円

④　貸倒引当金の設定（差額補充法）

　　本店の売掛金　11,800千円×0.03＝354千円

　　支店の売掛金　6,500千円×0.03＝195千円

⑤　売買目的有価証券の運用損益（営業外費用）　200千円

⑥　経過勘定の処理

（借）　前　払　費　用　　　1,000　（貸）　営　　業　　費　　　1,000

（借）　営　　業　　費　　　　800　（貸）　未　払　費　用　　　　800

⑦　その他

　営業費　33,000千円＋15,800千円－1,000千円＋800千円＝48,600千円

　営業外費用　2,300千円＋1,200千円＋200千円＝3,700千円

基本問題 8－1

問1　東京商事：神田流通＝ 1 ：0.6

問2　合併時の仕訳（単位：円）

（借）　流　動　資　産　　4,000,000　（貸）　諸　　負　　債　　8,000,000

　　　　固　定　資　産　　8,700,000　　　　　資　　本　　金　　2,700,000

　　　　の　　れ　　ん　　　700,000　　　　　資　本　剰　余　金　　2,700,000

問3　合併時の仕訳（単位：円）

（借）　流　動　資　産　　4,000,000　（貸）　諸　　負　　債　　8,000,000

　　　　固　定　資　産　　8,700,000　　　　　資　　本　　金　　2,325,000

　　　　　　　　　　　　　　　　　　　　　　資　本　剰　余　金　　2,325,000

　　　　　　　　　　　　　　　　　　　　　　負ののれん発生益　　　50,000

解　説

問1　合併比率の計算

　合併比率は 1 株当たりの企業評価額に基づいて計算するが，本問では，神田流通の企業評価額が明らかでない。そこで，問題文の指示に従い純資産簿価と収益還元価値の平均値を求める。

237

純資産簿価：資本金2,500,000円＋資本剰余金800,000円

　　　　　　　　＋利益剰余金700,000円＝4,000,000円

収益還元価値：純資産簿価4,000,000円×平均利益率10％÷資本還元率８％

　　　　　　　＝5,000,000円

企業評価額：（4,000,000円＋5,000,000円）÷２＝4,500,000円

　よって，神田流通の１株当たりの企業評価額は900円（4,500,000円÷5,000株）であることがわかる。その結果，合併比率は以下のとおりになる。

　　　　　　東京商事：神田流通＝＠1,500円：＠900円＝１：0.6

問２　パーチェス法による仕訳処理

　上記より，東京商事が神田流通の株主に交付する株式の数は3,000株であることがわかる（発行済株式5,000株×合併比率0.6）。したがって，本問における取得原価は，以下のとおり計算できる。

　交付株式数3,000株×株価＠1,800円＝5,400,000円

　問題文の指示より，このうち半分の2,700,000円が資本金に組み入れられ，残額の2,700,000円が資本剰余金として処理されることとなる。

問３　東京商事の株価が＠1,550円だった場合

　取得原価は，下式のとおり4,650,000円となる。

　交付株式数3,000株×株価＠1,550円＝4,650,000円

　識別可能純資産の時価4,700,000円を取得原価4,650,000円が下回るため，負ののれんが生じることとなる。本問では，識別可能資産および負債について修正すべき事項はないため，生じた貸方差額は全額負ののれん発生益として，特別利益に計上されることとなる。

基本問題 8-2

A社（分離元企業）の仕訳（単位：千円）

（借）	乙 事 業 負 債	120,000	（貸）	乙 事 業 資 産	360,000
	投 資 有 価 証 券	300,000		移 転 利 益	60,000

B社（分離先企業）の仕訳（単位：千円）

（借）	乙事業資産	400,000	（貸）	乙事業負債	120,000
	のれん	20,000		資本金	100,000
				資本準備金	100,000
				その他資本剰余金	100,000

解説

[分離元企業（A社）の会計処理]

　分離先企業であるB社は子会社および関連会社のいずれにも該当しないことから，移転した乙事業に対する投資は清算されたものとみなされる。よって，受取対価となるB社株式の時価と，乙事業にかかる株主資本相当額との差額を移転損益として認識する。

　B社株式時価：150,000株×@2千円＝300,000千円

　株主資本相当額：乙事業資産簿価360,000千円－乙事業負債簿価120,000千円
　　　　　　　　＝240,000千円

　移転損益：受取対価300,000千円－移転した株主資本相当額240,000千円
　　　　　　＝60,000千円（移転利益）

[分離先企業（B社）の会計処理]

　吸収分割前のB社株主の株式保有数とA社の分割後B社に対する株式保有数は，300万株：15万株であるから，受け入れた乙事業に対する支配はB社が獲得したといえる。したがって，B社は本問の吸収分割をパーチェス法によって処理することとなる。

　この場合，取得原価は交付株式数150,000株×@2千円＝300,000千円となる。このため，問題文の指示に従うと資本金，資本準備金およびその他資本剰余金の増加額はいずれも100,000千円となる。なお，受け入れた乙事業資産および乙事業負債の時価と取得原価との差額はのれんとなる。

連結貸借対照表 （単位：千円）

資　産	金　額	負債・純資産	金　額
流　動　資　産	71,000	流　動　負　債	27,000
固　定　資　産	49,000	固　定　負　債	25,000
の　　れ　　ん	1,600	資　　本　　金	50,000
		利　益　剰　余　金	17,000
		非支配株主持分	2,600
	121,600		121,600

解　説

　P社およびS社の貸借対照表を単純合算し，以下の修正仕訳を加味すればよい。評価差額は子会社の資本であるから，P社の投資との相殺消去や非支配株主持分への振替えの対象となる点に注意すること。

　なお，のれんと非支配株主持分は，連結修正の結果として新たに生じた項目であるから，問題文の指示に従い独立の項目として記載する。

① S社の資産および負債の時価評価（単位：千円）

（借）固　定　資　産　　　3,000　（貸）流　動　資　産　　　1,000
　　　　　　　　　　　　　　　　　　　評　価　差　額　　　2,000

② 資本連結（単位：千円）

（借）資　　本　　金　　　8,000　（貸）子　会　社　株　式　　12,000
　　　利　益　剰　余　金　　3,000　　　　非支配株主持分　　　2,600
　　　評　価　差　額　　　2,000
　　　の　　れ　　ん　　　1,600

非支配株主持分：（資本金8,000千円＋利益剰余金3,000千円
　　　　　　　　　　＋評価差額2,000千円）×20％＝2,600千円

のれん：貸借差額

連結貸借対照表 （単位：千円）

資　産	金　額	負債・純資産	金　額
現　金　預　金	191,000	支　払　手　形	145,000
受　取　手　形	230,000	買　掛　金	180,000
売　掛　金	160,000	借　入　金	275,000
棚　卸　資　産	248,000	貸　倒　引　当　金	11,700
貸　付　金	70,000	減価償却累計額	66,500
建　物	150,000	資　本　金	200,000
土　地	195,000	資　本　剰　余　金	79,000
の　れ　ん	24,000	利　益　剰　余　金	266,800
		非支配株主持分	44,000
	1,268,000		1,268,000

連結損益計算書（単位：千円）

売　上　高	1,250,000
売　上　原　価	852,000
売　上　総　利　益	398,000
販売費及び一般管理費	232,550
営　業　利　益	165,450
営　業　外　収　益	54,000
営　業　外　費　用	40,000
税金等調整前当期純利益	179,450
法　人　税　等	100,000
当　期　純　利　益	79,450
非支配株主に帰属する当期純利益	8,000
親会社株主に帰属する当期純利益	71,450

連結株主資本等変動計算書（単位：千円）

当期首残高	235,350
当期変動額	
剰余金の配当	△ 40,000
親会社株主に帰属する当期純利益	71,450
合　計	31,450
当期末残高	266,800

解 説

　基本的な連結手続一巡を問うた問題である。本問を通じて連結財務諸表作成の流れを理解すること。なお，以下の修正仕訳では解答に必要となる財務諸表項目名のみを用いているため，たとえば「非支配株主持分当期首残高」といった解答上必要でない名称は用いず，「非支配株主持分」としてまとめて

いる。

① S社の資産および負債の時価評価（単位：千円）

（借）　土　　　　　地　　50,000　（貸）評　価　差　額　　50,000

　評価差額：時価100,000千円－簿価50,000千円＝50,000千円

② 資本連結（20X0年3月31日購入分）（単位：千円）

（借）　資　　本　　金　　100,000　（貸）子 会 社 株 式　　150,000

　　　利益剰余金当期首残高　　50,000　　　　非支配株主持分　　80,000

　　　評　価　差　額　　50,000

　　　の　　れ　　ん　　30,000

　非支配株主持分：（資本金100,000千円＋利益剰余金50,000千円

　　　　　　　　　　＋評価差額50,000千円）×40％＝80,000千円

　のれん：貸借差額

　　過年度の資本連結を実施しているため，連結株主資本等変動計算書の記載対象項目は，厳密には「○○当期首残高」の項目名を用いる必要があるが，本問では，利益剰余金の区分のみが解答として求められていることから，その他の項目は連結貸借対照表上の項目名を用いている。

③ 過年度の利益剰余金増減の振替えおよびのれん償却（単位：千円）

（借）　利益剰余金当期首残高　　4,000　（貸）非支配株主持分　　4,000

（借）　利益剰余金当期首残高　　3,000　（貸）の　　れ　　ん　　3,000

　非支配株主持分：（20X1年3月期60,000千円－20X0年3月期50,000千円）

　　　　　　　　　　×40％＝4,000千円

　のれん償却額：30,000千円÷10年＝3,000千円

　　過年度の純利益や剰余金の配当による利益剰余金の増減は，すべて「利益剰余金当期首残高」に集約されている。そこで，過年度に実施した純利益の振替えや配当金に係る修正仕訳は，「利益剰余金当期首残高」を用いて行う。計算上は，前期末までに生じた利益剰余金の変動額を計算し，これに非支配株主持分比率を乗じた金額を用いることで，過年度に行われた処理をまとめて実施できる。

④ 当期純利益の振替え，配当金の修正およびのれん償却（単位：千円）

（借）　非支配株主に帰属する当期純損益　　8,000　（貸）非支配株主持分　　8,000

（借）	営 業 外 収 益	6,000	（貸）	剰 余 金 の 配 当	10,000
	非支配株主持分	4,000			
（借）	販売費及び一般管理費	3,000	（貸）	の れ ん	3,000

　　非支配株主に帰属する当期純損益：当期純利益20,000千円×40％

　　　　　　　　　　　　　　　　　＝8,000千円

　　営業外収益：剰余金の配当10,000千円×P社持分比率60％＝6,000千円

　　問題文の指示より、「のれん償却」は「販売費及び一般管理費」に含められる。P社による追加取得は当期末であるから、純利益の振替えや配当金の修正に用いる持分比率は、追加取得前のものを用いる。

⑤　S社株式追加取得の修正（単位：千円）

（借）	非支配株主持分	44,000	（貸）	子 会 社 株 式	50,000
	資 本 剰 余 金	6,000			

　　非支配株主持分：（資本金100,000千円＋利益剰余金70,000千円＋評価差額50,000千円）×20％＝44,000千円

　　資本剰余金：貸借差額

　　追加取得によって減少する非支配株主持分額は、売却時点の子会社資本（評価差額を含む）に減少する持分比率を乗じて計算する。そして、この金額が追加取得により増加した親会社の持分額となり、追加投資額との相殺消去差額は資本剰余金とされる。

⑥　商品売買による取引高の相殺消去（未達の処理含む）（単位：千円）

（借）	売 上 高	250,000	（貸）	売 上 原 価	250,000
（借）	棚 卸 資 産	10,000	（貸）	買 掛 金	10,000

　　未達の商品は、企業集団内部に保有されていると捉え、連結貸借対照表上、棚卸資産に含める。

⑦　未実現利益の相殺消去（ダウン・ストリーム）（単位：千円）

（借）	利益剰余金当期首残高	10,000	（貸）	売 上 原 価	10,000
（借）	売 上 原 価	12,000	（貸）	棚 卸 資 産	12,000

　　期首分：前期末P社仕入商品50,000千円×利益率20％＝10,000千円

　　期末分：（当期末P社仕入商品50,000千円＋未達商品10,000千円）×利益率20％

　　　　　　＝12,000千円

当期末P社仕入商品に含まれる未実現利益の計算に際しては，未達商品を含めることに注意すること。

⑧　内部取引高による債権債務の相殺消去（単位：千円）

（借）	支 払 手 形	30,000	（貸）	受 取 手 形	30,000
（借）	支 払 手 形	15,000	（貸）	借 入 金	15,000
（借）	買 掛 金	30,000	（貸）	売 掛 金	30,000
（借）	貸 倒 引 当 金	1,800	（貸）	利益剰余金当期首残高	1,350
				販売費及び一般管理費	450

貸倒引当金前期分：前期売上債権45,000千円×3％＝1,350千円

貸倒引当金当期分：当期売上債権60,000千円×3％＝1,800千円

貸倒引当金繰入額：1,800千円－1,350千円＝450千円

　　P社が割引に付したS社振出手形15,000千円は，借入金に振り替える。手形売却損1,000千円は営業外費用に含まれており，支払利息に振り替えても引き続き営業外費用に含まれるため，上記仕訳には示していない。貸倒引当金繰入額は販売費及び一般管理費に含められている。

応用問題 9－2

問1　連結キャッシュ・フロー計算書（直接法）

連結キャッシュ・フロー計算書　（単位：千円）

Ⅰ	営業活動によるキャッシュ・フロー	
	営業収入	197,000
	商品の仕入支出	△118,000
	人件費支出	△39,000
	その他の営業支出	△5,000
	小　　　　計	35,000
	利息及び配当金の受取額	3,000
	利息の支払額	△2,000
	法人税等の支払額	△10,000
	営業活動によるキャッシュ・フロー	26,000
Ⅱ	投資活動によるキャッシュ・フロー	
	固定資産の取得による支出	△20,000

有価証券の取得による支出	△10,000
投資活動によるキャッシュ・フロー	△30,000

Ⅲ 財務活動によるキャッシュ・フロー

借入による収入	60,000
借入金の返済による支出	△45,000
親会社による配当金の支払額	△1,000
財務活動によるキャッシュ・フロー	14,000

Ⅳ 現金及び現金同等物の増加額	10,000
Ⅴ 現金及び現金同等物の期首残高	20,000
Ⅵ 現金及び現金同等物の期末残高	30,000

問2 営業活動によるキャッシュ・フロー（間接法）

Ⅰ 営業活動によるキャッシュ・フロー　（単位：千円）

税金等調整前当期純利益	21,000
減価償却費	15,000
賞与引当金の増加額	1,000
受取利息配当金	△3,000
支払利息	2,000
売上債権の増加額	△3,000
棚卸資産の増加額	△2,000
仕入債務の増加額	4,000
小　　計	35,000
利息及び配当金の受取額	3,000
利息の支払額	△2,000
法人税等の支払額	△10,000
営業活動によるキャッシュ・フロー	26,000

　本問は簡便法による連結キャッシュ・フロー計算書の作成手順を問うた問題である。簡便法の下では，連結貸借対照表や連結損益計算書を企業の個別財務諸表と同じように捉え，個別キャッシュ・フロー計算書と同様の手続によって連結キャッシュ・フロー計算書を作成する。したがって，個別キャッシュ・フロー計算書の作成が前提である原則法と比べて，単純合算や内部取引消去等の連結修正という手続が不要である。解答上，必要となる計算は以下のとおりである。

営業収入：売上高200,000千円 − 売上債権増加額3,000千円 = 197,000千円

売上債権増加額：期末残高53,000千円 − 期首残高50,000千円 = 3,000千円

商品の仕入支出：売上原価120,000千円 + 棚卸資産増加額2,000千円

　　　　　　　　− 仕入債務増加額4,000千円 = 118,000千円

棚卸資産増加額：期末残高42,000千円 − 期首残高40,000千円 = 2,000千円

仕入債務増加額：期末残高44,000千円 − 期首残高40,000千円 = 4,000千円

人件費支出：P/L人件費40,000千円 − 賞与引当金の増加額1,000千円

　　　　　　= 39,000千円

賞与引当金の増加額：期末残高7,000千円 − 期首残高6,000千円 = 1,000千円

その他の営業支出：P/L販管費60,000千円 − 人件費40,000千円

　　　　　　　　　− 減価償却費15,000千円 = 5,000千円

減価償却費：固定資産期首残高30,000千円 + 当期取得額20,000千円

　　　　　　− 期末残高35,000千円 = 15,000千円

法人税等の支払額：P/L法人税等11,000千円 + 未払法人税等期首残高10,000千円

　　　　　　　　　− 期末残高11,000千円 = 10,000千円

有価証券の取得による支出：有価証券期末残高20,000千円

　　　　　　　　　　　　　− 期首残高10,000千円 = 10,000千円

借入金の返済による支出：借入金期首残高20,000千円 + 当期借入額60,000千円

　　　　　　　　　　　　− 期末残高35,000千円 = 45,000千円

- ・日商簿記検定試験の概要
- ・商工会議所簿記検定試験出題区分表

※2024年1月現在。最新の情報は日本商工会議所のホームページでご確認下さい。

日商簿記検定試験の概要

● **各級のレベルと合格基準**

1級：公認会計士，税理士などの国家資格への登竜門。合格すると税理士試験の受験資格が得られる。極めて高度な商業簿記・会計学・工業簿記・原価計算を修得し，会計基準や会社法，財務諸表等規則などの企業会計に関する法規を踏まえて，経営管理や経営分析ができる。

2級：経営管理に役立つ知識として，最も企業に求められる資格の1つ。企業の財務担当者に必須。高度な商業簿記・工業簿記（初歩的な原価計算を含む）を修得し，財務諸表の数字から経営内容を把握できる。

3級：ビジネスパーソンに必須の基礎知識。経理・財務担当以外でも，職種にかかわらず評価する企業が多い。基本的な商業簿記を修得し，経理関連書類の適切な処理や青色申告書類の作成など，初歩的な実務がある程度できる。

初級：簿記の基本用語や複式簿記の仕組みを理解し，業務に利活用することができる。

原価計算初級：原価計算の基本用語や原価と利益の関係を分析・理解し，業務に利活用することができる。

		科　　目	問 題 数	試験時間
1 級		商業簿記・会計学		90分
		工業簿記・原価計算		90分
2 級		商業簿記 工業簿記(初歩的な原価計算を含む)	5題以内	90分
3 級		商業簿記	3題以内	60分
初 級				40分
原価計算初級				40分

● **合格基準**

　　各級とも100点満点中，70点以上の得点で合格となります。70点以上得点した人は全員合格となりますが，1級だけは1科目25点満点となっており，1科目でも得点が40％に満たない科目がある場合，不合格となります。

● **受験のしかた**

　　統一試験（1〜3級）：試験は例年，6月上旬，11月中旬，2月下旬の日曜日に一斉に行われますが，各商工会議所ごとに受験申込期間が異なります。

　　ネット試験（2級・3級）：インターネットを介して試験の実施から採点，合否判定までを，ネット試験会場で毎日実施。申込みは専用ページ（https://cbt-s.com/examinee/examination/jcci.html）からできます。

ネット試験（初級・原価計算初級）：インターネットを介して試験の実施から採点，合否判定まで行う「ネット試験」で施行。試験日等の詳細は，最寄りの商工会議所ネット試験施行機関にお問い合わせください。

団体試験（２級・３級）：団体試験を実施する企業や教育機関等からの申請にもとづき，当該企業の社員・当該教育機関の学生等を対象に施行。具体的な施行人数は，地元の商工会議所にお問い合わせください。

● 受験料

１級8,800円　２級5,500円　３級3,300円　初級2,200円　原価計算初級2,200円

● 受験に際しての諸注意事項

統一試験およびネット試験では，いくつかの注意事項が設けられています。そのため，詳細については受験前に商工会議所の検定ホームページ（https://www.kentei.ne.jp）にてご確認ください。

● 合格発表（１～３級）

統一試験（１～３級）：合格発表の期日や方法，合格証書の受け渡し方法等は，各地商工会議所（初級は試験施行機関）によって異なります。申し込みの際にご確認ください。

ネット試験（２級・３級）：試験終了後に試験システムにより自動採点されて合否が判定されます。合格者はQRコードからデジタル合格証を，ご自身のスマートフォン等にダウンロードすることができます。

● 日商試験の問い合わせ

１～３級の統一試験は各地商工会議所が各々主催という形をとっており，申込期日や実施の有無もそれぞれ若干異なりますので，受験される地区の商工会議所に各自問い合わせてください。さらなる詳細に関しては，検定ホームページ（https://www.kentei.ne.jp）や検定情報ダイヤル（ハローダイヤル）：050-5541-8600（年中無休９：00～20：00）でご確認ください。

1959年9月1日制定
2021年12月10日最終改定
（2022年4月1日施行）

(注) 1. 会計基準および法令は，毎年度4月1日現在施行されているものに準拠する。
　　 2. 会社法・会社計算規則や各種会計基準の改正・改定等により，一部の用語などが変更される可能性がある。
　　 3. 特に明示がないかぎり，同一の項目または範囲については，級の上昇に応じて程度も高くなるものとする。点線は上級に属する関連項目または範囲を特に示したものである。
　　 4. ※印は本来的にはそれが表示されている級よりも上級に属する項目または範囲とするが，当該下級においても簡易な内容のものを出題する趣旨の項目または範囲であることを示す。

【商業簿記・会計学】

3　　級	2　　級	1　　級
第一　簿記の基本原理 　1. 基礎概念 　　ア. 資産，負債，および 　　　資本 　　イ. 収益，費用 　　ウ. 損益計算書と貸借対 　　　照表との関係 　2. 取引 　　ア. 取引の意義と種類 　　イ. 取引の8要素と結合 　　　関係 　3. 勘定 　　ア. 勘定の意義と分類 　　イ. 勘定記入法則 　　ウ. 仕訳の意義 　　エ. 貸借平均の原理 　4. 帳簿 　　ア. 主要簿（仕訳帳と総 　　　勘定元帳） 　　イ. 補助簿	‥‥‥純資産と資本の関係 ‥‥‥‥（記帳内容の集計・把握）	

3　　　級	2　　　級	1　　　級
5．証ひょうと伝票 　ア．証ひょう 　イ．伝票（入金，出金， 　　振替の各伝票） 　ウ．伝票の集計・管理		
第二　諸取引の処理 　1．現金預金 　ア．現金 　イ．現金出納帳 　ウ．現金過不足 　エ．当座預金，その他の 　　預貯金（複数口座を開 　　設している場合の管理 　　を含む） 　オ．当座預金出納帳 　キ．小口現金 　ク．小口現金出納帳	 カ．銀行勘定調整表	
	2．有価証券 　ア．売買，債券の端数利 　　息の処理 　イ．売買目的有価証券 　　（時価法）⋯⋯⋯⋯⋯ 　ウ．分記法による処理	 ⋯⋯（約定日基準，修正受渡 　基準） エ．貸付，借入，差入， 　預り，保管 オ．売買目的有価証券の 　総記法による処理
3．売掛金と買掛金 　ア．売掛金，買掛金 　イ．売掛金元帳と買掛金 　　元帳 　4．その他の債権と債務等 　ア．貸付金，借入金 　イ．未収入金，未払金 　ウ．前払金，前受金 　オ．立替金，預り金 　カ．仮払金，仮受金 　キ．受取商品券⋯⋯⋯⋯ 　ク．差入保証金※ 　5．手形 　ア．振出，受入，取立， 　　支払⋯⋯⋯⋯⋯⋯⋯	 エ．契約資産，契約負債※ 営業外支払（受取）手形※ イ．手形の更改（書換え）	 ⋯⋯発行商品券等

251

3　　　級	2　　　級	1　　　級
	ウ．手形の不渡…………	……不渡手形の貸借対照表表示法
エ．電子記録債権・電子記録債務 オ．受取手形記入帳と支払手形記入帳 カ．手形貸付金，手形借入金 6．債権の譲渡 　ア．クレジット売掛金		
	イ．手形・電子記録債権の（裏書）譲渡，割引 ウ．その他の債権譲渡※	
		エ．買戻・遡及義務の計上・取崩
7．引当金 　ア．貸倒引当金（実績法）………	（個別評価※と一括評価，営業債権および営業外債権に対する貸倒引当金繰入額の損益計算書における区分） イ．商品（製品）保証引当金	（債権の区分，財務内容評価法，キャッシュ・フロー見積法）
	ウ．退職給付引当金※………	……退職給付債務の計算
	エ．修繕引当金 オ．賞与引当金	
		カ．その他の引当金
	8．債務の保証	
9．商品の売買 　ア．3分（割）法による売買取引の処理…………	（月次による処理） イ．販売のつど売上原価勘定に振り替える方法による売買取引の処理	
		ウ．総記法
エ．品違い等による仕入および売上の返品………	……仕入割戻	
		オ．仕入割引・売上割引
カ．仕入帳と売上帳 キ．商品有高帳（先入先出法，移動平均法）………	（総平均法） ク．棚卸減耗 ケ．評価替	
		コ．売価還元原価法など
	10．様々な財又はサービスの顧客への移転	

3 　 級	2 　 級	1 　 級
	ア．一時点で充足される履行義務，一定の期間にわたり充足される履行義務 イ．検収基準・出荷基準・着荷基準※ ウ．役務収益・役務原価※	
		エ．割賦販売（取戻品の処理を含む） オ．工事契約
	カ．複数の履行義務を含む顧客との契約※ キ．変動対価※	
		ク．重要な金融要素 ケ．契約変更 コ．本人と代理人の区分 カ．その他の様々な財又はサービスの顧客への移転 11．デリバティブ取引，その他の金融商品取引（ヘッジ会計など）
12．有形固定資産 　ア．有形固定資産の取得	(a)　有形固定資産の割賦購入（利息部分を区分する場合には定額法に限る）	(利息部分を利息法で区分する方法)
	(b)　圧縮記帳※ （2級では国庫補助金・工事負担金を直接控除方式により記帳する場合に限る）	(積立金方式)
		(c)　資産除去費用の資産計上
イ．有形固定資産の売却	ウ．有形固定資産の除却,廃棄 エ．建設仮勘定	
オ．減価償却（間接法） 　　（定額法）	(直接法) (定率法，生産高比例法)	(級数法など) カ．総合償却 キ．取替法
ク．固定資産台帳		

3 　級	2 　級	1 　級
	13. 無形固定資産 　ア. のれん 　イ. ソフトウェア, ソフトウェア仮勘定※ 　　（2級では自社利用の場合に限る）…………… 　ウ. その他の無形固定資産 　エ. 償却 　オ. 固定資産台帳 15. 投資その他の資産 　ア. 満期保有目的債券（償却原価法（定額法））…… 　イ. 子会社株式, 関連会社株式※ 　ウ. その他有価証券※…… 　オ. 長期前払費用 17. リース取引※（注1） 　ア. ファイナンス・リース取引の借手側の処理（利子込み法, 利子抜き法（定額法））…… 　エ. オペレーティング・リース取引の借手側の処理…………… 18. 外貨建取引※ 　ア. 外貨建の営業取引（為替予約の振当処理を含むものの, 2級では為替予約差額は期間配分をしない）………………	受注制作のソフトウェア, 市場販売目的のソフトウェア（見込販売収益および見込販売数量の見積りの変更を含む） 14. 固定資産の減損 ……（利息法） ……（保有目的の変更） 　エ. 投資不動産 16. 繰延資産 ……（利息法, 級数法） 　イ. ファイナンス・リース取引の貸手側の処理 　ウ. セール・アンド・リースバック取引など ……貸手側の処理 ……（振当処理以外の為替予約の処理（独立処理）, 荷為替取引） 　イ. 外貨建の財務活動（資金の調達・運用）

254

3　　　級	2　　　級	1　　　級
		に係る取引 19. 資産除去債務
20. 収益と費用 　受取手数料，受取家賃， 　受取地代，給料，法定福 　利費，広告宣伝費，旅費 　交通費，通信費，消耗品 　費，水道光熱費，支払家 　賃，支払地代，雑費，貸 　倒損失，受取利息，償却 　債権取立益，支払利息な 　ど ･･････････････････････	研究開発費，創立費・開 業費など	
21. 税金 　ア．固定資産税など 　イ．法人税・住民税・事 　　業税※ ････････････････	（課税所得の算定方法）	
ウ．消費税（税抜方式）	22. 税効果会計※ 　（2級では引当金，減価 　償却およびその他有価証 　券に係る一時差異に限る 　とともに，繰延税金資産 　の回収可能性の検討を除 　外） 23. 未決算	
		24. 会計上の変更および誤 　謬の訂正
第三　決算 　1．試算表の作成 　2．精算表（8桁） 　3．決算整理 　（当座借越の振替，商品 　棚卸，貸倒見積り，減価 　償却，貯蔵品棚卸，収 　益・費用の前受け・前払 　いと未収・未払い，月次 　決算による場合の処理※ 　など）････････････････	（棚卸減耗，商品の評価 替，引当金の処理，無形 固定資産の償却，売買目 的有価証券・満期保有目 的債券およびその他有価 証券の評価替（全部純資 産直入法），繰延税金資	（資産除去債務の調整， 繰延資産の償却，その他 有価証券の評価替（部 分純資産直入法），時価 が著しく下落した有価証 券の処理，外貨建売上債 権・仕入債務以外の外貨

3　　　級	2　　　級	1　　　級
	産・負債の計上，外貨建売上債権・仕入債務などの換算，および製造業を営む会社の決算処理など）	建金銭債権債務および外貨建有価証券の換算，社債の償却原価法（利息法または定額法）による評価替など）
4．決算整理後残高試算表 5．収益と費用の損益勘定への振替 6．純損益の繰越利益剰余金勘定への振替		
	7．その他有価証券評価差額金※ （全部純資産直入法）………	……(部分純資産直入法)
8．帳簿の締切 　ア．仕訳帳と総勘定元帳 　　（英米式決算法） 　イ．補助簿 9．損益計算書と貸借対照表の作成 　（勘定式）……………	……（報告式）※ 10．財務諸表の区分表示 11．株主資本等変動計算書※ 　（2級では株主資本およびその他有価証券評価差額金に係る増減事由に限定）……………………	
		……(左記以外の純資産の項目に係る増減事由) 12．財務諸表の注記・注記表 13．附属明細表(附属明細書) 14．キャッシュ・フロー計算書 15．中間財務諸表（四半期・半期)，臨時決算
第四　株式会社会計 1．資本金 　ア．設立 　イ．増資		
		ウ．減資 エ．現物出資 オ．株式転換 カ．株式償還 キ．株式分割
	2．資本剰余金 　ア．資本準備金	

256

3　　　　級	2　　　　級	1　　　　級
3．利益剰余金 　ア．利益準備金 　イ．その他利益剰余金 　　繰越利益剰余金⋯⋯ 4．剰余金の配当など 　ア．剰余金の配当※⋯⋯⋯	イ．その他資本剰余金※ ⋯⋯⋯任意積立金⋯⋯⋯⋯ ⋯⋯準備金積立額の算定⋯⋯⋯ 　イ．剰余金の処分※ 　ウ．株主資本の計数の変 　　動※ 　6．会社の合併※	⋯⋯税法上の積立金の処理 ⋯⋯分配可能額の算定 　5．自己株式・自己新株予 　　約権 　7．株式交換・株式移転 　8．事業分離等，清算 　9．社債（新株予約権付社 　　債を含む） 　ア．発行 　イ．利払 　ウ．期末評価（利息法， 　　定額法） 　エ．償還（満期償還，買 　　入償還，分割償還，繰 　　上償還，コール・オプ 　　ションが付されている 　　場合の償還，借換） 　10．新株予約権，ストック・ 　　オプション
	第五　本支店会計 　1．本支店会計の意義・目 　　的 　2．本支店間取引の処理 　4．本支店会計における決 　　算手続（財務諸表の合併 　　など）⋯⋯⋯⋯⋯⋯⋯⋯	 　3．在外支店財務諸表項目 　　の換算 ⋯⋯（内部利益が付加されて 　　いる場合）
	第六　連結会計 　1．資本連結⋯⋯⋯⋯⋯ 　2．非支配株主持分	⋯（子会社の支配獲得時の 　資産・負債の時価評価， 　支配獲得までの段階取 　得，子会社株式の追加取 　得・一部売却など）

3　　級	2　　級	1　　級
	3．のれん 4．連結会社間取引の処理 5．未実現損益の消去（2級では棚卸資産および土地に係るものに限る） 　ア．ダウンストリームの場合 　イ．アップストリームの場合	
		6．持分法 7．連結会計上の税効果会計 8．在外子会社等の財務諸表項目の換算 9．個別財務諸表の修正（退職給付会計など） 10．包括利益，その他の包括利益
	11．連結精算表，連結財務諸表の作成 ………………	連結キャッシュ・フロー計算書，中間連結財務諸表の作成（四半期・半期） 12．セグメント情報など
		第七　会計基準および企業会計に関する法令等 　1．企業会計原則および企業会計基準などの会計諸基準ならびに中小企業の会計に関する指針・中小企業の会計に関する基本要領 　2．会社法，会社法施行規則，会社計算規則および財務諸表等規則などの企業会計に関する法令 　3．「財務会計の概念フレームワーク」

（注1）　リース取引については，会計基準の改正の動向を踏まえ，将来的に出題内容や出題級の見直しを行う可能性がある。

258

付　録

簿記検定試験　1 級／会　計　学

問題・解答・解説

（1 級商業簿記の問題・解答・解説は，上巻に収録しています）

〔日本商工会議所掲載許可済─禁無断転載〕

*　ここには日本商工会議所主催の簿記
検定試験，最近の問題・解答と解説を収
録してあります。なお，この解答例は，
当社編集部で作成したものです。

┌─簿記検定試験施行予定日─
　　第167回簿記検定試験　　2024年 6 月 9 日〈 1 ～ 3 級〉
　　第168回簿記検定試験　　2024年11月17日〈 1 ～ 3 級〉

（制限時間　商業簿記とともに１時間30分）
注：解答はすべて答案用紙に記入して下さい。

問題（25点）

第１問

　次の(1)～(5)のそれぞれにおいて，わが国の会計基準に照らして正しい選択肢をア～エの中から１つ選び，記号で答えなさい。

(1)

　ア　棚卸資産の貸借対照表日における正味売却価額が帳簿価額よりも下落している場合であっても，同日における再調達価額が帳簿価額を上回っている場合には，帳簿価額を切り下げる必要はない。

　イ　特許権から得られるキャッシュ・フローが著しく低下し，帳簿価額を下回る場合であっても，当初に見積もった残存有効期間内であれば，当該帳簿価額を切り下げる必要はなく，予定通り償却を続行すればよい。

　ウ　共用資産についてより大きな資産グループを単位として減損の認識を行う場合には，減損処理後の共用資産の帳簿価額を回収可能価額まで切り下げる。

　エ　その他有価証券の時価が著しく下落し，取得原価を時価まで切り下げた場合には，翌年度において当該切下げ額を戻し入れることは認められない。

(2)

　ア　「収益認識に関する会計基準」によると，販売商品について予想される売上割戻に対しては，売上割戻引当金を設定しなければならない。

　イ　「企業会計原則」および「企業会計原則注解」によると，偶発債務の一種である保証債務について注記を要するものとされるが，発生の可能性が高いものについては債務保証損失引当金の設定を要する場合がある。

　ウ　「金融商品に関する会計基準」によると，破産更生債権等に係る貸倒見込額は，貸倒引当金を設定する方法によらず，その帳簿価額を直接減額する方法によって処理しなければならない。

　エ　「役員賞与に関する会計基準」によると，株主総会の承認を要する役員賞与は，配当と同様，剰余金の処分の一項目とされ，役員賞与引当金を計上することは認められていない。

(3)

　ア　子会社となる企業の株式を取得する企業結合について，取得関連費用は，個

別財務諸表において，発生した期間の費用として処理しなければならない。

  イ 負ののれんは，企業結合日において負債として計上し，その後20年以内の期間において取り崩して各期の利益としなければならない。

  ウ 共同支配投資企業の共同支配企業に対する持分比率が議決権の過半となる場合，当該共同支配企業は，共同支配投資企業の連結財務諸表において，連結の範囲に含めなければならない。

  エ 企業結合に際して，取得原価のうち被取得企業の仕掛中の研究開発費に配分された額は，取得企業の連結財務諸表において資産として計上しなければならない。

(4)

  ア キャッシュ・フロー計算書の作成に当たり，資金の範囲には，現金，要求払預金の他，市場価格のある有価証券も含まれる。

  イ キャッシュ・フロー計算書において，資金自体に生じた為替換算差額は，投資活動によるキャッシュ・フローの区分に表示される。

  ウ 連結キャッシュ・フロー計算書において，子会社株式の追加取得から生じたキャッシュ・フローは，財務活動によるキャッシュ・フローの区分に表示される。

  エ キャッシュ・フロー計算書において，法人税等の支払額のうち，有価証券の売却益に係る部分は，投資活動によるキャッシュ・フローの区分に表示される。

(5)

  ア 貸借対照表における同一納税主体の繰延税金資産と繰延税金負債の表示は，原則として両者を相殺してその純額のみを固定資産または固定負債の区分に表示する方法による。

  イ 貸借対照表における繰延ヘッジ損益の表示は，原則として流動資産または流動負債の区分に表示する方法による。

  ウ 損益計算書におけるトレーディング目的で保有する棚卸資産に係る利益または損失の表示は，原則として売上原価の内訳項目として表示する方法による。

  エ 損益計算書における資産除去債務に係る利息費用（時の経過による資産除去債務の調整額）の表示は，原則として営業外費用の区分に表示する方法による。

第2問

  次の1．～3．の各文章の空欄に当てはまる適切な語句（漢字で記入すること）または金額を求めなさい。なお，小数点未満の端数は，四捨五入して解答しなさい。

1．当社は，X1年度期首において，製品Aとそれに関連するメンテナンス等のサービスBを提供する契約を締結し，代金440,000円を受け取った。製品Aは，X1年度期首に引き渡し，サービスBは，X1年度期首から3年間にわたり提供する。

当社は，製品Ａの引渡しとサービスＢの提供を上記の契約に含まれる別個の
（　ア　）として識別した。製品ＡとサービスＢの独立（　イ　）は，それぞれ380,000
円と120,000円であった。このとき，Ｘ1年度において認識すべき収益の額は，
（　ウ　）円であった。また，Ｘ1年度末の貸借対照表に計上される（　エ　）負債は，
（　オ　）円であった。

2．当社は，Ｘ1年度期末において，Ｓ社の発行済株式総数の60％を1,800百万円で取
得した。そのときのＳ社の資本金は1,000百万円，利益剰余金は500百万円であっ
た。また，Ｘ1年度期末においてＳ社が保有するその他有価証券（取得原価300百
万円）の時価は400百万円であった。Ｓ社が保有するそれ以外の資産および負債の
時価は，帳簿価額と近似しているものとする。のれんは，発生年度の翌年度から
10年間にわたり定額法によって償却する。なお，税効果は考慮しない。

　Ｓ社のＸ2年度期末における資本金が1,000百万円，利益剰余金が700百万円，そ
の他有価証券評価差額金が140百万円であるとすると，Ｘ2年度期末の連結貸借対
照表におけるのれんは（　カ　）百万円，その他の（　キ　）累計額は（　ク　）百万
円となる。なお，Ｘ2年度期末において親会社たる当社は，その他有価証券を有し
ていない。

　さらに，Ｓ社のＸ4年度期末における資本金が1,000百万円，利益剰余金が900百
万円，その他有価証券評価差額金が180百万円であった。当社がＳ社株式の20％を
800百万円で追加取得した場合，Ｘ4年度期末の連結貸借対照表における資本剰余
金は（　ケ　）百万円，利益剰余金は（　コ　）百万円となる。なお，当社のＸ4年度
期末の個別貸借対照表における資本金は5,000百万円，資本剰余金は3,000百万円，
利益剰余金は3,400百万円であった。

3．当社は，Ｘ5年4月1日に，額面総額1,000,000千円の新株予約権付社債（転換社
債型）を発行した。当該新株予約権付社債のうち，社債部分は984,700千円，新株
予約権部分は15,300千円であり，区分法によって会計処理を行う。償還期間は5
年，利払日は年1回3月末日，利率は年1.2％であり，社債の評価は償却原価法
（利息法）によって行う。

　Ｘ5年度（Ｘ5年4月1日〜Ｘ6年3月31日）における社債利息は（　サ　）千円，Ｘ5
年度期末における社債の帳簿価額は（　シ　）千円となる。なお，実効利子率は年
1.52％であった。

　さらに，Ｘ7年3月31日に新株予約権付社債のうち20％について新株予約権の行
使があり，株式発行に伴う資本金および資本準備金の合計額として（　ス　）千円
を計上した。Ｘ7年度（Ｘ7年4月1日〜Ｘ8年3月31日）における社債利息は
（　セ　）千円，Ｘ7年度期末における新株予約権は（　ソ　）千円となる。

[答案用紙]

第1問

(1)	(2)	(3)	(4)	(5)

第2問

（ア）	（イ）	（ウ）	（エ）	（オ）

（カ）	（キ）	（ク）	（ケ）	（コ）

（サ）	（シ）	（ス）	（セ）	（ソ）

解 答

第1問

(1)	(2)	(3)	(4)	(5)
エ	イ	エ	ウ	ア

第2問

(ア)	(イ)	(ウ)	(エ)	(オ)
履行義務	販売価格	369,600	契約	70,400

(カ)	(キ)	(ク)	(ケ)	(コ)
756	包括利益	24	2,616	3,388

(サ)	(シ)	(ス)	(セ)	(ソ)
14,967	987,667	201,196	12,047	12,240

⦅解 説⦆

第1問

(1)

ア　誤り。再調達原価が帳簿価額を上回っていても，正味売却価額が帳簿価額を下回っていれば，帳簿価額を切り下げる。

イ　誤り。特許権などの無形固定資産も減損処理の対象となる。「固定資産の減損に係る会計基準」一，「固定資産の減損に係る会計基準の適用指針」第5項参照。

ウ　誤り。より大きな単位で測定した使用価値の状況によっては，共用資産の回収可能価額まで切り下げる必要はない。

エ　正しい。「金融商品に関する会計基準」第20項および第22項参照。

(2)

ア　誤り。売上割戻は，変動対価として取り扱われ，引当金の設定対象とはならない。「収益認識に関する会計基準」第50項，「収益認識に関する会計基準の適用指針」第23項参照。

イ　正しい。「企業会計原則」第三の一D，「企業会計原則注解」注18参照。

ウ　誤り。貸倒引当金を設定する方法がむしろ本則となる。「金融商品に関する会計基準」注10参照。

エ　誤り。役員賞与は，株主総会の承認を要する場合でも，費用として処理する。「役員賞与に関する会計基準」第3項および第9項参照。

(3)

ア　誤り。個別財務諸表では，取得関連費用は子会社株式の取得原価に含める。「企業結合に関する会計基準」第26項および第94項参照。

イ　誤り。負ののれんは，発生した期間の特別利益となる。「企業結合に関する会計基準」第33項および第48項参照。

ウ　誤り。共同支配企業は，その議決権の過半数を共同支配投資企業が有する場合であっても，連結の範囲には含めない。「企業結合に関する会計基準」第39項参照。

エ　正しい。仕掛中の研究開発費は，費用処理しない。「企業結合に関する会計基準」第101項参照。

(4)

ア　誤り。市場価格のある有価証券は，資金の範囲に含まれない。「連結キャッシュ・フロー計算書等の作成基準」第二の一参照。

イ　誤り。資金に係る為替換算差額は，ほかのキャッシュ・フローの区分に記載すべきキャッシュ・フローと区別して表示する。「連結キャッシュ・フロー計算書等の作成基準」第三の三参照。

265

ウ　正しい。「連結財務諸表等におけるキャッシュ・フロー計算書の作成に関する実務指針」第9－2項参照。

エ　誤り。法人税等の支払額は，営業活動によるキャッシュ・フローの区分に一括して表示する。「連結キャッシュ・フロー計算書作成基準」第二の二の2参照。

(5)

ア　正しい。「「税効果会計に係る会計基準」の一部改正」第2項参照。

イ　誤り。繰延ヘッジ損益は，純資産の部に表示する。「貸借対照表の純資産の部の表示に関する会計基準」第8項参照。

ウ　誤り。トレーディング目的で保有する棚卸資産に係る損益は，売上高として表示する。「棚卸資産の評価に関する会計基準」第19項参照。

エ　誤り。資産除去債務に係る利息費用は，減価償却費と同じ区分に表示する。「資産除去債務に関する会計基準」第14項参照。

第2問

1.

（ウ）　製品Aの売上高 = 440,000円 × $\dfrac{380,000円}{380,000円 + 120,000円}$ = 334,400円

　　　　サービスBの売上高 = 440,000円 × $\dfrac{120,000円}{380,000円 + 120,000円}$ × 1／3 = 35,200円

　　　　両者の合計 = 334,400円 + 35,200円 = 369,600円

（オ）　サービスBに係る履行義務 = 440,000円 × $\dfrac{120,000円}{380,000円 + 120,000円}$ × 2／3

　　　　　　　　　　　　　　　　= 70,400円

2.

（カ）　取得時ののれん = 1,800百万円 － （1,000百万円 + 500百万円 + （400百万円 －
　　　　　　　　　　　300百万円））× 0.6 = 840百万円

　　　　X2年度末ののれん = 840百万円 × 9／10 = 756百万円

（ク）　X2年度末のその他の包括利益累計額 = （140百万円 － 100百万円）× 0.6
　　　　　　　　　　　　　　　　　　　　　= 24百万円

（ケ）　追加取得差額 = 800百万円 － （1,000百万円 + 900百万円 + 180百万円）× 0.2
　　　　　　　　　　 = 384百万円

　　　　X4年度末の資本剰余金 = 3,000百万円 － 384百万円 = 2,616百万円

（コ）　X4年度末の利益剰余金 = 3,400百万円 + （900百万円 － 500百万円）× 0.6
　　　　　　　　　　　　　　　 － 840百万円 × 3／10 = 3,388百万円

3.
- （サ） X5年度の社債利息 = 984,700千円 × 0.0152 = 14,967千円
- （シ） X5年度末の社債 = 984,700千円 × 1.0152 −（1,000,000千円 × 0.012）
  = 987,667千円
- （ス） 資本金・資本準備金合計額 =（987,667千円 × 1.0152 − 1,000,000千円 × 0.012）
  × 0.2 + 15,300千円 × 0.2 = 201,196千円
- （セ） X7年度の社債利息 =（987,667千円 × 1.0152 − 1,000,000千円 × 0.012）× 0.8
  × 0.0152 = 12,047千円
- （ソ） X7年度末の新株予約権 = 15,300千円 × 0.8 = 12,240千円

(制限時間　商業簿記とともに1時間30分)
注:解答はすべて答案用紙に記入して下さい。

問題 (25点)

第1問

　以下の(1)～(5)の文章のそれぞれについて，現行のわが国の会計基準等にもとづいた場合，下線部のいずれか一つの語句に誤りが存在するものがある。誤っていると思われる場合には，その語句の下線部の記号(a)～(d)のいずれかをⅠ欄に記入した上で，それぞれに代わる正しいと思われる適当な語句または文章をⅡ欄に記入しなさい。また，誤りがない場合には，Ⅰ欄に○印を記入しなさい。

(1)　会計上の変更及び誤謬の訂正のうち，会計上の変更は会計方針の変更，会計上の見積りの変更，および表示方法の変更の3つから構成される。このうち，(a)会計方針の変更については遡及適用を行い，(b)誤謬の訂正については修正再表示を行う。なお，会計方針の変更と会計上の見積りの変更とを区別することが困難な場合は，(c)会計方針の変更と同様に取り扱う。

(2)　新株予約権付社債の発行者側については，転換社債型は，新株予約権と社債とを区別して処理する区分法と，これらを区別せずに処理する(a)一括法のいずれの適用も認められているのに対して，転換社債型以外については，(b)一括法の処理しか認められていない。一方，取得者側については，転換社債型は，(c)一括法の処理しか認められておらず，転換社債型以外については(d)区分法の処理しか認められていない。

(3)　商品の棚卸減耗損については，それが原価性を有する場合は売上原価の内訳科目または販売費として表示し，原価性を有しない場合は(a)営業外費用または(b)特別損失として表示する。これに対して，正味売却価額が取得原価を下回る場合，その差額に(c)期末帳簿棚卸数量を乗じて把握される金額を商品評価損といい，原則として売上原価の内訳科目として表示し，臨時的かつ多額に発生した場合は(d)特別損失として表示する。

(4)　キャッシュ・フロー計算書において利息及び配当金に係るキャッシュ・フローについては，受取利息，受取配当金及び支払利息は「(a)営業活動によるキャッシュ・フロー」の区分に記載し，支払配当金は「(b)財務活動によるキャッシュ・フロー」の区分に記載する方法か，受取利息及び受取配当金は「(c)営業活動によるキャッシュ・フロー」の区分に記載し，支払利息及び支払配当金は

「(d)財務活動によるキャッシュ・フロー」の区分に記載する方法のいずれかの方法により記載する。

(5) 会社成立後営業開始時までに支出した開業準備のための費用を開業費という。開業費は，原則として，支出時に(a)営業外費用として処理しなければならない。ただし，開業費を繰延資産に計上することもできる。この場合には，開業のときから(b)5年以内のその効果の及ぶ期間にわたって(c)定額法により償却をしなければならない。なお，開業費を(d)販売費及び一般管理費として処理することもできる。

第2問

　日本商工株式会社の20X1年3月31日から20X3年3月31日までの連結グループに関する［資料］は次のとおりである。これらの［資料］にもとづいて，次の各問に答えなさい。なお，のれんについては，支配獲得時の翌年度から10年間にわたって定額法により償却する。連結グループ各社の決算日はいずれも3月31日で，会計期間は1年である。また，税効果会計はその他有価証券評価差額金にのみ適用することとし，法定実効税率は各期とも30%とする。

［資料1］　日本商工株式会社の利益剰余金および連結子会社の株主資本の推移

	日本商工株式会社の利益剰余金	S1社株主資本		S2社株主資本	
	利益剰余金	資　本　金	利益剰余金	資　本　金	利益剰余金
20X1年3月31日	420,000千円	230,000千円	165,000千円	1,500千ドル	1,200千ドル
20X2年3月31日	451,000千円	230,000千円	173,000千円	1,500千ドル	1,500千ドル
20X3年3月31日	498,000千円	230,000千円	226,000千円	1,500千ドル	1,850千ドル

（注1）　日本商工株式会社の当該期間の資本金と資本剰余金に増減はない。また，同社は，20X1年度は配当を行っていないが，20X2年度には20,000千円の配当を行っている。
（注2）　S1社は20X1年度も20X2年度も配当を行っていない。
（注3）　S2社は，20X1年度は配当を行っていないが，20X2年度には100千ドルの配当を行っている。配当時の為替相場は1ドル127円であった。

［資料2］　日本商工株式会社の株式の取得と売却状況

1．日本商工株式会社は20X1年3月31日にS1社の株式の発行済株式総数（以下同じ）の60%を277,000千円で取得して支配を獲得して子会社とした。

2．日本商工株式会社は20X1年3月31日に米国のS2社の株式の80%を2,360千ドルで取得して支配を獲得して子会社とした。

3．日本商工株式会社は20X3年3月31日に上記S2社の株式の8%を246千ドル

で売却した。

[資料3]　日本商工株式会社およびS1社のその他有価証券の保有状況
　1．日本商工株式会社は20X1年3月31日に米国のA社の株式を150千ドルで取得
　　し，その他有価証券として保有していた。しかし，20X3年1月20日に180千ド
　　ルまで値上がりしたため，すべて売却して利益を確定した（売却時の為替相場
　　は1ドル127円）。なお，20X2年3月31日のA社株式の時価は160千ドルであっ
　　た。
　2．S1社は，20X1年3月31日に甲社の株式を11,500千円で取得し，その他有価証
　　券として保有している。20X2年3月31日の甲社株式時価は12,600千円で，20X3
　　年3月31日の時価は13,200千円であった。

[資料4]　為替相場の状況
　　20X1年3月31日：1ドル120円　　20X1年度期中平均相場：1ドル123円
　　20X2年3月31日：1ドル126円　　20X2年度期中平均相場：1ドル128円
　　20X3年3月31日：1ドル129円

問1　20X1年度（20X1年4月1日から20X2年3月31日まで）の日本商工株式会社
　　の連結財務諸表における次の金額（単位：千円）を求めなさい（(3)については，
　　借方残高となる場合は金額の前に△を付すこと）。
　(1)　当期純利益　　　(2)　非支配株主に帰属する当期純利益
　(3)　その他有価証券評価差額金の残高　　　(4)　のれん償却額
　(5)　親会社株主に係る包括利益

問2　20X2年度（20X2年4月1日から20X3年3月31日まで）の日本商工株式会社
　　の連結グループにおける答案用紙に示された金額（単位：千円）を求めなさい。
　　ただし，純資産が減少している場合は，金額の前に△を付すこと。

[答案用紙]

第1問

	I欄 下線部の語句の記号	II欄 正しいと思われる語句または文章
(1)		
(2)		
(3)		
(4)		
(5)		

第2問

問1   （単位：千円）

(1)	(2)	(3)	(4)	(5)

問2   （単位：千円）

(1)	日本商工株式会社の個別損益計算書における当期純利益	
(2)	S2社の個別損益計算書における円換算後の当期純利益	
(3)	連結包括利益計算書におけるその他有価証券評価差額金 （税効果控除後）	
(4)	連結包括利益計算書における為替換算調整勘定	
(5)	S1社の連結に係る非支配株主持分当期変動額	
(6)	S2社の連結に係る非支配株主持分当期変動額	
(7)	S2社の連結に係るのれんの期末残高	
(8)	S2社株式の一部売却に伴う資本剰余金当期変動額（税引後）	
(9)	連結損益計算書における当期純利益	
(10)	親会社株主に係る包括利益	

第1問

	I欄 下線部の語句の記号	II欄 正しいと思われる語句または文章
(1)	(c)	会計上の見積りの変更
(2)	(b)	区分法
(3)	(c)	期末実地棚卸数量
(4)	(c)	投資活動
(5)	○	

第2問

問1 (単位：千円)

(1)	(2)	(3)	(4)	(5)
69,440	10,580	1,974	6,460	75,654

問2 (単位：千円)

(1)	日本商工株式会社の個別損益計算書における当期純利益	67,000
(2)	S2社の個別損益計算書における円換算後の当期純利益	57,600
(3)	連結包括利益計算書におけるその他有価証券評価差額金 (税効果控除後)	△ 1,092
(4)	連結包括利益計算書における為替換算調整勘定	9,770
(5)	S1社の連結に係る非支配株主持分当期変動額	21,368
(6)	S2社の連結に係る非支配株主持分当期変動額	45,402
(7)	S2社の連結に係るのれんの期末残高	20,640
(8)	S2社株式の一部売却に伴う資本剰余金当期変動額(税引後)	△ 511
(9)	連結損益計算書における当期純利益	157,247
(10)	親会社株主に係る包括利益	131,187

解 説

第1問

　第1問は，会計学における基本的な処理方法，表示方法や区分についての知識を問う問題である。第164回では，会計方針の変更と会計上の見積りの変更とを区別することが困難な場合の処理，新株予約権付社債の発行者側および取得者側の処理，棚卸資産の評価に関する処理，キャッシュ・フロー計算書における利息および配当金に係るキャッシュ・フローの記載方法，および繰延資産における開業費の処理などから出題されている。各会計基準や適用指針等で用いられている専門用語であるため，正確な知識が求められる。正解の根拠となる会計基準等は次のとおりである。

　⑴　「会計方針の開示，会計上の変更及び誤謬の訂正に関する会計基準」（6項，14項，19項および21項）

　⑵　「金融商品に関する会計基準」（36項，37項，38項および39項）

　　　「払込資本を増加させる可能性のある部分を含む複合金融商品に関する会計処理」（18項，20項，21項および22項）

　⑶　「企業会計原則注解」（注10⑶）および「棚卸資産に関する会計基準」（7項および17項）

　⑷　「連結キャッシュ・フロー計算書等の作成基準」（第二　二　3）

　⑸　「繰延資産の会計処理に関する当面の取扱い」（3項⑷）

273

　20X1年3月31日から20X3年3月31日までの日本商工株式会社および連結子会社の株主資本等の時系列変化を示すと次のようになる。この変化を念頭に，問1では20X1年3月31日の資本連結と20X1年度の連結修正仕訳を行い，問2では20X2年度の連結修正仕訳を行っていく。

【株主資本等の時系列推移】

	20X1年3月31日	20X2年3月31日	20X3年3月31日
［親会社　単位：千円］			
利益剰余金	420,000	純利益　+31,000 →　451,000	配当金　-20,000 / 純利益　+67,000 →　498,000
その他有価証券評価差額金	0	評価増　+1,512 →　1,512	評価減　-1,512 →　0

［S1社　単位：千円］	20X1年3月31日	20X2年3月31日	20X3年3月31日
資本金	230,000	230,000	230,000
利益剰余金	165,000	純利益　+8,000 →　173,000	純利益　+53,000 →　226,000
その他有価証券評価差額金	0	評価増　+770 →　770	評価増　+420 →　1,190
合計	395,000	403,770	457,190

［S2社　単位：千ドル］	20X1年3月31日	20X2年3月31日	20X3年3月31日
資本金	1,500	1,500	1,500
利益剰余金	1,200	純利益　+300 →　1,500	配当金　-100 / 純利益　+450 →　1,850
合計	2,700	3,000	3,350

［S2社　単位：千円］	1\$=¥120	1\$=¥123　　1\$=¥126	1\$=¥128　　1\$=¥129
資本金	180,000	180,000	180,000
利益剰余金	144,000	純利益　+36,900 →　180,900	配当金　-12,700 / 純利益　+57,600 →　225,800
為替換算調整勘定	0	増額　+17,100 →　17,100	増額　+9,250 →　26,350
合計	324,000	378,000	432,150

外貨建のれん残高	200	償却　-20 →　180	償却　-20 →　160
(a)円換算後のれん残高	24,000	22,680	20,640
(b)円建のれん残高	24,000	償却　-2,460 →　21,540	償却　-2,560 →　18,980
のれんに係る為替換算調整勘定 (a)－(b)	0	1,140	1,660

問1

① 20X1年3月31日における資本連結と連結修正仕訳
 (1) S1社連結の開始仕訳と期中処理
　① 開始仕訳

(借)資　　　本　　　金 230,000　　(貸)S　1　社　株　式 277,000
　　利　益　剰　余　金 165,000　　　　非 支 配 株 主 持 分 158,000
　　の　　　れ　　　ん　 40,000

非支配株主持分＝(230,000千円＋165,000千円)×(1－60％)＝158,000千円
のれん＝(277,000千円＋158,000千円)－(230,000千円＋165,000千円)＝40,000千円

　② 当期純利益の非支配株主持分への配分

(借)非支配株主に帰属する
　　当 期 純 利 益　 3,200　　(貸)非 支 配 株 主 持 分　 3,200
非支配株主持分＝(173,000千円－165,000千円)×(1－60％)＝3,200千円

　③ のれんの償却

(借)の れ ん 償 却　 4,000　　(貸)の　　　れ　　　ん　 4,000
のれん償却＝40,000千円÷10年＝4,000千円

　④ その他有価証券評価差額金の非支配株主持分への配分

(借)そ の 他 有 価 証 券
　　評 価 差 額 金　 308　　(貸)非 支 配 株 主 持 分　 308
非支配株主持分＝(12,600千円－11,500千円)×(1－30％)×(1－60％)＝308千円

 (2) S2社連結の開始仕訳と期中処理
　① 開始仕訳

(借)資　　　本　　　金 180,000　　(貸)S　2　社　株　式 283,200
　　利　益　剰　余　金 144,000　　　　非 支 配 株 主 持 分 64,800
　　の　　　れ　　　ん　 24,000

非支配株主持分＝(1,500千ドル＋1,200千ドル)×(1－80％)×@120円＝64,800千円
のれん＝(283,200千円＋64,800千円)－(180,000千円＋144,000千円)＝24,000千円

　② 当期純利益の非支配株主持分への配分

(借)非支配株主に帰属する
　　当 期 純 利 益　 7,380　　(貸)非 支 配 株 主 持 分　 7,380
非支配株主持分＝(1,500千ドル－1,200千ドル)×(1－80％)×@123円＝7,380千円

275

③　のれんの償却
（借）の　れ　ん　償　却　2,460　　　　（貸）の　　　れ　　　ん　　　2,460
のれん償却＝200千ドル÷10年×@123円＝2,460千円

④　のれんに関する為替換算調整勘定の計上
（借）の　　　れ　　　ん　1,140　　　（貸）為 替 換 算 調 整 勘 定　1,140
為替換算調整勘定＝のれん償却額20千ドル×（@123円−@120）
　　　　　　　　　　　＋のれん残高180千ドル×（@126円−@120円）
　　　　　　　　＝1,140千円

⑤　株主資本に関する為替換算調整勘定の非支配株主持分への配分
（借）為 替 換 算 調 整 勘 定　3,420　　　（貸）非 支 配 株 主 持 分　3,420
為替換算調整勘定＝（1,500千ドル＋1,500千ドル）×@126
　　　　　　　　　　　−（180,000千円＋144,000千円＋300千ドル×@123円）
　　　　　　　　＝17,100千円
非支配株主持分＝17,100千円×（1−80％）＝3,420千円

2　解答方法
（1）　当期純利益
日本商工株式会社個別当期純利益＝451,000千円−420,000千円
　　　　　　　　　　　　　　　　　＝31,000千円（株主資本等の時系列推移より）
Ｓ１社当期純利益＝173,000千円−165,000千円
　　　　　　　　　＝8,000千円（株主資本等の時系列推移より）
Ｓ２社当期純利益＝（1,500千ドル−1,200千ドル）×@123円
　　　　　　　　　＝36,900千円（株主資本等の時系列推移より）
当期純利益＝31,000千円＋Ｓ１社8,000千円
　　　　　　−のれん償却額4,000千円（1(1)③）＋Ｓ２社36,900千円
　　　　　　−のれん償却額2,460千円（1(2)③）
　　　　　　＝69,440千円

（2）　非支配株主に帰属する当期純利益
Ｓ１社の非支配株主に帰属する当期純利益＝8,000千円×（1−60％）
　　　　　　　　　　　　　　　　　　　　＝3,200千円（1(1)②）
Ｓ２社の非支配株主に帰属する当期純利益＝36,900千円×（1−80％）
　　　　　　　　　　　　　　　　　　　　＝7,380千円（1(2)②）
非支配株主に帰属する当期純利益＝3,200千円＋7,380千円＝10,580千円

⑶　その他有価証券評価差額金の残高

その他有価証券評価差額金（S1社）＝（12,600千円－11,500千円）×（1－30％）
　　　　　　　　　　　　　　　　　　　＝770千円

その他有価証券評価差額金の非支配株主への配分（S1社）＝308千円　（①⑴④）

その他有価証券評価差額金＝日本商工株式会社分1,512千円＋S1社分770千円
　　　　　　　　　　　　　　　－振替額308千円＝1,974千円

⑷　のれん償却額

のれん償却額＝4,000千円（連結修正仕訳⑴③）＋2,460千円（連結修正仕訳⑵③）
　　　　　　　＝6,460千円

⑸　親会社株主に係る包括利益

親会社に帰属する当期純利益＝当期純利益69,440千円　（⑴）
　　　　　　　－非支配株主に帰属する当期純利益10,580千円　（⑵）
　　　　　　　　　　　　　　　　＝58,860千円

親会社株主に帰属する包括利益＝親会社に帰属する当期純利益58,860千円
　　　　　　　　　　＋その他有価証券評価差額金（1,512千円＋770千円×60％）
　　　　　　　　　　＋為替換算調整勘定（17,100千円×80％＋のれん関連1,140千円）
　　　　　　　　　　＝75,654千円

問2

① 20X2年度における連結修正仕訳

⑴　S1社連結の修正仕訳

　　①　当期純利益の非支配株主持分への配分

（借）非支配株主に帰属する当期純利益　21,200　　（貸）非支配株主持分当期変動額　21,200

非支配株主持分当期変動額＝（226,000千円－173,000千円）×（1－60％）
　　　　　　　　　　　　＝21,200千円

　　②　のれんの償却

（借）の　れ　ん　償　却　4,000　　（貸）の　　れ　　ん　4,000

のれん償却＝40,000千円÷10年＝4,000千円

　　③　その他有価証券評価差額金の非支配株主持分への配分

（借）その他有価証券評価差額金当期変動額　168　　（貸）非支配株主持分当期変動額　168

277

非支配株主持分当期変動額＝（13,200千円－12,600千円）×（1－30％）

$$×（1－60％）＝168千円$$

(2) Ｓ2社連結の修正仕訳

① 当期純利益の非支配株主持分への配分

（借）非支配株主に帰属する当期純利益 11,520 （貸）非支配株主持分当期変動額 11,520

非支配株主持分当期変動額＝（1,850千ドル＋100千ドル－1,500千ドル）

$$×@128円×（1－80％）＝11,520千円$$

② のれんの償却

（借）の れ ん 償 却 2,560 （貸）の れ ん 2,560

のれん償却＝200千ドル÷10年×@128円＝2,560千円

③ のれんに関する為替換算調整勘定の計上

（借）の れ ん 520 （貸）為替換算調整勘定当期変動額 520

為替換算調整勘定当期変動額＝のれん償却額20千ドル×（@128円－@126円）

$$+のれん残高160千ドル×（@129円－@126円）＝520千円$$

④ 為替換算調整勘定の非支配株主持分への配分

（借）為替換算調整勘定当期変動額 1,850 （貸）非支配株主持分当期変動額 1,850

為替換算調整勘定＝（1,500千ドル＋1,850千ドル）×@129円

－（180,000千円＋180,900千円＋450千ドル×@128円）＋100千ドル×@127千円

$$＝26,350千円$$

非支配株主持分当期変動額＝（26,350千円－17,100千円）×（1－80％）＝1,850千円

⑤ 剰余金の配当

（借）受 取 配 当 金 10,160 （貸）剰 余 金 の 配 当 12,700

非支配株主持分当期変動額 2,540

受取配当金＝100千ドル×80％×@127円＝10,160千円

非支配株主持分当期変動額＝100千ドル×@127円×（1－80％）＝2,540千円

(3) S2社の株式売却

① 売却の処理

(借) S 2 社 株 式　28,320　　(貸) 非 支 配 株 主 持 分 当 期 変 動 額　34,572

　　　為 替 換 算 調 整 勘 定 当 期 変 動 額　2,108

　　　S 2 社 株 式 売 却 益　3,414

　　　資本剰余金当期変動額　730

非支配株主持分当期変動額 = (1,500千ドル + 1,850千ドル) × 8 % × @129円
$$= 34,572千円$$

S 2 社株式 = 283,200千円 × $\dfrac{8\%}{80\%}$ = 28,320千円

為替換算調整勘定当期変動額
$$= (20X2年度分26,350千円 - 20X1年度分17,100千円) × 80\% = 7,400千円$$

為替換算調整勘定 = (17,100千円 × 80% + 7,400千円) × $\dfrac{8\%}{80\%}$ = 2,108千円

S 2 社株式売却益 = 246千ドル × @129円 − 取得原価28,320千円 = 3,414千円

資本剰余金当期変動額 = 貸借差額730千円

② 子会社株式の売却に伴う法人税等の調整

(借) 法 人 税, 住 民 税 及 び 事 業 税　219　　(貸) 資本剰余金当期変動額　219

法人税, 住民税及び事業税 = 730千円 × 30% = 219千円

2 解答方法

(1) 日本商工株式会社の個別損益計算書における当期純利益

日本商工株式会社個別当期純利益 = 498,000千円 − 451,000千円 + 20,000千円
$$= 67,000千円　(株主資本等の時系列推移より)$$

(2) S2社の個別損益計算書における円換算後の当期純利益

S 2 社当期純利益 = (1,850千ドル + 100千ドル − 1,500千ドル) × @128千円
$$= 57,600千円　(株主資本等の時系列推移より)$$

(3) 連結包括利益計算書におけるその他有価証券評価差額金 (税効果控除後)

その他有価証券評価差額金 = 日本商工株式会社分△1,512千円
$$+ S 1 社分(13,200千円 − 12,600千円) × (1 − 30\%) = △1,092千円$$
$$(株主資本等の時系列推移より)$$

(4) 連結包括利益計算書における為替換算調整勘定

株主資本に関する為替換算調整勘定 = (432,150千円 − 225,800千円 − 180,000千円)
$$− 17,100千円 = 9,250千円　(株主資本等の時系列推移より)$$

のれんに関する為替換算調整勘定
$$= 1,660千円 - 1,140千円 = 520千円（株主資本等の時系列推移より）$$
為替換算調整勘定 $= 9,250千円 + 520千円 = 9,770千円$

(5)　S1社の連結に係る非支配株主持分当期変動額
非支配株主持分当期変動額（S1社）$= 21,200千円 + 168千円$
$$= 21,368千円　（\boxed{1}(1)①および③）$$

(6)　S2社の連結に係る非支配株主持分当期変動額
非支配株主持分当期変動額（S2社）
$= 11,520千円 + 1,850千円 - 配当額2,540千円$
　$+ S2社株式売却による増加額34,572千円$
$= 45,402千円　（\boxed{1}(2)①，④および⑤，(3)①）$

(7)　S2社の連結に係るのれんの期末残高
S2社の連結から生じるのれんの期末残高 = 支配獲得時計上額24,000千円
　　　　　　　　$- 20X1年度償却額2,460千円 + 20X1年度為替換算調整勘定1,140千円$
　　　　　　　　$- 20X2年度償却額2,560千円 + 20X2年度為替換算調整勘定520千円$
　　　　　　　　（株主資本等の時系列推移より）$= 20,640千円$

(8)　S2社株式の一部売却に伴う資本剰余金当期変動額（税引後）
S2社株式一部売却に伴う資本剰余金当期変動額
　　　　　　　　$= S2社株式売却による資本剰余金当期変動額△730千円$
　　　　　$+ S2社株式売却に伴う法人税等の調整による資本剰余金当期変動額219千円$
　　　　　　　　　　　　　$= △511千円　（\boxed{1}(3)①および②）$

(9)　連結損益計算書における当期純利益
日本商工株式会社個別当期純利益
　　　　　　　　$= 498,000千円 - 451,000千円 + 20,000千円 = 67,000千円$
S1社当期純利益 $= 226,000千円 - 173,000千円 = 53,000千円$
S2社当期純利益 $=（1,850千ドル + 100千ドル - 1,500千ドル）×@128千円$
　　　　　　　　$- 受取配当金（80千ドル×@127）= 47,440千円$
当期純利益 $= 67,000千円 + 53,000千円 - のれん償却4,000 + 47,440千円$
　　　　　　$- のれん償却額2,560千円 - S2社株式売却益の取消3,414千円$
　　　　　　$- 法人税等の調整219千円$
　　　　$= 157,247千円$

(10)　親会社株主に係る包括利益
日本商工株式会社個別包括利益
　　　　　　　　$= 67,000千円 - その他有価証券評価差額金1,512千円 = 65,488千円$
親会社株主に係る包括利益（S1社）$=（226,000千円 - 173,000千円）×60\%$
$- のれん償却額4,000千円 + その他有価証券評価差額金（1,190千円 - 770千円）×60\%$

$$= 28,052千円$$

親会社株主に係る包括利益（S 2 社）

       ＝親会社株主に帰属する当期純利益(1,850千ドル＋100千ドル－1,500千ドル)

       ×@128円×80％－受取配当金（100千ドル×80％×@127円）

       －のれん償却額2,560千円＋株主資本に関する為替換算調整勘定7,400千円

       ＋のれんに関する為替換算調整勘定520千円

       －S 2 社株式売却益の取消3,414千円

       －売却に伴う法人税等の調整219千円＝37,647千円

親会社株主に係る包括利益＝65,488千円＋28,052千円＋37,647千円＝131,187千円

第 165 回 （2023年11月19日施行）

（制限時間　商業簿記とともに1時間30分）
注：解答はすべて答案用紙に記入して下さい。

問題（25点）

問題1

　次の1.～3.の文章における空欄（ ア ）～（ ク ）に当てはまる語句または金額を答案用紙の該当欄に記入しなさい。なお，同一の記号の空欄には同一の語句または金額が入るものとし，解答に当たって金額単位未満の端数が生じる場合には四捨五入して答えなさい。

1. 税法上の損金算入限度額を超えた減価償却費からは，将来（ ア ）一時差異が生じ，繰延税金（ イ ）が計上される。

　　例えば，前年度末および当年度末における将来（ ア ）一時差異がそれぞれ20,000千円および22,000千円であり，適用すべき法定実効税率がそれぞれ35％および30％であるとき，当年度における法人税等調整額は（ ウ ）千円となる。

2. 「金融商品に関する会計基準」によると，貸倒（ エ ）債権については，①債権額から（ オ ）の処分見込額および保証による回収見込額を減額し，その残額について債務者の財政状態および経営成績を考慮して貸倒見積高とする財務内容評価法の他，②キャッシュ・フロー見積法によって貸倒見積高を算定するものとされている。

　　キャッシュ・フロー見積法による場合，例えば当期末の帳簿価額が50,000千円，当初の約定利子率が年3％で，2年後および3年後のキャッシュ・フローがそれぞれ500千円および30,600千円と見込まれる場合，貸倒見積高は（ カ ）千円となる。

3. 「会計上の（ キ ）の開示に関する会計基準」は，当年度の財務諸表に計上した金額が会計上の（ キ ）によるもののうち，翌年度の財務諸表に重要な影響を及ぼす（ ク ）（有利となる場合及び不利となる場合の双方が含まれる。）がある項目における会計上の（ キ ）の内容について，財務諸表利用者の理解に資する情報を開示することを目的とする。

282

問題2

次の［資料］に基づいて，答案用紙における20X3年度の連結株主資本等変動計算書を作成しなさい。なお，税効果会計は適用しない。解答に当たって千円未満の端数が生じる場合には，四捨五入して答えなさい。

［資料］

1．20X1年度末において，P社はS社の発行済株式数の80％を550,000千円で取得し，同社を子会社とした。

2．20X1年度末において，S社が保有する簿価30,000千円の土地について時価が38,000千円，簿価16,000千円の建物について時価が18,000千円であった。他の資産および負債は，簿価と時価が同じであった。建物の残存耐用年数は5年であり，残存価額をゼロとする定額法によって減価償却する。のれんは，発生年度の翌年度から10年間で定額法により償却する。なお，20X1年度末以降，P社およびS社における土地および建物の取得・売却はなかった。

3．20X2年度および20X3年度におけるP社の個別貸借対照表，並びに20X1年度から20X3年度までのS社の個別貸借対照表における純資産の部は，次の通りであった（単位：千円）。なお，評価・換算差額等は，その他有価証券の評価差額金に係るものであり，20X1年度末以降，P社およびS社によるその他有価証券の取得・売却はなかった。

	P社		S社		
	20X2年度	20X3年度	20X1年度	20X2年度	20X3年度
資　本　金	1,000,000	1,100,000	400,000	400,000	400,000
資 本 剰 余 金	500,000	598,000	—	—	—
利 益 剰 余 金	300,000	400,000	250,000	280,000	300,000
自 己 株 式	△80,000	△60,000	—	—	—
評価・換算差額等	20,000	18,000	10,000	13,000	11,000

4．20X3年度におけるP社およびS社の利益剰余金からの支払配当金は，それぞれ20,000千円および6,000千円であった。

5．20X3年度において，P社は，株式の発行を行っており，払込金額200,000千円のうち2分の1を資本金としないこととした。

6．20X3年度において，P社は，自己株式20,000千円の処分（処分価額18,000千円）を行っている。

7．20X3年度末において，P社は，S社の発行済株式数の10％を82,000千円で売却した。

8．20X2年度末および20X3年度末において，S社の棚卸資産に含まれるP社が計上した未実現利益は，それぞれ2,000千円および1,600千円であった。

[答案用紙]

問題1

（ ア ）	（ イ ）	（ ウ ）	（ エ ）
（ オ ）	（ カ ）	（ キ ）	（ ク ）

問題2

連結株主資本等変動計算書 （単位：千円）

	株主資本				その他の包括利益累計額	非支配株主持分	純資産合計
	資本金	資本剰余金	利益剰余金	自己株式			
当期首残高							
当期変動額							
株式の発行							
剰余金の配当							
親会社株主に帰属する当期純利益							
自己株式の処分							
子会社株式の売却による持分の増減額							
株主資本以外の項目の当期変動額（純額）							
当期変動額合計							
当期末残高							

※ 負数（借方金額）については，△を付しなさい。
※ 空欄とすべき箇所については，「―」などを付す必要はなく，空欄のままとしなさい。

解 答

問題 1

（ ア ）	（ イ ）	（ ウ ）	（ エ ）
減算	資産	400	懸念
（ オ ）	（ カ ）	（ キ ）	（ ク ）
担保	21,525	見積り	リスク

問題 2

連結株主資本等変動計算書 （単位：千円）

	株主資本				その他の包括利益累計額	非支配株主持分	純資産合計
	資本金	資本剰余金	利益剰余金	自己株式			
当期首残高	1,000,000	500,000	320,280	△80,000	22,400	140,520	1,903,200
当期変動額							
株式の発行	100,000	100,000					200,000
剰余金の配当			△20,000				△20,000
親会社株主に帰属する当期純利益			121,430				121,430
自己株式の処分		△2,000		20,000			18,000
子会社株式の売却による持分の増減額		10,080					10,080
株主資本以外の項目の当期変動額（純額）					△3,700	75,540	71,840
当期変動額合計	100,000	108,080	101,430	20,000	△3,700	75,540	401,350
当期末残高	1,100,000	608,080	421,710	△60,000	18,700	216,060	2,304,550

※ 負数（借方金額）については，△を付しなさい。
※ 空欄とすべき箇所については，「―」などを付す必要はなく，空欄のままとしなさい。

解 説

問題1

（ ウ ）：22,000千円×0.3−20,000千円×0.35＝△400（法人税等調整額・借方）

（ カ ）：50,000千円−（500千円÷1.03^2＋30,600千円÷1.03^3）≒21,523千円

問題2

20X1年度：

（借）資 本 金	400,000	（貸）子 会 社 株 式	550,000
利 益 剰 余 金	250,000	非 支 配 株 主 持 分	134,000
その他の包括利益累計額	10,000		
土 地	8,000		
建 物	2,000		
の れ ん	14,000		

20X2年度：

（借）利 益 剰 余 金	6,000	（貸）非 支 配 株 主 持 分	6,600
その他の包括利益累計額	600		
（借）利 益 剰 余 金	320	（貸）建 物	400
非 支 配 株 主 持 分	80		
（借）利 益 剰 余 金	1,400	（貸）の れ ん	1,400
（借）利 益 剰 余 金	2,000	（貸）棚 卸 資 産	2,000

20X3年度：

（借）非支配株主に帰属する当期純利益	5,200	（貸）非 支 配 株 主 持 分	5,200
（借）非 支 配 株 主 持 分	400	（貸）その他の包括利益累計額	400
（借）減 価 償 却 費	400	（貸）建 物	400
非 支 配 株 主 持 分	80	非支配株主に帰属する当期純利益	80
（借）の れ ん 償 却 額	1,400	（貸）の れ ん	1,400
（借）受 取 配 当 金	4,800	（貸）支 払 配 当 金	6,000
非 支 配 株 主 持 分	1,200		

(借)	子 会 社 株 式	68,750		(貸)	非 支 配 株 主 持 分	72,020
	その他の包括利益累計額	100			資 本 剰 余 金	10,080
	子 会 社 株 式 売 却 益	13,250				
(借)	棚 卸 資 産	2,000		(貸)	売 上 原 価	2,000
(借)	売 上 原 価	1,600		(貸)	棚 卸 資 産	1,600

連結株主資本等変動計算書の金額

当期首残高：

- 利益剰余金＝P社300,000千円＋S社30,000千円－減価償却費400千円－のれん償却1,400千円－非支配株主に帰属する当期純利益（6,000千円－80千円）－未実現利益2,000千円＝320,280千円
- その他の包括利益累計額＝P社20,000千円＋S社3,000千円×0.8＝22,400千円
- 非支配株主持分＝（資本金400,000千円＋利益剰余金280,000千円＋AOCI 13,000千円＋土地8,000千円＋建物1,600千円）×0.2＝140,520千円

　　※AOCI：その他の包括利益累計額

当期変動額：

- 剰余金の配当額＝P社配当金のみ△20,000千円
- 親会社株主に帰属する当期純利益＝P社120,000千円＋S社26,000千円－減価償却費400千円－のれん償却1,400千円－非支配株主純利益（5,200千円－80千円）＋期首未実現利益2,000千円－期末未実現利益1,600千円－受取配当金4,800千円－子会社株式売却益13,250千円＝121,430千円
- 自己株式の処分差額＝処分価額18,000千円－帳簿価額20,000千円＝△2,000千円
- 子会社株式の売却による持分の増加額＝売却対価82,000千円－｛非支配株主持分増加額（資本金400,000千円＋利益剰余金300,000千円＋AOCI11,000千円＋土地8,000千円＋建物1,200千円）×0.1－AOCI増加額1,000千円×0.1｝＝10,080千円

当期末残高：

- その他包括利益累計額＝P社18,000千円＋1,000千円×0.7＝18,700千円
- 非支配株主持分＝（資本金400,000千円＋利益剰余金300,000千円＋AOCI 11,000千円＋土地8,000千円＋建物1,200千円）×0.3＝216,060千円

〈編著者紹介〉

渡 部 裕 亘（わたべ　やすのぶ）

昭和35年　中央大学商学部卒業，昭和40年　中央大学大学院商学研究科博士課程単位取得退学。昭和37年　中央大学助手，その後専任講師，助教授を経て，昭和52年教授，平成20年　中央大学名誉教授。著書に『テキスト初級簿記〔第2版〕』（共編著），『テキスト上級簿記〔第5版〕』（共編著），『簿記と仕訳』，『ファーストステップ 簿記を学ぶ〔第2版〕』（編著）（以上，中央経済社），『簿記演習―勘定科目論―』（ビジネス教育出版社），『簿記演習講義〔第5版〕』（共著）（東京経済情報出版）などがある。

片 山　　覚（かたやま　さとる）

昭和40年　早稲田大学第一商学部卒業，昭和47年　早稲田大学大学院商学研究科博士課程単位取得退学，昭和47年　早稲田大学商学部専任講師，助教授を経て昭和61年　早稲田大学商学部教授，平成25年　名誉教授。著書に『現代会計研究』（共著）（白桃書房），『非営利組織体の会計』（共著）（中央経済社），『入門会計学（改訂版）』（共著）（実教出版）などがある。

北 村 敬 子（きたむら　けいこ）

昭和43年　中央大学商学部卒業，昭和48年　中央大学大学院商学研究科博士課程単位取得退学。昭和45年　中央大学助手，その後専任講師，助教授を経て，昭和56年教授，平成28年　名誉教授。主な業績に『財務報告のためのキャッシュフロー割引計算』（共編著），『テキスト初級簿記〔第2版〕』（共編著），『テキスト上級簿記〔第5版〕』（共編著），『資本会計の課題』（共編著），『財務報告における公正価値測定』（編著）（以上，中央経済社）などがある。

検定簿記講義／1級商業簿記・会計学 下巻〔2024年度版〕

1956年5月20日　初版発行	
1965年3月15日　昭和40年版発行	
1974年3月25日　新検定（昭和49年）版発行	
1984年3月15日　検定（昭和59年）版発行	
1998年4月25日　新検定（平成10年）版発行	
2013年4月10日　検定（平成25年度）版発行	
2014年4月20日　検定（平成26年度・下巻）版発行	編著者　渡　部　裕　亘
2015年4月20日　検定（平成27年度・下巻）版発行	片　山　　　覚
2016年4月20日　検定（平成28年度・下巻）版発行	北　村　敬　子
2017年4月20日　検定（平成29年度・下巻）版発行	
2018年4月20日　検定（平成30年度・下巻）版発行	発行者　山　本　　　継
2019年4月20日　検定（2019年度・下巻）版発行	発行所　㈱中央経済社
2020年4月15日　検定（2020年度・下巻）版発行	
2021年4月30日　検定（2021年度・下巻）版発行	発売元　㈱中央経済グループ
2022年4月30日　検定（2022年度・下巻）版発行	パブリッシング
2023年4月15日　検定（2023年度・下巻）版発行	
2024年4月20日　検定（2024年度・下巻）版発行	

〒101-0051　東京都千代田区神田神保町1-35
電　話　03（3293）3371（編集代表）
　　　　03（3293）3381（営業代表）
https://www.chuokeizai.co.jp

© 2024
Printed in Japan

印　刷／文唱堂印刷㈱
製　本／誠　製　本　㈱

日商簿記検定試験　完全対応

最新の出題傾向に沿って厳選された
練習問題を多数収録

大幅リニューアルでパワーアップ！

検定 簿記ワークブック

◆1級〜3級／全7巻
■問題編〔解答欄付〕■解答編〔取りはずし式〕

◇日商簿記検定試験合格への最も定番の全7巻シリーズ。最近
　の出題傾向を踏まえた問題構成と，実際の試験形式による
　「総合問題」で実力を養う。

◇「問題編」には直接書き込める解答欄を設け，「解答編」は学
　習に便利な取りはずし式で解説が付いている。

◇姉妹書「検定簿記講義」の学習内容と連動しており，検定試
　験突破に向けて最適の問題集。

- -

1級　商業簿記・会計学 上巻／下巻
　　　　　　　　　渡部裕亘・片山　覚・北村敬子［編著］

　　　工業簿記・原価計算 上巻／下巻
　　　　　　　　　岡本　清・廣本敏郎［編著］

2級　商業簿記　渡部裕亘・片山　覚・北村敬子［編著］

　　　工業簿記　岡本　清・廣本敏郎［編著］

3級　商業簿記　渡部裕亘・片山　覚・北村敬子［編著］

中央経済社